Mit dem Erfolgsbuch
zum Erfolg

Mein aufrichtiger Dank gilt

Gisela Nehrbaß

Ohne ihre Beteiligung und Motivation
wäre dieses Buch nicht entstanden

Nicole Wendschuh
Für die Satz- und Covergestaltung

Ernst Crameri

Mit dem Erfolgsbuch zum Erfolg

Schreiben Sie Ihre Erfolge ab sofort auf

Wertvolle Tipps aus der Erfolgs-Praxis

Bibliografische Information der Deutschen Nationalbibliothek
Die Deutsche Nationalbibliothek verzeichnet diese Publikation in der Deutschen Nationalbibliografie; detaillierte bibliografische Daten sind im Internet über http://dnb.d-nb.de abrufbar.

Crameri-Naturkosmetik GmbH Beauty&Wellness
1. Auflage
ISBN: 978-3-86689-017-6

Inhaltsverzeichnis

Vorwort ... 9
Wie lese ich ein Buch mit Erfolg ... 12
Das ist ein Arbeitsbuch ... 15
Was ist Erfolglosigkeit ... 17
Was ist Erfolg ... 21
Wenn und aber ... 25
Ihr innerer Schweinehund lässt Ihnen keine Ruhe ... 27
Zielklarheit führt zum Erfolg ... 29
Was wollen Sie und was nicht ... 31
Was wollen Sie wirklich ... 36
Tragen Sie Verantwortung ... 40
Sie sind ein Gewinner ... 42
Glauben Sie an sich ... 46
Wer sind Sie ... 55
Ihre Schwächen ... 59
Ihre Stärken ... 63
Fokussierung auf die Stärken ... 68
Seien Sie mutig ... 73
Fürchten Sie sich nie wieder ... 75
Der Königsweg ... 79
Die Erfolgsformel ... 81
Die 0-Stunden-Regel ... 85
Wer anderen die Schuld gibt ... 91
Jammern, Klagen als neue Kultur ... 98
Ihr Erfolgsbuch ... 101
Eisernes Durchhaltevermögen ... 106
Sie haben 24 Stunden am Tag ... 111

Seien Sie konsequent 113
Mit was für Menschen umgeben Sie sich 115
Abschlusswort 119
Meine und unsere Dienstleistungen 121
Ein Auszug aus unseren Werken 131
Vita von Ernst Crameri 136

Vorwort

Sinn dieses Buches

Liebe Leser,

bevor man mit dem Schreiben eines Buches beginnt, sind bereits etliche Denkprozesse abgelaufen. Für mich als Erfolgscoach stellt sich natürlich immer die primäre Frage, wo klemmt es bei den Menschen am meisten, was liegt im Argen? Wieso sind diese Leute teilweise unglücklich und unzufrieden mit ihrem Leben? Wieso sind die Menschen nicht dort, wo sie schon längstens sein könnten? Was ist die allergrößte Blockade, auf dem Weg dahin?

Das Ganze unter dem Aspekt, dass ein menschliches Leben nicht ewig dauert. Das Leben ist endlich und nicht unendlich, die Zeit vergeht rasend schnell. Wie schnell ist zum Beispiel eine Woche, ein Monat oder ein Jahr vorbei? Wo sind die letzten zehn Jahre geblieben? Die meisten leben, als ob es kein Ende für sie geben würde, das ist schade, betrügt man sich mit solch einem Verhalten doch selbst. Der Glaube, dass das Leben ewig währt, führt auch zu einer gewissen Nachlässigkeit und diese darf keinesfalls sein, ist schädlich und „Anti" sie ist erfolgsverhindernd. So sollte man sein Dasein nicht verbringen, das ist gewiss nicht der Sinn des Lebens.

Jeder Mensch, der auf die Erde kommt, möchte gerne Anerkennung, Liebe und Erfolg haben. Einigen gelingt es, der großen Mehrzahl jedoch nicht, das ist traurig und schade. Wie viel Frust, Leid und Elend könnte vermieden werden, wenn man um all die Dinge Bescheid wüsste. Das Leben, unser Leben ist zu wertvoll, um es nur „ein wenig" zu leben, sogar auf Sparflamme oder womöglich es zu verplempern. Denn die Zeit, welche vorbei ist, lässt sich niemals wieder einholen. Dazu gibt es den passenden Spruch

„Vorbei ist vorbei, und das war es dann!"

Jeder Tag, an dem Sie keine Meisterleistung an den Tag gelegt haben, ist ein verlorener. Diese Zeit kann man weder aufholen noch kaufen. Im gleichen Atemzug schleicht sich dadurch eine gewisse Unzufriedenheit in das menschliche Dasein ein, das ist fatal. Darum sagt der Volksmund treffend

**„Was du heute kannst besorgen,
verschiebe nicht auf morgen!"**

Genau dies ist das Thema und deswegen wollen wir uns ab sofort mit den entscheidenden Erfolgsmechanismen verbinden und sie Tag für Tag, Woche für Woche, Monat für Monat und Jahr für Jahr konsequent umsetzen. Es ist das Höchste und Größte zugleich, von einem Sieg zum anderen zu gelangen. Es ist das größte Gefühl und genau das wollen wir ab sofort permanent leben.

Ich freue mich sehr, dass Sie dieses Buch in den Händen halten, sich durch den Titel angesprochen fühlen. Es wird einiges in Ihrem Leben verändern, ins Rollen bringen, natürlich nur, wenn Sie es wollen und zulassen. Nutzen Sie diese traumhaften Möglichkeiten, die sich Ihnen bieten. Das eine oder andere mag Ihnen banal vorkommen, aber lassen Sie sich davon nicht irritieren. Sagen Sie sich immer und immer wieder

„Jetzt erst recht!"

Die meisten glauben, dass es immer nur die großen Dinge sein müssen, die zum gewünschten Erfolg/Ziel führen. Das ist leider nicht wahr, es sind meistens die kleinen Punkte, Mosaiksteine, die schlussendlich Großes bewegen, zu einer dauerhaften Veränderung im Leben führen.

Ich freue mich sehr, Sie die nächsten Wochen, Monate und auch Jahre begleiten zu dürfen. Bleiben Sie dran und erfreuen Sie sich Ihres Lebens. Machen Sie eine Meisterleistung daraus, dass Sie stolz auf sich sein können.

Ich wünsche Ihnen viel Spaß beim Lesen, alles alles Liebe und Gute auf Ihrem Lebensweg. Wenn es auch manchmal wie Achterbahn fahren werden sollte, lesen Sie weiter und setzen Sie das Gelesene unverzüglich in die Tat um.

Herzlichst Ihr

Ernst Crameri

Wie lese ich ein Buch mit Erfolg

Die meisten nehmen ein Buch in die Hand und lesen munter drauflos. Diejenigen, die daraus ein paar Synergieeffekte haben möchten, rücken mit Bleistift oder Kugelschreiber an, um sich das eine oder andere zu markieren. Manche auch mit dem Leuchtmarker, damit es unverzüglich ins Auge sticht. Erfolgreiche gehen professionell vor, diese benutzen einen Leuchtmarker, dass sie die wichtigen Passagen zu jeder Zeit nachlesen können.

Die Buchseite wird in zwei Hälften geteilt

Anstatt Seite für Seite runter zu rattern, wird jede Buchseite in zwei Hälften geteilt. Zuerst wird die obere Hälfte gelesen, und die wichtigsten Passagen während dem Lesen sofort markiert. Oben in das weiße Feld der Seite, wird der für Sie wichtigste Merksatz notiert. Diesen schreiben Sie bitte sofort auf. Das Gleiche machen Sie mit der zweiten Hälfte. Da wird der Merksatz unten ins weiße Feld geschrieben.

Am Ende des Kapitels

Wenn Sie ein Kapitel zu Ende gelesen haben, fassen Sie die für Sie fünf wichtigsten Merksätze zusammen. Man nennt dies auch die berühmte Quintessenz. Das ist eine dringliche Arbeit und diese sollten Sie immer konsequent verrichten. Wenn Sie soweit sind, nehmen Sie kleine Karteikärtchen zur Hand und halten diese fünf Merksätze fest.

Nehmen Sie die Karteikärtchen immer wieder zur Hand

Das sollten Sie unbedingt tun, denn Sie lesen in der Regel ein Buch, um eine Veränderung bei sich einzuleiten. Deshalb müssen Sie die Punkte tief verinnerlichen. Sonst wird es nicht zur Selbstverständlichkeit werden und das ist schade. Denn die eigene Lebenszeit ist das Kostbarste, was wir Menschen besitzen. Sie ist unendlich wertvoll und diese wollen wir jederzeit mit Erfolg ausfüllen. Unserem Leben die Meisterleistung zu geben, mit allem was dazu gehört.

Vielleicht fragen Sie sich nach dem Sinn

Es handelt sich ja um ein absolut aktives Buch, d.h., nicht nur schnell lesen, sondern in die Handlung kommen, das ist die Devise. Der Sinn ist klar, eine große Veränderung in Ihrem Leben zu bewirken, sonst bleibt alles beim Alten. Auf dem Weg zum Erfolg, bedingt es einer Reflektion und danach kommt es zu einer Entscheidung, darauf folgt die Handlung zum Positiven.

Am Ende des Buches, die Krönung

Wenn Sie ein Buch zu Ende gelesen haben, können Sie stolz auf sich sein. Denn Sie haben definitiv eine große Meisterleistung an den Tag gelegt. Das Leben ist so wertvoll und es lohnt sich mehr denn je, sich in den Flow der Weiterbildung einzugliedern. Welch ein schönes und erhabenes Gefühl, sich da auftut. Notieren Sie jetzt aus allen Kapiteln, die für Sie fünf wichtigsten Merksätze auf der letzten Seite des Buches.

Das ist dann die komplette Zusammenfassung. Schreiben Sie wieder Karteikärtchen und lesen Sie sich diese Merksätze mehrmals am Tag laut vor. Eine Karte stecken Sie in Ihre Hosentasche, dadurch werden Sie permanent daran erinnert. In der ständigen Wiederholung liegt die Kraft, dass es Wirklichkeit wird. Ein Prozess, den Sie bewusst steuern müssen. Unterliegen Sie nicht dem Irrglauben, dass sich die Dinge von selbst richten werden. Ohne Ihre aktive Hilfe wird sich nichts tun.

Landen Sie nicht in der Verschieberitis

Der Mensch tendiert dazu, schnell in die Verschieberitis zu gehen, das ist bequem. Heute nicht, heute lese ich noch, es ist im Moment gerade unheimlich spannend, morgen werde ich die Karteikarten beschriften. Daraus wird nichts, das kennen Sie mit Sicherheit auch. Es wird dermaßen weit weggeschoben, dass es dabei bleibt, das ist schade. Denn auch hier läuft die Lebenszeit und unsere Vergesslichkeitsquote wirkt in dem Fall kontraproduktiv. Folglich machen wir es lieber sofort.

Das ist ein Arbeitsbuch

Klare Betonung darauf, dass Sie bitte mit dem Buch intensiv arbeiten und Schritt für Schritt zu sich selbst finden. Das ist wichtig, auf dem Weg zum großen und eigenen Erfolg. Also nicht das Warten, dass sich vielleicht und überhaupt etwas tut, sondern klare Fakten schaffen. Wenn nicht jetzt, wann dann bitte? Das Leben ist zu großartig, als es im kleinen Rahmen zu verplempern. Sie haben alles in sich, was man dazu benötigt. Sie müssen nur die klare Entscheidung treffen und dann anfangen.

Beantworten Sie die Fragen

Das möchte ich Ihnen ans Herz legen. Überfliegen Sie bitte nicht die Fragen oder verschieben die Beantwortung auf später oder irgendwann. Vielleicht auch, weil Ihnen die Fragen unangenehm sind. Eines hat sich im Leben gezeigt, für viele Dinge gibt es häufig kein „Später" und das ist schade, finden Sie nicht auch? Denn das Leben findet im

„Hier und Jetzt"

statt und deswegen beantworten Sie bitte unbedingt die Fragen unverzüglich, auch wenn es Ihnen das eine oder andere Mal schwerfallen sollte. Sie werden sich daran gewöhnen, es sofort zu tun und davon für Ihr Leben profitieren.

Gewinner verschieben nichts

Dies als klare Botschaft an Sie. Sie sind ein Gewinner, ich hoffe, das ist Ihnen bewusst. Schreiten Sie wie ein Gewinner durchs Leben. Bitte nie wieder etwas verschieben, denn Verschieberitis ist eine ganz schlimme und schreckliche Krankheit, die alles andere als gut tut. Sie wissen doch selbst alles, was mit –itis endet, ist entzündlich. Was entzündlich ist und nicht behoben wird, wird mit der Zeit chronisch. Ist es das, was Sie möchten, ich kann es mir nicht vorstellen? Dies kann bestimmt nicht der Weg für Sie in eine neue Zukunft bedeuten.

Sofort die Fragen beantworten

Das schafft Lebensfreude und der Elan, welcher daraus entsteht, beflügelt Sie noch stärker, weiter und weiter zu machen. Sie haben das Buch ja gekauft, weil Sie das Thema Erfolg interessiert und Sie etwas in Ihrem Leben verändern möchten. Ich kann Ihnen eines versichern, Erfolg ist das Schönste, was sich ein Mensch überhaupt in seinem Leben aussuchen kann. Es ist das Höchste, zumal er es selbst entscheidet und sich dafür auf den Weg macht. Der Erfolg fliegt einem definitiv nicht wie die gebratenen Tauben in den Mund, er muss erarbeitet werden.

Wenn Sie nichts wissen sollten

Hier hilft nur eines, keine einzige Sekunde länger überlegen, sondern sofort anfangen. Das ist die einzige und damit auch sicherste Methode voranzukommen. Denn in dem Moment, wo man anfängt zu denken, hat man bereits im Vorfeld verloren. Ist es das, was Sie wirklich möchten? Sicherlich nicht und deshalb tun Sie es den Erfolgreichen gleich. Diese studieren nicht lange, sondern kommen immer zügig ins Handeln, schaffen sich dadurch wunderbare Ergebnisse.

Was ist Erfolglosigkeit

Haben Sie sich darüber jemals Gedanken gemacht? Für die meisten Menschen ist Erfolg irgendetwas und dann noch undefinierbar. Da ist es natürlich schwierig, richtigen Erfolg zu schaffen, wenn man es nicht genau weiß. Es heißt in erster Linie sich intensiv Gedanken zu machen, was der eigene Erfolg bedeutet, wo er anfängt und wo er aufhört. Was man dafür tun muss, um erfolgreich zu werden. Dazu dient auch das Buch, darum ist es wichtig, dass Sie Schritt für Schritt alles durchgehen und nichts auslassen.

Erfolg ist unendlich

Für den einen ist Erfolg, dass er etwas zu Essen hat. Für den anderen, dass er etwas zum Anziehen besitzt. Für den Nächsten, dass er einen Porsche fährt, in einer Villa wohnt und tolle Reisen unternehmen kann. Sie sehen, Erfolg ist unendlich dehnbar und zugleich spannend. Jeder Mensch hat andere Vorstellungen zum Thema Erfolg. Deshalb sollten wir uns Gedanken machen, wo Erfolg für uns anfängt und wo er aufhört.

Was ist für Sie Erfolglosigkeit

Woran machen Sie diese fest? Was sind für Sie die klaren Parameter, dass es kein Erfolg ist? Schreiben Sie es sofort auf, bitte nicht zensieren, denn das ist alles andere als gut und klug. Was bedeutet für Sie Erfolgslosigkeit und wieso ist das so? Dazu passend, welche Änderung eingeleitet werden kann, damit Ihr Leben aus der Erfolglosigkeit in den Erfolg mündet.

	Was ist Erfolglosigkeit?	**Wieso?**	**Änderung?**
1.)	____________	____________	____________

2.) ____________________ ______________ ______________

3.) ____________________ ______________ ______________

4.) ____________________ ______________ ______________

5.) ____________________ ______________ ______________

6.) ____________________ ______________ ______________

7.) ____________________ ______________ ______________

8.) ____________________ ______________ ______________

9.) ____________________ ______________ ______________

10.) ___________________ ______________ ______________

Vielleicht fragen Sie sich jetzt, wieso gerade zehn Punkte, wo auch zwei genügt hätten. Wir arbeiten als Erfolgreiche immer in der Fülle, das heißt, im maximalistischen Bereich und damit wollen wir in unserem Leben weiterkommen, alles andere bringt nichts. Wer viel erreichen will, muss viel bewegen und hat dadurch ganz andere Resultate, um die geht es schlussendlich.

Bei zehn Punkten kann man die auswählen, welche am schlimmsten sind und uns am meisten hindern, voranzukommen. Denn wir alle wurden in eine Familie hineingeboren. Dann war die große Frage, was machen wir daraus? Welchen Weg schlagen wir ein, was ist für uns wichtig und wo soll die Reise hingehen? Das ist spannend und unglaublich motivierend, wenn man feststellt, dass man es in seiner eigenen Hand hat und für alles eigenverantwortlich ist. Im Wort Verantwortung verbirgt sich das Wort Antwort, damit wissen wir, wo es lang geht und wo möglichst nicht. Freuen Sie sich auf spannende Tage, auf dem Weg zu Ihrem Selbst. Es ist einer der schönsten Wege, den Sie in Ihrem Leben gehen können. Jetzt reduzieren Sie bitte die zehn Punkte, auf die drei für Sie schlimmsten. Halten Sie diese unverzüglich fest. Auch wenn Sie bei der Beantwortung der Meinung sind, dass Sie das nicht können und Entscheidungen zu treffen, nicht gerade Ihre Domaine ist.

Was ist Erfolglosigkeit? **Wieso?** **Änderung?**

1.) ______________________ ________________ ________________

2.) ______________________ ________________ ________________

3.) ______________________ ________________ ________________

Wie ist es jetzt für Sie? Wird es Ihnen bewusster und haben Sie jeweils die Lösungen gefunden, um aus dem Dilemma heraus zu kommen? Ich finde es klasse, dass es bei allen Problemen immer mehrere Lösungen gibt, denn das macht es spannend und aufregend. Jetzt reduzieren Sie es auf den für Sie wichtigsten Punkt. Den Bereich, der für Sie fatal ist und Sie definitiv niemals wieder haben möchten.

Was ist Erfolglosigkeit? **Wieso?** **Änderung?**

1.) ______________________ ________________ ________________

Wie fühlt es sich für Sie an? Geht es Ihnen gut dabei? Ich werde Sie immer wieder nach Ihrem Wohlbefinden fragen, denn genau um das geht es schlussendlich. Wenn Sie sich bei dem, was Sie tun wohlfühlen, liegen Sie vollkommen im grünen Bereich und da lohnt es sich auf alle Fälle, hinzugelangen.

Zum Abschluss, was ist Ihr Fazit aus der ersten Runde? Notieren Sie das bitte sofort, auch wenn Ihr berühmter „innerer Schweinehund" womöglich der Meinung ist, dass dies alles sowieso nur Blödsinn wäre, und man es nicht mitmachen bräuchte. Zeigen Sie, wer der Herr im Hause ist, und dies natürlich immer in der berühmten Wiederholung, weil es Ihr innerer Schweinehund häufig überhaupt nicht checkt.

Ihr Fazit: ____

Was ist Erfolg

Erfolg sind die Dinge, die Ihnen supergut tun, Sie inspirieren, beflügeln, helfen schneller voranzukommen, weil sie als Motivator fungieren. Sie in den Flow bringen, in die Leichtigkeit des Seins. Welch ein tolles Feeling sich da auftut und dies jeden Tag aufs Neue, wenn Sie es zulassen und sich nicht dagegen sperren. Das ist selbstverständlich die berühmte Grundvoraussetzung.

Anfangen und nicht warten, ist die Devise

Wer wartet, hat im Vorfeld verloren, genauso wie derjenige, der nichts tut und nur in der berühmten Hoffnung lebt, dass es endlich werden wird. Das Schlimmste, was man als Mensch überhaupt schaffen kann, ist in die Lethargie zu verfallen und nichts zu unternehmen. Sich dann noch zu bemitleiden, wie ungerecht und schlecht alles ist. Erfolgreiche sind immer am „Machen und Tun." Je schneller und stärker, desto besser und um so motivierter bewegen sie sich. Ist das auch Ihr Stil, oder sind Sie noch auf der berühmten Suche?

Was ist für Sie Erfolg

Halten Sie all die Punkte fest, die für Sie Erfolg bedeuten. Je präziser, desto besser, denn damit schafft man sich eine klare Wirklichkeit in der geistigen Welt. Es gibt nichts Schöneres, als sich mit dem eigenen Erfolg zu beschäftigen und diesen konsequent zu verfolgen, ohne „Wenn und Aber." Schreiben Sie auf, was für Sie Erfolg bedeutet und wieso das so ist. Wir wollen es exakt wissen und nicht ungefähr. Dann geben Sie die Prozentzahl an, das heißt, zu wie viel Sie es bereits erreicht haben. Das ist ein entscheidender Gradmesser, um festzustellen, wo man sich gerade bewegt. Eher im unteren Bereich oder weit oben.

Was ist für Sie Erfolg?	Wieso?	In Prozenten?
1.) ______________________	__________________	__________________
2.) ______________________	__________________	__________________
3.) ______________________	__________________	__________________
4.) ______________________	__________________	__________________
5.) ______________________	__________________	__________________
6.) ______________________	__________________	__________________
7.) ______________________	__________________	__________________
8.) ______________________	__________________	__________________
9.) ______________________	__________________	__________________
10.) _____________________	__________________	__________________

Wie ist es für Sie? Wie fühlen Sie sich, nach dem Sie alles aufgeschrieben haben? Geht es Ihnen sehr gut, fühlen Sie sich beflügelt und inspiriert? Sind Sie happy, den Weg eingeschlagen zu haben oder fehlt Ihnen noch das Wesentliche? Seien Sie ehrlich, sehr ehrlich zu sich selbst. Das ist der erste und entscheidende Schritt. Denn wenn Sie es nicht sind, wer kann es dann sein? Wer kennt Sie so gut in- und auswendig, wie Sie sich selbst? Doch kein anderer Mensch auf dieser Erde und darum wollen wir immer taff unterwegs sein. Jetzt reduzieren Sie Ihre zehn Punkte auf die drei für Sie wichtigsten.

Was ist für Sie Erfolg? Wieso? In Prozenten?

1.) ______________________ ________________ ________________

2.) ______________________ ________________ ________________

3.) ______________________ ________________ ________________

Als ich diese Aufgabe das erste Mal in meinem Leben gemacht habe, war es für mich sehr komisch, weil ich es noch nie so deutlich gesehen habe. Aber nun hatte ich es schwarz auf weiß. Jetzt gab es kein Entrinnen mehr, ist es Wirklichkeit geworden. Als ich noch überprüft habe, wie viel ich davon bereits erreicht habe, ging es mir vollends schlecht. Denn ich war weit davon entfernt, wie die Erde zum Mars. Der Weg dorthin schien mir zu lange und beschwerlich zu sein, so als ob ich ihn nie gehen könnte.

Es war jedoch der erste wunderbare Schritt, in eine traumhafte Welt, die sich für mich aufgetan hat. Das erkannte ich aber damals noch nicht. Vielleicht geht es Ihnen auch so und Sie fragen sich, was das alles für einen Sinn ergibt? Es ergibt den Sinn, dass Sie sofort anfangen und nicht mehr loslassen. Alleine dafür hat es sich gelohnt. Nun reduzieren Sie es auf Ihren Hauptpunkt. Woran sehen Sie zu 1.000%, dass es absoluter Erfolg ist?

Was ist für Sie Erfolg? Wieso? In Prozenten?

1.) ______________________ ________________ ________________

Sie haben die erste Hürde genommen, es schwarz auf weiß im Buch stehen. Ich habe früher mit Zetteln gearbeitet, mit irgendwelchen Heften, oder mit Dateien am Rechner. Allen war eines gemeinsam, dass ich es oft nicht wieder gefunden habe. Ein Buch verschwindet aber nicht so schnell, außer man wirft es weg oder verliert es. Was haben Sie für sich aus diesem Kapitel gelernt? Wie gehen Sie damit um? Sind Sie in erster Linie dankbar und glücklich, dass Sie es gemacht haben?

Sollten Sie sich tatsächlich durchgemogelt und die Fragen nicht beantwortet haben, tun Sie es jetzt. Denn je weiter Sie in dem Buch kommen, desto weniger werden Sie die Lust in sich verspüren, nochmals von vorne anzufangen. In Ihrem Buch des Erfolgs können Sie immer und immer wieder nachlesen, was Sie getan haben. Notieren Sie bitte Ihr Fazit.

Ihr Fazit: ____

Wenn und aber

Kennen Sie das auch, bestimmt, denn so leben die meisten Menschen. Permanent im Widerspruch zu dem, was sie möchten und den Einsatz, welchen sie dafür an den Tag legen. Da klaffen Täler dazwischen und man wundert sich, wieso es nicht wird. Das ist doch nur eine logische Schlussfolgerung des eigenen Verhaltens, die da zum Tragen kommt.

Ja-aber.......

So beginnen die meisten Sätze und enden immer im Chaos. Es gibt definitiv kein Ja-aber, wenn ich etwas wirklich will, setze ich mich 1000%-ig ein und lasse keiner Spekulation Raum. Dann gibt es für mich keine anderen Alternativen, ich lasse mich von niemandem auf dieser Welt beirren. Gehe meinen Weg, ohne nach rechts oder links zu schauen.

Es gibt nur einen Weg

Das ist klar der Weg zu Ihrem Erfolg. Sonst gibt es definitiv nichts, weniger als nichts und das sollten Sie auch zulassen. Wenn Sie immer wieder Raum für die Ja-abers lassen, werden Sie in Ihrem Vorhaben geschwächt und das ist schade für Sie. Es ist genau das, was niemals sein darf. Es gibt nur einen einzigen Weg, das ist der Weg steil nach oben, hinauf zum Gipfel, mag dieser auch häufig steinig und beschwerlich sein.

Es ist alles ein Training

Wie immer im Leben ist alles ein Training, trainieren Tag für Tag. Nichts geht einem leicht von der Hand, denn am Anfang ist alles ungewohnt und da heißt es sich reinschicken. Gas geben und sein Ziel eisern zu verfolgen und dies eben ohne „Wenn und Aber.“

Ihnen geht es dadurch wesentlich besser, Sie fühlen sich wohler und sind auch glücklicher. Denn jeder Sieg führt Sie ein Stück weiter zu Ihrem Ziel, das nennt man den berühmten Erfolgsweg.

Passen Sie gut auf, was andere Menschen sagen

Schulen Sie Ihr Gehör und Sie werden feststellen dürfen, dass das Ja-aber bei fast allen Menschen völlig normal ist. Da erzählen diese etwas und gleich folgt ein Ja-aber, das ist an der Tagesordnung. Oder Sie sagen etwas und der andere antwortet mit Ja-aber. Wenn Sie sich damit intensiv befassen, verstehen Sie das Chaos des menschlichen Daseins und wieso die meisten Leute keinen Erfolg haben. Weil sie nur Ja-aber im Kopf haben, anstatt ihr Ziel.

Ihr innerer Schweinehund lässt Ihnen keine Ruhe

Das müssen Sie wissen, jederzeit damit rechnen. Denn er ist unberechenbar und wehrt sich mit Händen und Füßen gegen jede Form der Veränderung. Er hasst nichts mehr als Veränderungen und deswegen wird er sich mit aller Gewalt dagegen aufbäumen. Durch die Veränderung werden Sie unberechenbar für Ihren Schweinehund. Er wird alles daran setzen, dass es beim Alten bleibt. Da sind Sie voll und ganz gefordert. Jetzt liegt es an Ihnen, ihm die Ernsthaftigkeit Ihres Vorhabens zu zeigen.

Ist Ihnen das schon aufgefallen

Ich spüre es heute noch, obwohl ich sehr erfolgreich bin und um die Mechanismen genau Bescheid weiß. Mein kleiner Freund, der innere Schweinehund versucht mich jeden Tag von meinen Vorhaben abzubringen, zu sabotieren. Er wird einfach nimmermüde, mich auf der alten Stelle halten zu wollen. Dadurch bin ich natürlich für ihn wesentlich bequemer.

Geben Sie ihm keinen Raum

Deswegen ist es wichtig, dass Sie absolut klar kommunizieren, wer das Sagen im Haus hat. Das sind immer Sie und das müssen Sie nach innen, das heißt, Ihrem Schweinehund gegenüber mitteilen, genauso wie nach außen. Erst wenn man Ihre absolute Ernsthaftigkeit erkennen kann, wird man mit Ihnen anders umgehen.

Sie gewinnen an Achtung

Wie oft hört man „Keiner nimmt mich richtig für voll!“ Ja woher kommt denn solch ein Verhalten? Doch nicht von ungefähr, das haben Sie selbst verursacht und niemand anderes. Es ist das Resultat Ihrer vorausgegangenen Taten. Sie haben die Chance, es wieder zu ändern oder zu verschlimmern. Ist das nicht wunderbar, wenn man die Wahl hat? Ich finde es klasse, dass wir Menschen wählen können und das sollten wir auch tun.

Sagen Sie genau, was Sache ist

Gewöhnen Sie sich an, dass Sie absolut klar, konkret, messbar und unmissverständlich kommunizieren. Nach innen zu sich und nach außen für Ihr Umfeld, damit für alle klar ist, wo es langgeht und wie es zu laufen hat. So schaffen Sie sich eine völlig neue Welt, in der es sich lohnt zu leben, wo Sie viel Freude haben und es Ihnen supergut geht.

Zielklarheit führt zum Erfolg

Prägen Sie sich bitte diesen Satz fest ein, denn er ist elementar. Dieser Satz muss Ihr Leitsatz für Ihr gesamtes Leben sein. Nur wenn Sie exakt wissen, wohin Sie zielen, haben Sie eine reelle Chance, haargenau ins Schwarze zu treffen. Sonst bleibt alles bei einer reinen Farce und davon hatten Sie bestimmt schon mehr als genug gehabt?

Wie klar sind Sie

Genau da versagen buchstäblich die meisten Menschen, weil sie alles andere als klar sind. Sie wissen ungefähr, was sie gerne hätten, das in der Regel noch wachsweich. Eines hat sich gezeigt, bei allen erfolgreichen Menschen auf dieser Erde, diese wussten, was sie wollten. Es sind letztlich aber nur 2% der Menschheit, die dazu gehören. Zu welchen wollen Sie gehören? Zu den 2% oder dann doch lieber zu den 98%?

Ich möchte zu den 2% gehören

Davon gehe ich jetzt einfach aus, denn sonst hätten Sie dieses Buch nicht gekauft und bereits bis hierher gelesen. Die Frage ist natürlich, ist das ein frommes Wünschlein von Ihnen oder steckt wirklich der brennende Wunsch dahinter, es zu erreichen, zu behalten, es weiter voranzutreiben und zum Sieg zu bringen? Wenn ja, herzlichen Glückwunsch.

Was sind Sie bereit dafür zu tun

Spätestens da wird es lustig. Denn hier erwidern fast alle Menschen „Alles bin ich bereit dafür zu tun." Wenn man es genauer betrachtet, es zur Sache geht, wird es sehr eng. Dann sind es nur noch wenige, eben die besagten 2%, die wirklich den eisernen Willen haben, es auch umzusetzen. Die anderen gehen lieber in ihre alte Welt zurück und fahren die altbekannte Nummer des Klagens und Jammerns, wieso die Welt so ungerecht ist, es die anderen besser haben.

Dann schauen wir jetzt einmal

Ist das nicht spannend? Ich habe für Sie das Buch geschrieben, Sie haben es gekauft, sind angetreten, um neue Fakten in Ihrem Leben zu schaffen. Folglich können wir sagen, das Rennen ist eröffnet, schauen wir, was daraus wird. Wenn Sie sich dessen bewusst sind, dass es ausschließlich an Ihnen liegt, ob Sie als Vollprofi agieren, ob eine Meisterleistung entsteht, oder Sie sich weiterhin in der Amateurliga bewegen, alles ist möglich. Das finde ich immer wieder cool, dass es der Mensch wirklich in seiner Hand hat, was er daraus macht und was nicht.

Es ist so leicht, wenn man weiß wie

Das sollten Sie sich immer wieder vor Augen führen, wie einfach man sich auf dem Parkett bewegen kann. Das Handwerkszeug können Sie lernen, dies ist das Thema in dem Buch. Dann heißt es nur noch, sich fest und strikt daran zu halten. Dadurch schaffen wir neue Welten für Sie. Wenn Sie jedoch dabei permanent versuchen das Rad neu zu erfinden, wird es nichts.

Was wollen Sie und was nicht

Das ist der Start in ein absolut großartiges Leben, ohne irgendwelchen Mangel zu erleiden. Wichtig ist dabei, sich mit all den Stärken und den dazu passenden Schwächen anzunehmen. Das ist normal und legitim, dies zu tun. Aber vorher muss man die Schwächen erst erkennen und zur Veränderung bereit sein.

Haben Sie sich jemals darüber Gedanken gemacht

Ich erlebe es auf meinen Seminaren häufig, dass die Teilnehmer irgendwo wissen, was sie nicht mehr wollen. Aber was sie wirklich wollen, da klafft es total auseinander. Das ist ungut, derart an die Umsetzung der neuen Welt zu gehen. Hier heißt es klar, dass man sich selbst in- und auswendig kennen muss, jede einzelne Zelle im Griff hat. Den gesamten Denkapparat beherrschen und permanent die Kontrolle über die eigene Geschichte zu haben.

Das klingt womöglich ein wenig hochtrabend für Sie. Es ist aber die einzige Alternative, die von all den anderen Möglichkeiten bleibt. Ich denke, einiges haben Sie bereits ausprobiert. Die Resultate sind hinlänglich bekannt, jetzt heißt es, auf zu neuen Ufern zu schreiten. Dadurch werden Sie ein glückliches und erfülltes Leben führen.

Bei dieser Aufgabe bitte ehrlich sein

Darum möchte ich Sie bitten, dass Sie kein Blatt vor den Mund nehmen und alles, aber wirklich alles Punkt für Punkt aufschreiben. Das hilft Ihnen, besser mit sich klarzukommen. Nur wer der eigenen Wahrheit in die Augen schaut, hat die Chance zu gewinnen und das wird er auch.

Die Aufgabe ist in zwei entscheidende Bereiche aufgeteilt

Was wollen Sie nie, nie mehr und was wollen Sie auf alle Fälle? Dazwischen gibt es nichts, darum seien Sie in Ihren Aussagen absolut klar, konkret, messbar und unmissverständlich. Sonst haben wir wieder die berühmten Wischi-Waschi-Ergebnisse. Von denen wollen wir uns aber für alle Zeiten verabschieden.

Was wollen Sie nie mehr

Schreiben Sie alles auf, wirklich alles. Sollten Sie dabei Angst verspüren, bestimmte Namen aufzuschreiben, machen Sie es unter einem Pseudonym. Das hilft Ihnen, besser klarzukommen. Sollte jemand das Buch in die Hand bekommen, für den es wahrlich nicht bestimmt ist, wird er zumindest nicht seinen Namen darin lesen. Was wollen Sie nie mehr, dann wieso? Wichtig ist, dass wir bei allem eine Begründung haben. Damit können wir es in erster Linie vor uns rechtfertigen. Zum Schluss, bis wann Sie es umsetzen.

	Was wollen Sie nie mehr?	Wieso?	Wann?
1.)	______	______	______
2.)	______	______	______
3.)	______	______	______
4.)	______	______	______
5.)	______	______	______
6.)	______	______	______
7.)	______	______	______

8.) ______________________ ________________ ________________

9.) ______________________ ________________ ________________

10.) _____________________ ________________ ________________

Wie fühlt es sich für Sie an? Als ich das vor Jahren gemacht habe, kam Angst in mir hoch. Denn derart ehrlich war ich noch nie zu mir. Es waren jede Menge Punkte, die ich nie mehr haben wollte. Über 20, sollten Sie mehr haben, dann machen Sie zwischen den Zeilen, zum Beispiel von der 1 zur 2, noch eine 1a. Dadurch schaffen Sie es, alle Punkte festzuhalten. Bitte nicht auf einem Blatt Papier oder einem Post-it notieren, denn beides kann leicht abhanden kommen.

Jetzt reduzieren Sie es auf die drei stärksten Bereiche, wo Sie echt sagen müssen, so bitte niemals wieder. Ich will und ich gehe endlich in die Veränderung. Denn es sind letztlich immer wieder die gleichen Dinge, die wir tun, obwohl wir sie nicht tun möchten. Macht der Gewohnheit, Bequemlichkeit und Angst, hindern uns am zügigen Voranschreiten.

Was wollen Sie nie mehr? **Wieso?** **Wann?**

1.) ______________________ ________________ ________________

2.) ______________________ ________________ ________________

3.) ______________________ ________________ ________________

Seien Sie stolz, dass Sie sich weiter durchgearbeitet haben. Das ist ein traumhaftes Gefühl, wenn Sie sich immer näher kommen. Gibt es etwas Schöneres? Definitiv nein und das ist super. Das Höchste, was ein Mensch überhaupt für sich erreichen kann, ist sich zu verstehen, zu akzeptieren und Vorsorge zu tragen, dass er zum Erfolg gelangt. Es gibt nichts Großartigeres und Gigantischeres. Wie fühlt es sich an? Ist es greifbarer für Sie? Eines hat sich gezeigt, je öfters man sich mit sich selbst beschäftigt, desto klarer ist man. Desto mehr Akzeptanz findet es durch das Selbst und natürlich auch der kleine Mann (innerer Schweinehund) spürt, dass Sie es ernst meinen. Durch das Aufschreiben wird es plötzlich zu einer feststehenden Größe, zur Selbstverständlichkeit. Als ob es noch nie etwas anderes in Ihrem Leben gegeben hätte. Wenn Sie soweit sind und das tief in sich verspüren, haben Sie gewonnen.

Jetzt reduzieren wir es auf den schlimmsten Teil in Ihrem Leben. Auf das, was Sie wirklich nie wieder möchten. Meistens ist das auch zugleich der größte Brocken und eines hat sich gezeigt, wenn man sich diesen vom Leibe geschaffen hat, fallen auch alle anderen von alleine ab. Es wird total easy, locker und leicht. Notieren Sie Ihren Hauptpunkt.

Was wollen Sie nie mehr?	**Wieso?**	**Wann?**
1.) ____________________	________________	________________

Geht es Ihnen jetzt sehr gut, leichter oder ist Ihnen schwer ums Herz? Bei mir war es damals die Trennung von meiner Ehefrau. Der Gedanke daran hat mir fast das Herz zerrissen, ich wusste aber, dass es sein muss, nicht mehr so weiter geht. Für mich war es eine feststehende Größe, aber ich hatte Angst davor. Angst vor dem, was danach kommt, Angst vor dem Alleinsein, dem Ungewissen und weitere Gründe.

Ich bin mir sicher, dass sich viele von Ihnen liebe Leser, darin wieder erkennen werden. Fast immer dreht es sich um Zwischenmenschliches. Es geht um Partnerschaften, sei es beruflich oder privat. Das sind die Dinge, wo wir normalerweise emotional dran hängen. Die uns intensiv beschäftigen und dadurch die meiste Energie kosten. Aber wenn Sie wirklich Großes bewegen möchten, ist eines der wichtigsten Themen das kleine Wörtchen

„Loslassen!"

Denn ohne dass Sie loslassen, wird es nichts. Stellen Sie sich vor, Sie haben beide Hände mit Ihrem alten Leben voll. Sie würden gerne etwas Neues halten, es geht aber nicht. Was ist zu tun? Klar und logisch werden Sie sich sagen „Du musst die eine Hand öffnen und das, was du in der Hand hältst, loslassen. Dann ist diese frei für das Nächste!" Richtig, in der Theorie ist das alles klar, jedoch leiden wir fast alle an der berühmten Verlustangst.

Was wollen Sie wirklich

Jetzt haben wir uns mehr Freiräume geschaffen, unsere Hand ist buchstäblich frei. Was werden wir in die freien Hände nehmen, wollen wir halten und womöglich nie wieder loslassen? Vergleichen Sie es mit einer Beziehung. Da möchte man doch auch am liebsten den Gegenüber nicht mehr loslassen. So gibt es auch hier einige Dinge, die Sie möchten, sich sogar dringend wünschen.

Stehen Sie klar dazu, was Sie wollen

Lassen Sie sich von keinem Menschen in Ihrer Umgebung beeinflussen. Halten Sie fest, was Sie wirklich möchten, wieso und bis wann Sie es einleiten. Wir müssen dem Ganzen einen zeitlichen Faktor geben. Sonst kann es leicht zur unendlichen Story ausarten und womöglich wird Ihre Lebenszeit nicht reichen.

	Was wollen Sie wirklich?	Wieso?	Wann?
1.)	________________	________________	________________
2.)	________________	________________	________________
3.)	________________	________________	________________
4.)	________________	________________	________________
5.)	________________	________________	________________
6.)	________________	________________	________________
7.)	________________	________________	________________

8.) ______________________ ________________ ________________

9.) ______________________ ________________ ________________

10.) _____________________ ________________ ________________

Wie ist es für Sie? Vielleicht fragen Sie sich, wieso ich mich immer nach Ihrem Befinden erkundige? Weil es das Wichtigste in Ihrem Leben ist, dass Sie sich gut fühlen, sogar sehr gut in Ihrer Haut. Wenn Sie das geschafft haben, sind Sie weiter als die meisten Menschen jemals in ihrem Leben sein werden. Meinen Sie nicht auch, dass es sich lohnt, dranzubleiben und eine riesengroße Meisterleistung an den Tag zu legen?

Freuen Sie sich über das, was Sie aufgeschrieben haben? Geht es Ihnen gut dabei? Spüren Sie ein Gefühl von Glück und Zufriedenheit? Das wünsche ich Ihnen von ganzem Herzen. Wenn es so ist, wunderbar. Wenn nein, arbeiten Sie erneut daran, bis Sie es gefunden haben. Der Moment, wo Ihr Herz einfach ein paar Takte höher schlägt. Sie vielleicht sogar feuchte Hände bekommen. Halten Sie jetzt die drei Punkte fest, die Sie unbedingt erreichen möchten.

Was wollen Sie wirklich? **Wieso?** **Wann?**

1.) ______________________ ________________ ________________

2.) ______________________ ________________ ________________

3.) ______________________ ________________ ________________

Jetzt müsste sich Ihr Pulsschlag ein wenig verändert haben. Ein paar Takte schneller und ein Gefühl, welches den ganzen Körper durchströmt. Wenn Sie das spüren, super und klasse. Zu beachten ist dabei, dass es nicht zur Schwachstromnummer verkommt. Ab heute ist es an der Zeit, endlich die großen Dinge zu bewegen. Dies schaffen Sie aber nur, und da müssen wir uns nichts vormachen, wenn Sie sich absolut auf das Wesentliche konzentrieren. Reduzieren Sie es auf Ihren Hauptpunkt. Es muss furchtbar sein, wenn Sie diesen nicht erreichen würden.

Was wollen Sie wirklich? **Wieso?** **Wann?**

1.) ______________________ ________________ ________________

Tauchen Sie tief in Ihr Gefühl ein, nehmen Sie ein Bad darin. Sehen Sie es als bereits erreicht. Als feststehende Größenordnung, die alles jemals dagewesene überragt. Machen Sie eine kurze Pause, schließen die Augen und stellen Sie es sich fortlaufend vor. Das nennt man das berühmte Visualisieren.

„Geistige Vorstellungskraft schafft Wirklichkeit!"

Ich gehe davon aus, dass Sie es ein paar Minuten lang gemacht haben. Das sollten Sie ab sofort jeden Tag tun. Vor allem morgens nach dem Aufwachen und abends vor dem Schlafen. Das ist die Zeit, in der Sie sich in der absoluten Entspannung befinden. Eine bessere Zeit gibt es nicht. Halten Sie Ihr Fazit fest.

Mein Fazit: ____

Für heute sollten Sie es dabei belassen

Denn Sie wollen sicherlich weitaus mehr, als nur ein wenig zu lesen? Ihr Ziel ist es doch, dass sich einige Dinge in Ihrem Leben grundlegend wandeln und dies für alle Zeiten. Das schaffen wir dann, wenn wir unserem Geist, unserem Unterbewusstsein und unserer Seele Zeit lassen, nachzukommen. Kein Stress und keine Hektik aufkommen lassen, also Pause für heute.

Weniger ist in dem Fall mehr

Gehen Sie lieber das Geschriebene öfters durch. Das Verhältnis sollte lauten, 2/3 was Sie tatsächlich wollen und 1/3, was Sie nie mehr möchten. Dann überwiegt eindeutig das Positive und daraus ziehen Sie unendliche Kraft und Energie für Ihren großen Erfolg, Ihr Ziel. Das ist der Weg und dies machen Sie jeden Tag, das berühmte Visualisieren zum Erfolg.

Tragen Sie Verantwortung

Da wird es für die meisten Menschen verdammt eng. Denn die Verantwortung überträgt man lieber anderen Leuten. Diese kann man dann auch leichter verantwortlich machen, wenn etwas nicht geklappt hat. Ihnen die Schuld geben, für alles, was passiert. Das ist nicht gerade ein sehr erbauender Moment und zeugt von eigener Schwäche. Hier gilt es unbedingt anzusetzen und darauf zu achten, dass man nie wieder in den Bereich hineinkommt.

Was ist Verantwortung

Deutsch ist eine wundervolle Sprache und im Sprachschatz enthält es die klare Antwort für das eigene Leben mit allem, was dazu gehört. In uns selbst ist die Antwort vergraben. Da gibt es die nette Geschichte der drei Götter, die sich getroffen haben und beratschlagten, wo man das Glück des Menschen am besten verstecken kann. Ganz so leicht wollte man es ihnen nicht machen. Der erste Gott meinte, am besten auf dem höchsten Berg, da kann man es nicht finden. Der Nächste meinte, in den Tiefen des Ozeans. Gott Nummer drei sagte daraufhin, es gibt nur ein sicheres Versteck, das ist tief im Menschen selbst. Ich finde diese Geschichte wunderschön, weil sie genau zutrifft. Die Menschen suchen überall, nur nicht in sich selbst.

Finden Sie die Antwort für Ihr Leben

Es ist das Schönste und Großartigste, was Sie überhaupt leisten können. Sich selbst zu finden, ist das höchste der Gefühle, und wenn Sie das erreicht haben, wird Ihr Leben fortan ein absoluter Traum. Sie stehen förmlich über all den Dingen. Auch Sie haben Ihren Schatz tief in sich vergraben. Es geht darum ihn zu heben, und daraus eine Meisterleistung an den Tag zu legen.

Sie gewinnen an Energie

Das ist gigantisch zu sehen, wie die eigene Energie Tag für Tag steigt und Sie von einem Sieg zum anderen wandeln. In der Leichtigkeit des Seins erledigen Sie alles, was nötig ist, um Ihren Erfolg stets weiter auszubauen und zu festigen. In dem Moment, wo Sie die Verantwortung hundertprozentig für Ihr Leben übernehmen, haben Sie diese sagenhafte Power in sich.

Leben Sie wie ein Meister, der über den Dingen steht

Lassen Sie sich von den alltäglichen Störungen, die automatisch im Leben auftreten, nicht blockieren. Beschäftigen Sie sich ausschließlich mit dem Wesentlichen, denn nur das bringt Sie weiter. Es schafft eine neue Welt für Sie, alles andere lassen Sie ruhig dort, wo es hingehört. Denken Sie daran, jeder Tag birgt neue Chancen in sich, die es zu nutzen gilt.

Sie sind ein Gewinner

Ist Ihnen das überhaupt bewusst? Oder gehen Sie damit leichtfertig um, so als ob es nichts wäre. Ich hoffe nicht, denn das wäre alles andere als clever. Ihr Leben ist zu wertvoll, da heißt es Ergebnisse erzielen und diese in einer sehr hohen Dichte. Nicht nur ab und zu einmal und dann in der Hoffnung leben, dass es ewig so weiter gehen möge, das tut es mit Sicherheit nicht. Das Leben ist ein ständiges „Auf und Ab."

Ist Ihnen das bewusst, dass Sie ein Gewinner sind

Haben Sie sich darüber jemals Gedanken gemacht? Oder nehmen Sie es einfach als gegeben hin, dass Sie ein Leben haben und mehr oder weniger damit klarkommen? Es gibt wie immer viele Wege, der Königsweg ist aber klar, sich als Gewinner auf allen Seiten zu sehen. Danach zu leben und zu handeln, macht richtig Spaß und bereitet Freude.

Sie haben schon so oft in Ihrem Leben gewonnen

Wissen Sie das überhaupt, wie gut Sie sind? Genau das können Sie selbstverständlich weiter leben. Das Einzige, was dazu erforderlich ist, dass Sie eine klare Entscheidung treffen und es konsequent durchziehen. Schauen wir uns die einzelnen Positionen Ihres Gewinnerlebens an.

- Sie haben Ihr erstes Rennen gewonnen
- Den Kampf gegen die Schwerkraft gewonnen
- Die Lese-, Schreib- und Rechenschwäche besiegt
- Sie haben Ihren Partner für sich gewonnen
- Sie haben Ihren Beruf gewonnen

Sie haben Ihr erstes Rennen gewonnen

Erinnern Sie sich noch daran? Es ist schon lange her, je nachdem wie alt, oder jung Sie gerade sind. Lassen Sie es uns gemeinsam anschauen. Sie lagen ganz gemütlich herum, ja Sie dümpelten mit vielen anderen förmlich vor sich hin. Plötzlich kam Aufregung in die Gruppe, die Anspannung stieg fast bis ins Unermessliche. Plötzlich ein Knall, Sie wurden mit großer Wucht durch ein enges Rohr hinauskatapultiert. Ihnen war leicht schwindlig, Sie wussten im ersten Moment nicht, was geschehen war, hatten aber Ihr klares Programm im Kopf. Zu laufen, zu rennen, was das Zeug hält, denn es ging um Ihr Leben.

Sie haben nach vorne geschaut, dort waren Millionen, die auch gewinnen wollten. Sie haben nach hinten geschaut, es folgten noch einige Millionen. Sie haben den Turbo eingelegt, nur noch Vollgas gegeben, weder nach rechts noch nach links geschaut. Sie sind förmlich um Ihr Leben gerannt. Und wissen Sie was, Sie haben gewonnen, sonst wären Sie heute nicht da. Sie kamen als Erster ins Ziel, haben sich sofort gemütlich in die Eizelle eingenistet. Ist das nicht traumhaft? Vielleicht finden Sie die Geschichte etwas seltsam. Wenn Sie aber darüber nachdenken, war es in der Tat so. Sie haben eines Ihrer schwersten Rennen gegen Millionen andere gewonnen, ein unendliches Durchhaltevermögen an den Tag gelegt.

Sie haben den Kampf gegen die Schwerkraft gewonnen

Erinnern Sie sich noch, wie oft Sie hingefallen sind? Oder gehörten Sie zu den Wundern der Natur, die gleich laufen konnten? Ich gehörte da definitiv nicht dazu. Ich kann mich leider nicht mehr erinnern, welch ein Durchhaltevermögen ich an den Tag legte. Ich sehe es aber an kleinen Babys, mit welchem Eifer die zur Sache gehen. Es ist unglaublich faszinierend. Dieser eiserne Wille, endlich laufen zu können. Sie fallen hin, machen sich weh, stehen wieder auf und versuchen es erneut. Immer wieder aufs Neue.

Keinem Kind käme es in den Sinn, zu sagen „Hey, das gibt doch alles keinen Sinn, ich habe es so oft probiert, es funktioniert bei mir nicht. Also lasse ich es lieber bleiben!" Ganz im Gegenteil, unglaublich, mit welchem Eifer die Kinder zur Sache gehen. Es wird trainiert, trainiert und nochmals trainiert, bis es endlich klappt, sie ohne Hilfe laufen können. Also, auch diesen Kampf haben Sie mit großer Bravour gemeistert.

Die Lese-, Schreib- und Rechenschwäche besiegt
Das war sicherlich kein leichter Weg. Ich habe mir damals, mit diesen vielen Buchstaben sehr schwer getan. Sie nicht nur zu schreiben, sondern auch noch zu lesen. In meiner Schulzeit ging manche Schiefertafel zu Bruch. Nicht durch mich, sondern durch meine lieben Lehrer, welche sie auf meinem Kopf zertrümmert haben. Tja, so war das damals und siehe da, es hat geholfen. Hand aufs Herz, wie lange sind Sie in die Schule gegangen, bis Sie endlich Lesen, Schreiben und Rechnen konnten? Das waren viele Jahre und mancher kann es bis zum heutigen Tage nicht richtig. Erkennen Sie langsam, wie gut Sie überhaupt sind?

Sie haben Ihren Partner für sich gewonnen
Wie war denn das, ging es von alleine? Gesehen und schon war es passiert? Ja, das soll es geben, habe ich mir sagen lassen. In der Regel dauert es aber ein paar Tage oder Wochen länger, bis das funktioniert. Haben Sie locker gelassen, nach dem Motto „Der oder die schaut mich nicht richtig an, da lasse ich es lieber!" Bestimmt nicht, Sie sind dran geblieben und wie hartnäckig. Siehe da, es hat funktioniert. Ob es natürlich im Nachhinein gut war, ist eine andere Frage.

Sie haben Ihren Beruf gewonnen
Bei mir war das Action pur. Da war was los, beim Lehrherrn und in der Schule. Oftmals waren wir uns nicht einig und wie schön,

als endlich die Lehre vorbei war. Es war für mich ein großer Segen. Mein starker Wunsch in die Selbstständigkeit zu gehen, hatte ein dermaßen großes Ausmaß angenommen. Aber ich hatte es geschafft, der Grundstock war gelegt. Auch wenn ich danach nicht weiter in diesem Beruf arbeitete.

Es gibt noch weitere Beispiele

Das lassen wir aber, mir geht es in erster Linie darum, dass Sie erkennen können, wie fit und gut Sie bereits waren und noch sind. Ist das nicht sensationell? Natürlich, nur im Laufe eines Menschenlebens geht etliches daneben und wird verschüttet. Das Endresultat ist oft Leid und Elend. Der Selbstwert sinkt in den Keller und das ist definitiv nicht gut. Also packen wir ihn an und holen diesen wieder nach oben, da wo er hingehört.

Glauben Sie an sich

Das ist der bedeutendste Schritt in Ihrem Leben. Der unerschütterliche Glaube an die eigene Person. Es ist das Größte und Wertvollste, was ein Mensch sein eigen nennen kann. Genau da müssen Sie wieder hinkommen, dass Sie hundertprozentig an sich glauben, ohne jeglichen Zweifel.

Kleine Kinder glauben an sich

Für mich sind kleine Kinder absolut faszinierend. Haben Sie diese schon einmal beobachtet, wenn sie etwas in die Hand nehmen? Sie strotzen vor Selbstvertrauen, es gibt für Kinder buchstäblich keine Grenzen. Das Elend fängt leider erst an, wenn sich die ach so klugen Erwachsenen einmischen. Dann geht es endgültig los und das Selbstbewusstsein wird Stück für Stück demontiert.

Wenn ich da an meine Lehrer denke, oh je, oh je. Ein Paradebeispiel, das Selbstbild des Einzelnen zu demontieren. Weit oben die Lehrer und sehr sehr weit unten, der kleine ängstliche Schüler. Alle schauten ehrfürchtig nach oben, leider die Eltern inklusive. Wie oft hörte ich damals, dass aus mir nie etwas werden wird. Ich fand es eher belustigend, hatte ich doch damals schon ein anderes Bild von mir.

Partnerschaften

Das war nicht immer sehr lustig, denn mancher Partner hat einen starken Hang zur Manipulation. Manipulationen ohne Ende, Sie kennen bestimmt das nette Spiel, welches damals schon die Mutti gespielt hat. „Wenn du lieb bist, hat dich Mami auch lieb!" Ist das nicht klasse, und manche spielen solche Kindergartenspiele auch in der Partnerschaft. Manipulation auf der gesamten Linie. Das ist alles andere als erbauend und motivierend, das sollten sich erwachsene Menschen einfach schenken. Achten Sie darauf, da nie hinzukommen.

Wer glaubt an Sie

Diese Frage ist absolut berechtigt, denn es bleibt ja nicht mehr viel übrig. Die einzige Chance, welche Sie haben, ist an sich selbst zu glauben. Genau wieder zu dem unerschütterlichen Glauben zurück zu kehren, den Sie in Ihrer Kindheit hatten. Sagen Sie jetzt bitte nicht, dass das nicht geht. Natürlich geht es, somit wären wir erneut beim Glauben.

Nach eurem Glauben geschehe euch

Kennen Sie dieses wunderschöne Bibelzitat? Vielleicht schon einmal gehört, aber bestimmt selten angewendet. Es ist aber wichtig zu überprüfen, an was Sie letztlich glauben. Was ist da in Ihnen vorhanden? Welche Glaubenssätze legen Sie an den Tag? Was schießt täglich aus Ihrem Unterbewusstsein heraus? Folglich lassen Sie uns gleich zur Tat schreiten.

Glaubenssätze

Diese haben sich tief in Ihr Unterbewusstsein eingebrannt und sabotieren Sie von dort aus aufs Schärfste. Das ist ein Programm, welches automatisch im Hintergrund abläuft. Manchmal sogar unheimlich, weil sich einige darüber nicht im Klaren sind. Schreiben Sie Ihre Glaubenssätze auf. Seit wann Sie diese haben und welche Änderung Sie einleiten möchten.

Meine Glaubenssätze?	**Seit wann?**	**Änderung?**
1.) ______________________	________________	________________
2.) ______________________	________________	________________

3.) ____________ ____________ ____________

4.) ____________ ____________ ____________

5.) ____________ ____________ ____________

6.) ____________ ____________ ____________

7.) ____________ ____________ ____________

8.) ____________ ____________ ____________

9.) ____________ ____________ ____________

10.) ____________ ____________ ____________

Wie war es für Sie? Fühlt es sich gut an, oder haben Sie womöglich keine gefunden, das kann natürlich auch sein. Ich helfe Ihnen kurz und schreibe einige Glaubenssätze auf.

- Die blöde Kohle reicht hinten und vorne nicht
- Wer hoch hinaus will, der fällt tief
- Den seinen gibt es der Herrgott im Schlaf
- Ich habe nur Pech
- Mir gelingt nichts
- Bescheidenheit ist eine Zierde
- Die Reichen haben eh nur alles erlogen und ergaunert
- Schuster bleib bei deinen Leisten
- Erfolg ist nichts für mich
- Die Reichen sind unglücklicher
- Geld macht krank

Die blöde Kohle reicht hinten und vorne nicht
Wer so über Geld denkt und spricht, wird nie welches besitzen. Das sind grundlegende, geistige Gesetze des Reichtums. Hier läuft gerade das Armenprogramm ab. Für die meisten sehr schwer zu verstehen. Wenn man sich aber intensiver mit der Thematik befasst, leuchtet es einem ein. Über Geld sollte man stets im positiven Sinne reden.

Wer hoch hinaus will, der fällt tief
Wer sagt so etwas? Erfolgreiche oder Erfolglose? Ist ja wohl klar, dass ein Erfolgreicher diesen Spruch nie in den Mund nimmt. Da ist es eine absolute Selbstverständlichkeit, immer hoch hinaus zu wollen und sich entsprechend dafür einzusetzen, das Ziel zu erreichen. Es gibt keine Grenzen, definitiv nicht, außer, welche man sich selbst vorgibt.

Den Seinen gibt es der Herrgott im Schlaf
Für die Erfolgreichen ist das natürlich absolut positiv und für die anderen klingt es ironisch, neidisch und sogar oft mit Hass verbunden. Was sagt diese Aussage? Dass da wo schon viel ist, noch mehr dazu kommt. Und da wo wenig ist, wird es immer weniger, weil beide Parteien permanent das Entsprechende, in der richtigen Reihenfolge praktizieren.

Ich habe nur Pech
Das ist eine der berühmten, selbstzerstörerischen Prophezeiungen. Oft genug kundgetan, manifestiert sich das Ganze. Da kommt definitiv zum Tragen

„Euch geschehe nach eurem Glauben!“

Das wird damit fest untermauert. Es ist ein Absolutum, da hat das Positive überhaupt keinen Platz und das ist schade. Folglich hüten Sie sich in Zukunft besser vor solchen zerstörerischen Aussagen.

Mir gelingt nichts
Ein weiterer frommer Spruch des Leids und Elends. Den kann man sofort in die Kategorie des Jammerns und Klagens ablegen. Wie weit komme ich mit solch einer verheerenden Denkweise? Doch wirklich nicht sehr weit, da ist alles zum Scheitern verurteilt. Denn wenn Sie so denken, werden Sie sich nicht mehr anstrengen, weil es doch eh schon klar ist.

Bescheidenheit ist eine Zierde
Die nächste törichte Aussage, die von vielen häufig in den Mund genommen wird. Dieser Satz muss folgendermaßen lauten

„Bescheidenheit ist eine Dummheit!"

Solche Sätze sagen Menschen, die keinen Erfolg haben und damit untermauern sie es noch, wie edel sie doch letztlich sind. Ein völliger Blödsinn, kein Erfolgreicher auf dieser Welt würde jemals so etwas behaupten.

Die Reichen haben eh nur alles erlogen und ergaunert
Das ist eine coole Einstellung, man nennt das Neid pur oder den Neid der Besitzlosen. Das Ganze wirkt sich in erster Linie auf das eigene Leben aus. Wer derart durch die Welt schreitet, schädigt sich mit dem Gift dieser schlechten Gedanken am meisten. Ein nicht zu vergessender Punkt ist, anderen Menschen ihren Reichtum zu gönnen. Es ist wahrlich nicht unsere Aufgabe zu beurteilen, wie diese dazu kamen.

Wenn man einmal genauer hinschaut, haben die Reichen oder eben ihre Vorfahren angefangen, intensiv zu arbeiten und sind permanent dran geblieben, ohne irgendeinen Unterbruch. Keiner schaut hinter die Kulissen und weiß, wie lange es gedauert hat, bis sich der Erfolg eingestellt hat. Die Menschen sehen nur den vermeintlichen Reichtum und wie gut es doch die Leute haben. Dass dafür aber oft Überdurchschnittliches notwendig war, um dahin zu kommen, sieht keiner. Folglich schenken Sie sich ab sofort solch eine Denkweise. Gönnen Sie den Menschen alles, ohne Neid und auch Ihnen, wird alles gegönnt.

Und hinsichtlich all der Menschen, die ein negatives Beispiel sind, weil sie ihren Reichtum womöglich durch unsaubere oder kriminelle Weise erworben haben, oder einfach nur geerbt, geben Sie da keine Energie hinein. Die mögen zwar real sein, aber eine Minderheit. Und leicht geraten wir in die Gefahr, dies als Alibi zu sehen für den „Lieblingsglaubenssatz" von „Geld verdirbt den Charakter." Nicht das Geld verdirbt den Charakter, sondern es gibt nun mal solche und solche Menschen „mit Charakter" und solche mit schlechtem Charakter, oder „ohne." Wir sollten nicht darüber urteilen, wie andere ihren Weg gegangen sind, sondern uns lieber damit beschäftigen, wie wir selber dort hinkommen, wo wir hin wollen. Denn nur dann können wir auch selber etwas verändern und verbessern.

Schuster bleib bei deinen Leisten

Was ist denn das für eine törichte Aussage? Da wären wir ja fast beim Kastensystem, wie in Indien. Wer in eine vermeintlich falsche Kaste reingeboren wurde, hat halt Pech gehabt, daran kann man nichts ändern. Das stimmt nicht ganz, egal woher Sie kommen, es spielt überhaupt keine Rolle, die Frage ist schlicht und einfach, wo wollen Sie hin? Was ist Ihr Ziel, welchen Einsatz sind Sie bereit dafür zu bringen? Dann machen Sie sich gezielt auf den langen Weg.

Erfolg ist nichts für mich

Wie kann man nur so kaputt durch die Welt gehen. Erfolg und Reichtum ist das Geburtsrecht jedes einzelnen Menschen. Man muss es einfordern und dafür auch etwas tun, dann funktioniert die Geschichte. Mit solchen Einstellungen passiert aber genau das Gegenteil, man entfernt sich weiter vom Eigentlichen. Genau das sollte man niemals tun, denn dies nennt sich auch die berühmte Selbstsabotage.

Die Reichen sind unglücklicher
Woher wollen Sie das wissen, kennen Sie reiche Leute, haben Sie mit denen Tag für Tag zu tun? Bestimmt nicht, es sind dumme Erzählungen und die Presse berichtet natürlich auch am liebsten über solch einen Unsinn. Sonst würde ja keiner die Heftchen kaufen. Das ist deren Business und dies wird knallhart umgesetzt. Dann liest Otto-Normalbürger die Geschichten und ist froh, dass er nicht zu den Reichen zählt.

Geld macht krank
Das ist ein Märchen von Menschen, die kein Vermögen oder zu wenig Geld besitzen. Ist es das, was Sie möchten, ich glaube nicht. Kein Mensch möchte das normalerweise, jeder träumt und wenn auch nur insgeheim davon, viel Geld zu besitzen und reich zu sein. Endlich keine finanziellen Probleme mehr zu haben. Sich etwas leisten zu können, nicht jeden Groschen zweimal umdrehen zu müssen. Dann setzt er aber das eigene Vernichtungsprogramm in Gange und zerstört mit einem Schlag alles, das ist fatal.

Was können Sie erkennen

Sie sind buchstäblich der „Master of Desaster" und niemand anderes. Sie alleine sind für Ihr Elend verantwortlich. Wenn Sie das zur Kenntnis genommen haben, geht es Ihnen ab sofort wesentlich besser. Sie fühlen sich fortan nicht mehr klein und wie in Handschellen gelegt. Sie können es, haben alles in sich, was es benötigt. Das Einzige was Sie tun müssen, ist endlich anzufangen, die richtigen Erfolgsprogramme zu leben.

Überprüfen Sie erneut Ihre zehn Punkte

Womöglich verändert sich das eine oder andere durch die Glaubenssätze, welche ich oben aufgeführt habe. Gehen Sie nochmals intensiv über das Geschriebene und fügen Sie die Änderungen unverzüglich ein. Denn Sie haben ja gerade jede Menge Anhaltspunkte erhalten.

Reduktion auf die drei Hauptpunkte

Nachfolgend die Reduktion auf Ihre drei Hauptpunkte, welche Sie schon seit Jahren Tag für Tag anwenden. Das hilft Ihnen klarer zu blicken, die Dinge in ihrer gesamten Heftigkeit zu sehen und dann in die nötige Änderung zu gehen. Denn so sollten Sie wahrhaftig nicht mehr weiter leben. Das Leben ist in jeder Hinsicht Fülle und niemals Armut. Da kommen Sie aber nur heraus, wenn Sie dran bleiben und mit Vollgas unterwegs sind.

	Meine Glaubenssätze?	**Seit wann?**	**Änderung?**
1.)	______________________	________________	________________
2.)	______________________	________________	________________
3.)	______________________	________________	________________

Wie fühlen Sie sich? Wird Ihnen bewusst, was Sie da veranstalten, alles in der Vergangenheit zerstört haben? Wohin es führt, wenn Sie so weiter machen wie bisher, ist wohl klar. Nun, das ist ja nicht Ihr Leben, nicht das, was Sie angestrebt haben. Sonst hätten Sie sich nicht auf den Weg gemacht und dieses Buch erworben. Also seien Sie dankbar, schon soweit gekommen zu sein. Die Dinge immer klarer zu sehen und dadurch die notwendigen Schritte einzuleiten, dass daraus eine gigantische Meisterleistung entsteht. Der nächste Schritt, Sie kennen ihn ja bereits, ist die Reduktion auf das Wesentliche. Was ist Ihr Hauptpunkt, welcher Sie fortlaufend beschäftigt, nicht zur Ruhe kommen lässt? Was sagen Sie sich permanent? Was hat sich tief und fest in Ihr Herz, Ihr Inneres eingebrannt? Was für eine Änderung leiten Sie ein?

Meine Glaubenssätze?	**Seit wann?**	**Änderung?**
1.) ____________________	______________	______________

Auch hier kann ich Ihnen nur gratulieren, klasse, dass Sie es bis zu Seite 54 geschafft haben. Herzlichen Glückwunsch, dass Sie es konsequent durchziehen. Genau das ist der Weg des Erfolgs. Dran bleiben, nochmals dranbleiben und dies ohne „Wenn und Aber." Das schafft eine völlig neue Wirklichkeit, für die es sich wahrlich lohnt, sich voll und ganz einzusetzen und zu leben. Freuen Sie sich auf Ihre neue Zukunft.

Ihr Fazit: ____

Jetzt halten Sie inne und machen eine Pause

Auch wenn Sie in dem Buch gleich weiter lesen möchten, gefesselt sind, halten Sie inne und lassen sich das Gelesene durch den Kopf gehen und dann setzen. Das ist ein Arbeitsbuch und kein Schnelllesewerk. Es ist dringlich, dass Sie ein völlig neues Verständnis entwickeln, ist wichtig für Ihr Fort- und Weiterkommen. In der Klarheit liegt die Kraft des Erfolges.

Wer sind Sie

Analysieren Sie, wer Sie wirklich sind. Nehmen Sie sich die Zeit und befassen sich mit Ihrer eigenen Person. Erkunden Sie Ihr Inneres auf das Genauste. Überprüfen Sie Ihre Denkprozesse und Verhaltensmuster. Solange man sich nicht bewusst ist, wie viele Fähigkeiten in einem stecken, merkt man es fast nicht. Nein, natürlich spürt man immer wieder, dass in einem wesentlich mehr steckt, als was man überhaupt wahrhaben möchte. Dies gilt es zu nutzen und mit Vollgas an die Umsetzung zu gehen, ohne nach rechts oder links zu schauen. Wissen Sie, warum Pferde Scheuklappen aufhaben, damit sie weder nach rechts noch nach links schauen können, ihr Blick nur auf das Ziel fokussiert ist.

Wer sind Sie wirklich

Auf diese Frage höre ich häufig „Ich bin eine Frau" oder „Ich bin ein Mann!" Na klasse, das ist doch eine gute Ausgangsbasis und was noch? Wissen Sie tatsächlich nichts Näheres über sich? Tja, da hört es bei den meisten auf und das ist natürlich schade, um nicht zu sagen fatal. Soweit darf man es definitiv niemals kommen lassen. Es ist wichtig zu wissen, für was man steht, wo man seine Berufung leben kann. Wieso man in diese Welt getreten ist, um etwas zu bewegen, Großes oder Kleines und was genau. Je deutlicher man ist, desto größer sind die Erfolge, die schlussendlich zu verzeichnen sind.

Wofür stehen Sie im Leben

Wofür stehen Sie jeden Tag auf und geben Vollgas? Was begeistert Sie, törnt Sie an, beflügelt Sie, was gibt Ihnen immense Energie? Womit fühlen Sie sich herausragend? Das wollen wir nachfolgend schriftlich festhalten. Vielleicht fragen Sie sich, was das alles mit

Erfolg zu tun hat? Sehr viel sogar, denn je klarer Sie sind, desto größer ist Ihr Erfolg. Das muss man jedoch erst einmal begreifen. Es ist das, was Spaß macht und einem permanent beflügelt. Halten Sie nachfolgend fest, wer Sie sind und für was Sie letztlich am Leben teilnehmen. Wieso ist das so und seit wann leben Sie damit?

Wer bin ich?	**Wieso?**	**Seit wann?**
1.) ______	______	______
2.) ______	______	______
3.) ______	______	______
4.) ______	______	______
5.) ______	______	______
6.) ______	______	______
7.) ______	______	______
8.) ______	______	______
9.) ______	______	______
10.) ______	______	______

Jetzt sind wir wieder einen Schritt weiter und was passiert nun? Wo geht es hin? Was werden Sie ab sofort Großes bewegen? Wo werden Sie sich engagieren? Was muss eventuell geändert werden? Entscheidende Fragen, die Ihr Leben betreffen. Stets im Hinterkopf haben, dass das Leben nicht unendlich ist, sondern leider endlich. Das heißt, eines Tages ist es aus und vorbei. Wie schön, wenn man dann wenigstens sagen kann „Ich habe gelebt. Ja, ich habe mein Leben voll und ganz gelebt, welch ein Traum!“ Die meisten dürfen aber sagen, was ich soll schon gehen, ich wollte doch noch so viele Dinge erledigen, dies und jenes tun, ich bin noch nicht bereit zu gehen. Soweit sollte man es nicht kommen lassen. Dazu passt folgender Spruch

„Es gibt ein Leben vor dem Tode!“

Reduzieren Sie es auf die drei wichtigsten Punkte. Das ist spannend, sich mit sich selbst zu befassen und neue Erkenntnisse zu gewinnen. Das tut definitiv gut und wirkt total inspirierend.

Wer bin ich?	**Wieso?**	**Seit wann?**
1.) ______________________	________________	________________
2.) ______________________	________________	________________
3.) ______________________	________________	________________

Ist Ihnen jetzt bei dieser Reduktion einiges klarer geworden? Haben Sie einen besseren Über- und Durchblick? Ich wünsche mir das sehr für Sie, denn das erleichtert Ihnen ungemein Ihr Dasein auf Erden. Heraus zu kristallisieren, was dringlich ist und was nicht. Nachfolgend holen Sie das Maximum heraus.

Wer bin ich?	**Wieso?**	**Seit wann?**
1.) ______________________	________________	________________

Das ist eine absolut sensationelle Frage, die sich hier stellt. Dies herauszufinden und dann danach zu leben. Das ist definitiv die

Krönung, des menschlichen Daseins. Es ist das Höchste, was Sie überhaupt in Ihrem Leben erreichen können. Ich freue mich jedenfalls sehr für Sie, dass Sie genau diese Frage herauskristallisiert haben. Seien Sie unendlich stolz auf sich, denn das gibt Energie und baut ungemein auf.

Ihr Fazit: ____

Führen Sie es sich immer wieder vor Augen

Das möchte ich Ihnen nahe legen, dass Sie es sich explizit vor Augen führen, wer Sie sind und wofür Sie leben. In der permanenten Wiederholung liegt die Kraft. Es ist das, was Sie weiter bringt, zum großen Erfolg führt. Sie sollten es endlich checken, wie der Volksmund salopp sagt.

Ihre Schwächen

Dies ist das nächste spannende Kapitel, welches Sie unbedingt anschauen und angehen müssen. Wie heißt es so schön „Gefahr erkannt – Gefahr gebannt." So einfach ist ab sofort das Spiel. Sie müssen sich in- und auswendig kennen, jede noch so winzige Ecke. Es darf für Sie keine Eventualitäten in Ihrem Leben mehr geben, das tut nicht gut. Die Dinge müssen klar, konkret, messbar und unmissverständlich sein. Nur das führt zum gewünschten Erfolg, bringt Sie zu Ihrem großen Ziel Stück für Stück näher.

Jeder Mensch hat Schwächen

Dies ist eine feststehende Größe und je schneller man bereit ist das zu akzeptieren, desto besser geht es einem. Schwächen gehören zum menschlichen Leben, das ist nun mal so. Es gibt keinen Menschen, der keine Schwächen hat. Ignorieren ist das Schlimmste, was Sie machen können. Das dürfen Sie sich nie wieder erlauben. Es gibt für Sie ein absolutes Verbot, die Schwächen zu ignorieren, das ist Selbstbetrug und ein Ding der Unmöglichkeit. Halten Sie sich bitte daran, Ihnen geht es dann ab sofort wesentlich besser.

Schwächen, die tickende Zeitbombe

Lesen Sie den Satz bitte erneut durch, wie hört sich das an? Ist es das, was Sie tatsächlich wollen? Im Wort wirken ist deutlich enthalten, dass es eine Wirkung hat. Das benötigen Sie nicht auf dem Weg zu Ihrem Erfolg, dürfen Sie nicht an sich heranlassen. Wieso tickende Zeitbombe, fragen Sie sich womöglich? Weil immer, wenn Sie nicht damit rechnen, treten Ihre Schwächen urplötzlich auf, nicht kontrollierbar. Meistens genau dann, wenn man diese absolut nicht gebrauchen kann, eh schon genug Probleme zu bewältigen hat, oftmals keinen Ausweg aus einer Situation sieht.

Haben Sie es im Griff

Das kann ich Ihnen sehr ans Herz legen, dass Sie alles im Griff haben. Wenn ja, herzlichen Glückwunsch, dadurch leben Sie geruhsamer. Wieso sich das Leben unnötig schwer machen, wenn es auch leichter geht. Und wozu tendiert der liebe Mensch? Ist doch klar, meistens zum Schweren. Wenn es leicht geht, macht der Mensch daraus eine schwere Sache und ist danach verwundert, dass das Leben hart und ungerecht zu ihm ist. Wer ist der Verursacher solchen Chaos? Jeder Einzelne für sich, und Sie sind derjenige, der das abstellen kann. Sie haben es in Ihren Händen, können dem Ganzen ein Ende setzen, oder das Spiel weiter machen.

Schreiben Sie Ihre Schwächen auf

Vielleicht sagt genau in diesem Augenblick Ihr innerer Schweinehund „Nicht schon wieder. Ich habe keine Lust! Das bringt doch eh alles nichts. Solch ein Schwachsinn, was soll der Quatsch? Ich bin doch nicht blöd." Lassen Sie sich nicht von ihm beirren, ignorieren Sie ihn einfach. Dadurch geben Sie ihm zu verstehen, dass Sie der Herr im Ring sind, das Sagen haben. Lassen Sie sich bloß nicht davon abbringen. Seien Sie stark und haben Sie Durchhaltevermögen. Notieren Sie Ihre Schwächen unverzüglich, auch wenn es vielleicht für Sie gerade ein wenig unangenehm sein könnte. Auch wieso das so ist und seit wann Ihnen das bewusst ist. Je expliziter, desto besser schaffen Sie Abhilfe.

Meine Schwächen?	Wieso?	Seit wann?
1.) ____________________	________________	________________
2.) ____________________	________________	________________
3.) ____________________	________________	________________

4.) ______________________ ________________ ________________

5.) ______________________ ________________ ________________

6.) ______________________ ________________ ________________

7.) ______________________ ________________ ________________

8.) ______________________ ________________ ________________

9.) ______________________ ________________ ________________

10.) _____________________ ________________ ________________

Wenn ich diese Übung mit meinen Seminarteilnehmern oder Coachingkunden mache, erhalte ich häufig zur Antwort „Ich habe keine Schwächen, wieso soll ich gerade zehn Stück notieren. Ich habe höchstens eine Schwachstelle, an die ich mich erinnern kann." Wenn wir dann damit beginnen, sind die meisten Teilnehmer erstaunt, dass es einige Schwächen mehr sind. Weil wir eben riesige Verdrängungskünstler sind, das ist eine unserer Hauptaufgaben. Der menschliche Mechanismus hat diesen Verdrängungsapparat eingebaut und zieht ihn konsequent durch.

Um dagegen anzukommen, ist zu beachten, stets in die Schriftlichkeit zu gehen. Was man schwarz auf weiß fest gehalten hat, kann man jederzeit nachlesen, sich in Erinnerung bringen. Dadurch schafft man es, die Dinge festzuhalten und nicht von irgendeiner anderen Seite her plötzlich überrascht zu werden. Denn manche Schwächen können unter Umständen sogar lebensgefährlich ausarten. Nun reduzieren Sie die Schwachstellen auf das Wesentliche, auf Ihre drei Hauptschwächen. Wählen Sie diese aus Ihren zehn Schwächen aus. Manchmal ist die Aufgabe nicht leicht. Man steht davor und weiß nicht genau, was man wählen soll. Überlegen Sie bitte nicht zu lange.

Meine Schwächen?	Wieso?	Seit wann?
1.) ____________	____________	____________
2.) ____________	____________	____________
3.) ____________	____________	____________

Womöglich merken Sie nun mit Schrecken, wie sehr Sie sich die ganzen Jahre selbst sabotiert haben. Das ist nicht besonders clever, dürfen Sie sich niemals wieder geben. Selbstsabotage ist der pure Wahnsinn und dermaßen vernichtend. Sind Sie erschrocken und entsetzt, oder gehören Sie eher zu den Menschen, denen alles völlig gleichgültig ist, es verniedlichen? Nun schreiten wir zum Finale und kristallisieren nachfolgend Ihre Hauptschwäche heraus.

Meine Hauptschwäche?	Wieso?	Seit wann?
1.) ____________	____________	____________

Keinen Grund zur Besorgnis, Sie haben bereits den ersten Schritt für eine Veränderung, in Ihr neues Leben getan. Ist das nicht gigantisch? Jetzt gilt es nur noch, daraus die Lösung für die Hauptschwäche abzuleiten. Wenn Sie dies tun, haben Sie auf der ganzen Linie gewonnen. Denn diese Schwäche beeinflusst Sie am Stärksten. Die Kleineren können Sie nach und nach eliminieren, das hat keine Eile.

Ihr Fazit: ______________________________________

Ihre Stärken

Das ist eine wesentlich schönere Aufgabe, der Sie sich stellen können. Die eigenen Stärken zu erkennen und danach zu leben. Das ist die noch höhere Kunst. Leider dürfen oder leben fast alle Menschen nicht Ihre Fähigkeiten aus, das ist fatal. Dadurch kann man krank werden. Die eigenen Stärken zu leben ist oftmals kein leichter Weg, denn die Manipulatoren sind auf allen Seiten sehr aktiv. Sie versuchen stetig, dem anderen die eigene Denk- und Fühlweise aufs Auge zu drücken. Dadurch verändert sich der andere nicht und bleibt somit berechenbar.

Die gesamte Erziehung ist auf Schwäche ausgelegt

Das ist der Oberhammer, dass der gesamte Erziehungsapparat auf der Schwäche des Menschen herumreitet, anstatt die Stärken weiter zu pushen und diese zu fördern. Das würde weitaus mehr bewirken. Wir nehmen eine nette kleine Episode aus der Schule. Eine Klassenarbeit, ein Diktat steht an, die Eltern haben mit ihrem Kind geübt und nochmals geübt in der Hoffnung, dass dieses Mal weniger Fehler passieren. Schauen wir uns das Drama wegen dieser anstehenden Arbeit an.

Lektion 1	Belehrung
Lektion 2	Beim Diktat
Lektion 3	Zwischenstation in der Schule
Lektion 4	Beim Heimkommen
Lektion 5	Zwischenstation bis zur Benotung
Lektion 6	Vom Lehrer
Lektion 7	Von den Eltern
Lektion 8	Beim nächsten Diktat

Lektion 1 Belehrung
„Pass aber dieses Mal besser auf, dass du nicht zu viele Fehler machst. Wir haben geübt, du weißt genau, um was es geht. Wenn du wieder eine schlechte Note mit nach Hause bringst, ist deine Versetzung gefährdet. Du weißt, was das bedeutet? Mache eine Meisterleistung, hast du verstanden?“ Auf was wird der Fokus gelegt, aufs Aufpassen, die Noten, die Versetzung, dass es endlich klappen soll. Denn die letzten Male waren nicht gerade prickelnd. Dann haben sich die Eltern auch wieder die Zeit zum wiederholten Üben genommen.

Was denken Sie, hat das Kind im Kopf? „Ich darf es nicht verhauen, es muss gut gehen. Oh Gott, wenn das daneben geht, gibt es massiven Ärger. Wenn ich nicht versetzt werde, verliere ich meine Freunde und werde von den Eltern bestraft.“ Was ist das für eine Ausgangsbasis für das Kind? Sie ist im höchsten Maße negativ und damit absolut destruktiv. Meinen Sie, das Kind kann mit diesen Ängsten eine Meisterleistung an den Tag legen?

Lektion 2 Beim Diktat
Oft geht es gleich mit ein paar markigen Sprüchen zur Sache, von wegen mal schauen, wer es packt und wie gut der Notendurchschnitt wird. Das ist nur eine weitere Wiederholung der Elternmessage, ist nicht gut für das Kind. Es sind Peitschenhiebe und diese sitzen. Derart motiviert, im negativen Sinne, soll das Kind nun ein fehlerfreies Diktat schreiben.

Lektion 3 Zwischenstation in der Schule
Woran denkt das Kind in der Schule, kurz bevor die Arbeit geschrieben wird? Doch nur daran, dass es auf gar keinen Fall versagen darf. Es unbedingt hinhauen muss, alles daran setzen, es zu schaffen, ansonsten gibt es riesen Ärger mit den Eltern. Dann ist die Versetzung gefährdet und förmlich das Ende besiegelt. Ein

Schreckensszenario spielt sich in diesem Moment emotional in dem Kind ab. Das ist im höchsten Maße kontraproduktiv.

Lektion 4 Beim Heimkommen

Da geht es gleich mit folgender Begrüßung zur Sache „Na, wie ist es gelaufen? Was für ein Gefühl hast du? Hoffentlich hast du keine Fehler gemacht?“ „Ich weiß es nicht!“ „Na, da hoffen wir aber für dich das Beste. Irgendwann musst du es doch kapieren. Du bist doch nicht dumm, weißt was es bedeutet, wenn du die Arbeit wieder verhauen hast.“

Klar doch, was denn sonst, das ganze Leben ist an den paar Noten aufgehängt. Die Eltern waren in der Regel mindestens genau so schlecht in der Schule gewesen, versuchen sich nun aber voll und ganz über das arme Kind auszuleben. Es ist einfach, von oben nach unten Druck auszuüben. Dass man damit dem Kind mehr schadet, als gut tut, steht auf einem anderen Blatt und scheint wohl niemand richtig zu interessieren.

Lektion 5 Zwischenstation bis zur Benotung

Das Kind ist eh schon gespannt und nervös. Jetzt hält es das Diktat in der Hand. 40 Sätze waren zu schreiben. Mit rotem Stift steht geschrieben, in acht Sätzen ein Fehler. Peng und gleich die Note dazu. Was ist denn das für ein komisches System? 32 Sätze wurden richtig geschrieben und davon steht nichts da. Das Einzige, was festgehalten wird, sind die Fehler, das Negative, dazu noch in rot vermerkt. Das ist typisch Mensch und dadurch züchtet man förmlich eine fokussierte Fehlerprogression heran. Anstatt positiv, das Ganze weitgehend negativ, dies ist eine tolle Ausgangsbasis.

Lektion 6 Vom Lehrer

Womöglich hat der Lehrer ganz laut die Noten vorgelesen und sich noch lustig darüber gemacht, dass wohl nichts anderes zu erwarten war. Da kommt Freude auf, das arme Kind fühlt sich gedemütigt und weiß, dass es zu Hause genauso weiter gehen wird. Zuerst die Mutter und abends der Vater, da geht man doch nicht gerne nach Hause.

Lektion 7 Von den Eltern

Keine Begrüßung, dafür gleich die Frage, wie es war und schon geht es mit dem Lamento los. Schimpfen, fluchen, verängstigen, die gesamte Klaviatur wird gespielt und abends dann noch einmal vom Vater. Taschengeldentzug und Fernsehverbot stehen auf der Tagesordnung, vielleicht auch noch Hausarrest. Das zieht sich wie ein roter Faden durch das gesamte Leben. Permanent eine aufs Dach, immer wieder.

Lektion 8 Beim nächsten Diktat

Nach einiger Zeit steht das nächste Diktat an, wieder das gleiche Prozedere. Glauben Sie, dass das Kind eine bessere Note schreiben wird? 1000%-ig nicht, weil alles nach dem alten Verhaltensmuster abläuft. Drohungen, böse Worte anstatt das Kind mit positiven Glaubenssätzen zu stärken. Ihm Mut zu machen, für das Kind da zu sein. Es am Morgen der Klassenarbeit einfach kurz in den Arm nehmen, und ihm alles Gute wünschen.

Die Zeit ist reif für die Stärken

Nun, irgendwann ist das leidige Spiel zu Ende und mit dem Erreichen des 18. Lebensalters fängt hoffentlich eine neue Epoche an. Man ist volljährig und kann schalten und walten, wie es einem beliebt. Es bedarf niemandem mehr, der großzügig seinen Senf dazu gibt. Außer vielleicht noch die Schule, das Studium, die Lehrer, der Arbeitsplatz oder der Partner.

Sie haben die Wahl

Auf was möchten Sie sich fokussieren? Auf den Erfolg, die Stärke oder auf Ihre Schwächen? Ich habe mich ziemlich schnell für den Erfolg, die Stärken entschieden, und bin sehr glücklich darüber. Es ist natürlich nicht leicht, diesen Weg absolut konsequent zu gehen und gegen die doch immer wieder auftretenden Probleme zu verteidigen. Es geht aber auf jeden Fall, und je mehr Sie dran bleiben, desto mehr Spaß haben Sie.

.

Fokussierung auf die Stärken

Wissen Sie, wie cool das ist, wie viel Kraft dies gibt? Wissen Sie, wie es beflügelt und einen vorantreibt? Sie erhalten letztlich immer das, was Sie verdient haben. Sie sind das Produkt Ihrer Gedanken. Darüber sollten Sie sich vollends bewusst sein. Was denken Sie den lieben langen Tag? An Erfolg oder an Misserfolg? Sie haben die freie Wahl und diese sollten Sie nutzen. Ich bin froh und begeistert, dass ich frei wählen kann.

Stärke schafft Stärke und Schwäche schafft Schwäche

Das Leben ist per se einfach gestrickt, aber der Mensch macht es unendlich kompliziert. Die Resultate daraus sind alles andere als erbauend, motivierend und vor allem zielführend. Dessen muss man sich bewusst sein. Worauf fokussieren Sie sich, was ist für Sie wichtig und gut? Wo wollen Sie hin, blühen Sie auf, wo geht es Ihnen sehr gut? Durch was geraten Sie in den Flowbereich, das ist die Leichtigkeit des Seins. Machen Sie sich darüber öfters Gedanken, es hilft ungemein.

Wissen Sie überhaupt, wie stark Sie sind

Haben Sie sich darüber jemals Gedanken gemacht? Höchstwahrscheinlich nicht, denn es wird Ihnen kaum einer gesagt haben. Man wird sich diesbezüglich nicht groß um Sie gekümmert haben. Das ist fatal, denn dadurch wird man nicht für das tägliche Leben gestärkt. Aber was soll es, Sie verlassen sich ab sofort nur noch auf sich selbst, da haben Sie genug zu tun. Es ist das, was Sie ab jetzt inspiriert, beflügelt und motiviert.

Jetzt beschäftigen wir uns intensiv mit Ihren Stärken

Ihr gesamter Fokus ist ab heute auf die Stärken gerichtet. Alles andere lassen Sie völlig außer acht. Dadurch gewinnen Sie Zeit, Kraft und Raum. Alles, was erforderlich ist, um wirklich hundertprozentig einzusteigen. Freuen Sie sich bereits heute schon darauf, ein neues Leben, ein Leben der Veränderungen beginnt. Fangen wir an, halten Sie all Ihre Stärken fest, wieso das so ist und seit wann Sie darüber verfügen.

	Meine Stärken?	**Wieso?**	**Seit wann?**
1.)	____________________	______________	______________
2.)	____________________	______________	______________
3.)	____________________	______________	______________
4.)	____________________	______________	______________
5.)	____________________	______________	______________
6.)	____________________	______________	______________
7.)	____________________	______________	______________
8.)	____________________	______________	______________
9.)	____________________	______________	______________
10.)	____________________	______________	______________

Wie ist es für Sie, fühlt es sich gut an? Sind Sie begeistert davon oder haben Sie im ersten Durchgang wenig gefunden? Auch das ist natürlich möglich, aber schade. Nochmals, das Leben ist in jeder Hinsicht Fülle und danach sollten Sie sich richten und leben. Es gibt wirklich nichts Schöneres, als sich voll und ganz auszuleben. Am Anfang mag Ihnen das alles ein wenig komisch vorkommen, aber im Laufe der Zeit gewöhnen Sie sich daran und möchten es nie wieder missen. Also packen Sie es an und verschreiben Sie sich 1000%-ig Ihren Stärken. Das hilft Ihnen erfolgreich vorwärts zu kommen, Großes und Gigantisches in Ihrem Leben zu bewegen.

Das Größte auf dieser Welt hat immer winzig klein angefangen und sich sukzessive weiter entwickelt. Dies jedoch nur bei denjenigen, die konsequent dran geblieben sind, nie eine Sache auf später verschoben haben. Bei allen anderen ist es genauso schnell, wie es kam, in Schutt und Asche verschwunden. Denken Sie daran

„Rom wurde auch nicht an ein einem Tag erbaut!"

Sie sind das Großartigste, was es überhaupt gibt. Fangen Sie endlich an sich entsprechend zu leben im

„Hier und im Jetzt!"

Der Lohn dafür ist riesig und macht Sie reicher und stärker. Jetzt reduzieren Sie das Ganze auf Ihre drei größten Stärken.

Meine Stärken?	Wieso?	Seit wann?
1.) ____________	____________	____________
2.) ____________	____________	____________
3.) ____________	____________	____________

Wie ist es für Sie, geht es Ihnen besser? Als ich dies das erste Mal vor Jahren gemacht habe, war es für mich total komisch. Ich kam am Anfang überhaupt nicht zurecht. Hatte auch gar keine richtige Ahnung von dem, was sein sollte und was nicht. Woher auch, ich bin total anders erzogen worden und meine damaligen Vorbilder hatten damit weniger als nichts am Hut. Erfolg war für sie kein relevantes Thema. Für sie galt der Spruch

„Schuster bleib bei deinen Leisten!"

Es gab die zwei Welten, dort die Reichen, die alles ergaunert haben und auf der andere Seite wir, die Armen. Dass alles hatte für meine Eltern seine Richtigkeit. Da wurde nie darüber diskutiert. Immer nur gejammert und geklagt, wie ungerecht doch alles auf dieser Welt ist.

Deswegen war es für mich wichtig, mich hier einzuarbeiten und überhaupt einen Weg zu finden. Wenn es Ihnen genauso ergeht, seien Sie bitte nicht traurig darüber. Das ist völlig normal, denn das Erfolgsdenken will geübt und trainiert werden. Das geht nicht von heute auf morgen, alles braucht seine Zeit. Wenn Sie jedoch den festen Willen dazu haben, schaffen Sie das ohne Probleme.

Es wird für Sie zur Selbstverständlichkeit, als ob es noch nie etwas anderes gegeben hätte. Nur eben, das dauert seine Zeit. Geben Sie sich diese Zeit und seien Sie geduldig mit sich. Die größte Reise fängt nach wie vor mit dem ersten Schritt an, oder die Million mit dem ersten Cent. Nachfolgend reduzieren Sie das Ganze auf Ihre Hauptstärke.

Meine Hauptstärke?	Wieso?	Seit wann?
1.) ______________________	________________	________________

Spätestens jetzt muss Ihr Herz vor Freude höher schlagen. Ein Glücksgefühl muss in Ihnen aufsteigen, es herauskristallisiert zu haben. Das ist doch wahrhaftig das Größte, was man sich überhaupt wünschen kann. Gibt es etwas Schöneres, hundertprozentig nicht und das ist auch gut so. Sie wissen doch sicherlich noch, wo der menschliche Schatz vergraben ist? In jedem Menschen selbst, diesen gilt es zu heben und sorgfältig zu pflegen. Sie sind mitten drin und da können Sie sich unendlich freuen. Es ist die schönste Aufgabe, die ein Mensch überhaupt nur haben kann. Bleiben Sie dran und dies Tag für Tag, Monat für Monat und Jahr für Jahr, bis an Ihr Lebensende. Das schafft innerhalb kürzester Zeit völlig neue Wirklichkeiten und Dimensionen. Jetzt schreiten Sie zu Ihrem Fazit des Kapitels, Fokussierung auf die Stärken.

Ihr Fazit: ____

Seien Sie mutig

Die nächste Botschaft an Sie, beschäftigen Sie sich intensiv mit Ihrem Mut. Denn dieser macht es aus, ob Sie in großen Schritten voranschreiten, oder sich eher im Kreise drehen. Die Welt dreht sich so, oder so weiter. Frage ist, was passiert mit Ihnen? Als Sie noch klein waren, kannten Sie keine Angst, waren definitiv mutig und furchtlos. Alles schien für Sie machbar und erreichbar zu sein, bis die ach so klugen Erwachsenen angefangen haben, sich in Ihr Leben einzumischen und Ihnen ihre Messlatte verpasst haben. Da ging letztendlich das Elend los.

Was passiert, wenn man arm an Mut ist

Das ist nicht besonders lustig, darüber sind sich aber die wenigsten Menschen bewusst, sonst würden sie nicht so etwas behaupten oder danach leben. Da passt dazu, dass Bescheidenheit eine Zierde wäre. Sie ist es aber auf keinen Fall. Bescheidenheit ist eine riesige Dummheit, genauso wie ohne Mut durch die Welt zu marschieren. Schauen wir es uns an, was sagt uns das Wort

„ARMUT!"

Doch nichts anderes, als dass wir arm an Mut sind und dies ist das berühmte Endresultat des Ganzen. Besser, klüger und intelligenter ist es, ganz mutig durch die Welt zu marschieren. Eine Herausforderung nach der anderen anzunehmen und zum großen Sieg einzukehren. Das macht Spaß, ist Leben pur. Machen Sie sich folgendes Zitat zur Maxime. „Wer arm an Mut ist, landet zwangsläufig in der Armut!"

Nehmen Sie es sportlich

Machen Sie sich das ab sofort zu Ihrem Thema. Es muss zu einem Teil von Ihnen werden. Eine feststehende Größenordnung, die Ihnen hilft, Neues und Gigantisches zu erschaffen. Mit der berühmten Schwachstrommentalität kommen Sie nicht weit und das ist doof, wenn man schon die Wahl hat.

Es ist wie alles, ein Training

Ist das nicht klasse? Ich finde es sensationell, es mit der berühmten Trainingsformel zu lösen. Es ist im Übrigen auch leicht, über das Training gelangen Sie fortlaufend zu Ihren Höchstleistungen. Diese geben wiederum Auftrieb, beflügeln Sie zu neuen Unternehmungen. Es ist der berühmte Kreislauf, welcher sich hier auftut, im positiven Sinn.

Fürchten Sie sich nie wieder

Das ist das Entscheidende, denn in dem Moment, wo Sie die Furcht ablegen, gewinnen Sie Kraft und Power für das Neue. Die Energie steigt dadurch ins Unermessliche, denn eines ist altbekannt, Angst zu haben blockiert, bremst und macht leistungsschwach. Also Adios damit und rein in das neue Leben. Vorher wollen wir jedoch kurz analysieren, was da für komische Dinge vorhanden sind, die Sie aufs Stärkste blockieren.

Wovor hatten Sie bisher Angst

Gefahr erkannt, Gefahr gebannt und das war es dann, das klappt nicht. Man muss sich mit der Angst definitiv auseinandersetzen, sich ihr stellen, sonst tritt keine Änderung ein. Der Angst in die Augen schauen und dadurch bändigt man diese. Dazu ist es erforderlich, dass man die Punkte, die einem Angst verursachen schriftlich fixiert, das hilft Transparenz zu erhalten. Schreiben Sie bitte auf, wovor Sie Angst haben, wieso das so ist und seit wann Sie diese Angst in sich tragen.

Meine Ängste?	**Wieso?**	**Seit wann?**
1.) ______	______	______
2.) ______	______	______
3.) ______	______	______
4.) ______	______	______
5.) ______	______	______

6.) ____________________ _______________ _______________

7.) ____________________ _______________ _______________

8.) ____________________ _______________ _______________

9.) ____________________ _______________ _______________

10.) ___________________ _______________ _______________

Wie fühlen Sie sich? Wenn ich diese Übung auf den Schulungen mache, sind die Teilnehmer erstaunt, dass sie so viele Ängste in sich beheimaten. Dies war Ihnen bisher überhaupt nicht bewusst. Das ist fatal, derart durchs Leben zu wandeln. Wichtig ist, dass man der Angst keinen Wohnraum bietet. Die Angst hat nichts in Ihnen zu suchen, dort ist sie total fehl am Platze, diese gilt es für immer zu verbannen. Wenn Sie das nicht tun, haben Sie den größten Saboteur in Ihrem Leben zugelassen. Daraus entstehen weitere, teilweise sogar massivste und folgenschwere Störungen, die können sogar in Krankheiten ausarten.

Angst ist leider ein probates Erziehungsmittel, um andere Menschen klein und gefügig zu halten. Angst wird häufig in der eigenen Familie praktiziert. Auf der Arbeit und in weiteren Gemeinschaften. Denken wir einmal an den blöden Spruch, von wegen „Wenn du nicht lieb bist, hat dich Mami nicht mehr lieb!" Solchen Nonsens zu erzählen, ist der pure Wahnsinn. Was wird der kleine Wurm tun, er wird gehorsam sein, denn er hat Angst davor, die Liebe seiner Mutter zu verlieren.

Auch große, weltumspannende Organisation bedienen sich der Angst. Da wird mit Himmel und Hölle operiert. Dabei ist beides in uns drin beheimatet. Die Frage ist, wem leisten wir Vorschub, wem räumen wir Platz ein? Wer Angst verbreitet, richtet großen Schaden bei seinen Mitmenschen an. Jetzt reduzieren Sie bitte Ihre Ängste auf die drei schlimmsten.

Meine Ängste?	**Wieso?**	**Seit wann?**
1.) ____________________	________________	________________
2.) ____________________	________________	________________
3.) ____________________	________________	________________

Wie ist Ihr Empfinden? Auf den Seminaren und bei den Erfolgscoachings kommt folgender Kommentar „Oh nein, das war mir ja alles gar nicht bewusst. Das ist schrecklich, jetzt blicke ich klarer. Hier muss eine Änderung herbeigeführt werden." Das nennt man den sogenannten Durchbruch der Erkenntnis. Wie schön, wenn man diesen hat, denn da liegt der Hebel, alles abzustellen und nie wieder zu zulassen.

Die Angst darf niemals von Ihnen Besitz ergreifen und Sie quälen, klein machen und teilweise sogar zerstören. Das tut Ihnen nicht gut, kann krankmachen, also heißt es deutlich davon Abschied zu nehmen und sich in andere, aufbauende Gefilde zu begeben. Jetzt reduzieren Sie es auf Ihre Hauptangst. Was ist das, wie kommt die zustande und seit wann?

Meine Ängste?	**Wieso?**	**Seit wann?**
1.) ____________________	________________	________________

Es gibt keinen Sinn, alle Ängste auf einmal zu bekämpfen. Dies ist ein Ding der Unmöglichkeit, das schafft keiner. Wir bekommen es aber hin, dass wir uns der stärksten Angst widmen und gezielt an ihr arbeiten. Dann ist alles andere nur noch ein Kinderspiel. Anfangen müssen wir selbst, das Zepter in die eigenen Hände zu nehmen.

Ihr Fazit: ____

Ein Leben ohne Angst für Sie

Welch ein wunderbares und schönes Geschenk sich da für Sie auftut. In völliger Freiheit und mit immenser Lebensfreude durchs Leben zu wandeln, ist die neue Dimension und dies ohne Grenzen. Dazu ist es auch absolut erforderlich, dass Sie ein Erfolgstagebuch kaufen und dann darin täglich mehrmals Ihre Erfolge festhalten. So schaffen Sie sich schnell Ihre neue, eigene Welt.

Der Königsweg

Es gibt im Leben immer zwei Wege. Jede Weggabelung hat zwei Varianten und Sie können glücklicherweise wählen. Ist das nicht genial? Wenn Sie das für sich entdeckt haben, fällt Ihnen die Wahl leichter. Sie können zwischen dem Erfolgsweg, oder dem gegenteiligen Weg wählen. Ich finde das auf der einen Seite faszinierend und auf der anderen erschreckend, dass die Menschen meistens ihren alten und damit bekannten, bequemen Weg wählen, aus Angst oder Bequemlichkeit. Das ist krass, wie wenig Toleranz da vorhanden ist, doch einmal den Weg des Erfolgs zu gehen, mit allen dazu gehörigen Konsequenzen.

Erfolg oder Misserfolg, das ist die Frage

Es ist simpel, aber der Mensch macht es kompliziert und ist erstaunt, wenn es nicht vorangeht. Wenn es überall klemmt und andere Menschen immer erfolgreicher sind oder werden. Da wird hinterfragt, wo die Gerechtigkeit bleibt, obwohl man doch niemandem etwas zuleide getan hat. Doch das genau hat man aber, weil man nicht bereit ist, sich in anderen und damit in großen Dimensionen zu bewegen. Darum passen Sie sehr gut auf sich auf, machen Sie sich auf den Weg, aber auf den richtigen.

Stellen Sie sich nur die eine Frage

Hier haben Sie eine der wichtigsten Fragen, die Sie sich permanent stellen sollten. Dies ohne „Wenn und Aber" es handelt sich dabei um eine glasklare Frage und darauf gibt es nur eine glasklare Antwort. Fragen Sie sich stets

**„Führt mich das zu meinem Ziel,
oder von meinem Ziel weg?"**

Alles, was Sie von Ihrem Ziel wegführt, lassen Sie tunlichst und was Sie zu Ihrem großen Ziel führt, setzen Sie sofort um, ohne noch einen Augenblick zu zögern oder gar zu verschieben. Seien Sie mutig und gehen Sie unbeirrbar Ihren Erfolgsweg.

Es gibt keine zwei Königswege

Es gibt nur einen und den gilt es konsequent zu gehen, ohne zu schwächeln. Wer schwächelt, hat verloren, dies ist das berühmte Programm der sogenannten Halbschwangerschaft. Entweder man ist schwanger oder man ist es nicht. Haben Sie schon einmal eine Halbschwangerschaft erlebt? Da ist eben der große Unterschied von Menschen, die dran bleiben und anderen, die sich wie ein Fähnlein im Winde drehen.

Die Erfolgsformel

Ich werde sehr oft nach irgendwelchen Tipps und Tricks gefragt. Mit ein paar Tipps und Tricks alles erreichen zu können, das wären ja schon fast die berühmten paradiesischen Zustände. Aber die Musik spielt nach wie vor hier auf Erden und da gelten andere Gesetze. Wenn ich mich an diese halte, geht es mir sehr gut. Sträube ich mich dagegen, wehre mich oder will davon nichts wissen, die Erfolgsgesetze treten dennoch in Kraft.

Arbeiten Sie nur noch mit der Formel

Gehen Sie bitte keine Kompromisse ein, denn diese sind nur halb so gut, wie das Original. Ist es das, was Sie tatsächlich möchten? Nein, nie und nimmer. Für Sie zählt ab sofort das Leben der großen Stärke und Überlegenheit, um alles andere machen Sie einen riesigen Bogen.

Die Erfolgsformel setzt sich aus vier Buchstaben zusammen

Sie ist erschreckend simpel, etliche wenden Sie bereits an, jedoch in der Regel zu inkonsequent, oder auch unbewusst und das ist echt schade. Dies muss nicht sein, wenn es auch anders und eleganter geht. Eben der berühmte Königsweg, den es auch für Sie gibt, wenn Sie ihn zulassen.

Die vier Buchstaben Z + P + T + K

Das ist alles und schnell in die Praxis umzusetzen. Für jeden Buchstaben gibt es eine bestimmte Aufgabe, welche immer in der gleichen Reihenfolge zu absolvieren ist. Schritt für Schritt, ein Buchstabe nach dem anderen. Dadurch ist der Erfolg, Ihr Erfolg vorprogrammiert.

- Z steht für Ziele
- P steht für Plan
- T steht für Tun
- K steht für Kontrolle

Schauen wir uns die Buchstaben im Einzelnen an und dann können Sie sofort an die berühmte Umsetzung gehen. Nur wer eisern und dauerhaft dran bleibt, schafft eine total neue Welt für sich.

Z steht für Ziele

Ohne Ziele keine Chance, dass sich im Leben Großes verändert. Ziele sind das höchste der Gefühle, sind gigantisch und großartig, der treibende Motor für unser Dasein. Hier werden jedoch die größten Fehler begangen, weil es keine klare Zielgenauigkeit gibt. Das ist natürlich schwierig und komplex. Denn wer kein Ziel hat, wo soll er da hinzielen? Irgendwo ins Blaue rein, das hatten wir doch bereits zu oft.

Ziele müssen immer klar sein! Das ist die Grundvoraussetzung, sonst haut es nicht hin. Je klarer und unmissverständlicher, desto besser und großartiger.

Ziele müssen konkret sein! Ohne absolut konkret zu sein, besteht keine Chance das gewünschte Ziel zu erreichen. Das ist leider so, dies sollten Sie sich verinnerlichen.

Ziele müssen messbar sein! Wenn sie nicht messbar sind, wie wollen Sie Ihren Erfolg da messen? Das ist leider ein Ding der Unmöglichkeit.

Ziele müssen unmissverständlich sein! Das ist die nächste, wichtige Hausnummer. Unmissverständlich für all die, welche damit zu tun haben und natürlich in erster Linie für Sie.

Normalerweise mag ich das Wörtchen „Müssen" überhaupt nicht. Denn das hat etwas mit Druck zu tun und das sollte man tunlichst vermeiden. In diesem Fall, auf dem Weg zum Erfolg, ist es ein absolutes „Muss" sonst haut es nicht hin. Wenn wir ab sofort et-was machen, machen wir es richtig oder lassen es lieber. Es gibt die Pflicht und die Kür. Es handelt sich klar um das Pflichtprogramm, welches meist etwas unangenehm ist. Die Kür kommt etwas später von alleine, wenn wir uns dem Erfolg verschrieben haben.

P steht für Plan

Jetzt folgt die Planung, denn ohne diese passiert nichts. Das ist genau das Problem, dass unzählige Ideen vorhanden sind und es wird noch nicht einmal bis zur Planung geschafft. Stellen Sie sich vor, Sie würden ein Haus ohne Plan und Architekt bauen. Was würde daraus entstehen? Nichts, es würde definitiv im Chaos enden. Ihr Haus würde auf keinen soliden Grundmauern stehen. Genau das gilt es auf alle Fälle zu vermeiden. Wie schnell macht man eine Planung? Relativ zügig und dann kommt der nächste Schritt, bei welchem die meisten Menschen total versagen.

T steht für Tun

Da klemmt es bei fast allen, weil die meisten Leute aus der Planungsphase nie hinauskommen. Da wird geplant, geplant und nochmals geplant. Sie checken es einfach nicht, dass man eine vernünftige Planung an den Tag legen muss und dann gilt zügig anzufangen. Hier kommt die 0-Stunden-Regel zum Tragen. Das heißt, innerhalb dieser Zeit muss man mit dem Umsetzen anfangen. Mehr darüber im nächsten Kapitel.

K steht für Kontrolle

Kontrollieren Sie bitte stets, was Sie tun, denn ohne Kontrolle sind Sie verloren. Ist es das, was Sie möchten? Ich kann es mir nicht vorstellen und dennoch halten sich die wenigsten Menschen an die Kontrolle. Sind erstaunt, dass sie meistens vom Wege abkommen und nie da ankommen, wo sie hin wollten. Dann ist das Gejammere und Geschrei riesengroß. Kann es das sein? Nein, wirklich nicht und deshalb lassen Sie keinen Tag vorbeiziehen, an dem Sie nicht in die Kontrolle einsteigen. Ihnen geht es dadurch wesentlich besser, Sie wissen tagtäglich, wo Sie genau stehen und sind auch leistungsfähiger.

Benutzen Sie Ihr Erfolgsbuch

In das Erfolgsbuch wird alles eingeschrieben und festgehalten. Alle relevanten Dinge, die dazu dienen voranzukommen. Den positiven Aspekt festzuhalten und daraus eine immer größer werdende Meisterleistung an den Tag zu legen. Das ist eine spannende und zugleich aufregende Arbeit. Mehr darüber im übernächsten Kapitel.

Die 0-Stunden-Regel

Vielleicht haben Sie davon schon gehört, das ist gut, aber was haben Sie daraus gemacht, bereits umgesetzt? Das ist die wichtigere Frage. Ich bin häufig erstaunt, wie die Menschen Gigantisches vorhaben, aber nicht in die Pötte kommen. Das ist dermaßen fatal und zerstörerisch. Denn wer nicht anfängt, verliert an Energie und plötzlich ist keine mehr vorhanden. Deswegen wurde schon manch großer Traum begraben.

Die Kraft des Momentums nutzen

Wenn Sie klare Gedanken und den brennenden Wunsch in sich verspüren, heißt es wirklich sofort anfangen und keine einzige Sekunde zu zögern. Sonst geht die berühmte Anspannung verloren und es passiert in der Tat nichts. Sie verschieben das Ganze auf später, das ist sträflich, das sollten Sie niemals tun. Man nennt das auch die sogenannte Verschieberitis. Sie wissen doch sicherlich, was mit „itis" endet, ist ein entzündlicher Prozess. Lesen Sie hierzu mein Buch

„Hast du auch diese schlimme Krankheit Verschieberitis?"

Ein hoch brisantes Buch, mit Beispielen, Tipps und Tricks, dieser Krankheit dauerhaft zu entfliehen, niemals wieder in diese Falle zu laufen.

Ganz ehrlich, was wollten Sie nicht schon alles tun

Wenn Sie ehrlich sind und das sollten Sie sich gegenüber unbedingt sein, wie oft und wie viel wollten Sie in Ihrem Leben besitzen und erreichen? Was haben Sie letztlich davon umgesetzt? Wie oft sind Sie in eine Detail versessene Planung gegangen? Geplant und nochmals geplant, ohne Ende. Stolz auf sich, dass Sie so ein

Perfektionist sind und endlich einen genialen Plan haben. Wo könnten Sie heute stehen, wenn Sie dran geblieben wären? Das wäre ja der pure Wahnsinn.

Werden Sie sich der Tragweite bewusst

Hier wollen wir sofort in die Schriftlichkeit gehen und festhalten, wo Sie heute sein könnten, wenn Sie tatsächlich drangeblieben wären, ein eisernes Durchhaltevermögen an den Tag gelegt hätten. Schreiben Sie auf, was Sie alles tun wollten und wieso Sie es nicht getan haben. Wann war die Situation, vor wie vielen Wochen, Monaten oder Jahren?

	Ich wollte?	Wieso nicht?	Wann?
1.)	______________	______________	______________
2.)	______________	______________	______________
3.)	______________	______________	______________
4.)	______________	______________	______________
5.)	______________	______________	______________
6.)	______________	______________	______________
7.)	______________	______________	______________
8.)	______________	______________	______________
9.)	______________	______________	______________
10.)	______________	______________	______________

Als ich mich dieser Aufgabe gestellt habe, war ich total wütend, frustriert und enttäuscht über mich. Ich konnte es nicht fassen, dass ich dermaßen bescheuert unterwegs war. Das ist bitter, erkennen zu müssen, was man durch die eigene Dummheit abschießt. Der pure Wahnsinn, wie dadurch wertvolle Zeit sinnlos verstreicht. Aber wie heißt es treffend

„Dumm sein ist nicht schlimm,
aber dumm bleiben!"

Das wurde für mich zum geflügelten Wort. Es gab keinen Sinn mich über meine Vergangenheit aufzuregen. Wieso denn auch, es war vergangen, für alle Zeiten aus und vorbei. Ich konnte nichts mehr daran ändern, musste nach vorne schauen und da in Zukunft, aus meinen geplanten Vorhaben endlich eine Meisterleistung machen. Was schlimmer ist, und das machen die meisten Menschen, die regen sich lieber ein Leben lang auf und merken nicht, dass sie sich erneut jeder Chance berauben und kostbare Lebenszeit, mit diesem Verhalten verplempert wird.

In Zukunft soll das bestimmt nicht wieder so sein und deswegen heißt es Bilanz ziehen, zu den selbst verursachten Fehlern zu stehen und daraus resultierend eine Meisterleistung an den Tag zu legen, damit es nie wieder passiert. Das ist intelligenter und effizienter. Wir schauen nur einen Augenblick zurück, um aus den begangenen Fehlern der Vergangenheit zu lernen, danach spielt die Musik klar vorne.

Jetzt zu Ihnen, wie ist Ihr Empfinden? Geht es Ihnen gut? Oder fühlen Sie sich eher schlecht. Bei der Frage, wieso das so ist, überprüfen Sie bitte, wie oft Sie bisher anderen Menschen die Schuld gegeben haben, oder den sogenannten berühmten Umständen, doch das ist reiner Selbstbetrug. Nicht die anderen sind schuld, Sie sind schuld, müssen für alles die Verantwortung übernehmen und mit Bravour tragen. Bedenken Sie bitte, man lernt auch aus den Fehlern der Vergangenheit, für die Zukunft. Näheres über das Thema im nächsten Kapitel

**„Wer anderen die Schuld gibt,
gibt ihnen die Macht über sein Leben!"**

Bitte reduzieren Sie es nachfolgend auf Ihre drei schlimmsten Bereiche, die Sie verschossen haben. Nicht zu lange überlegen, ganz spontan antworten.

Ich wollte?	**Wieso nicht?**	**Wann?**
1.) ______________________	________________	________________
2.) ______________________	________________	________________
3.) ______________________	________________	________________

Wie ist es jetzt? Tut es Ihnen weh, schmerzt es, haut es rein? Ich hoffe, Sie können wenigstens etwas spüren und haben nicht die Gleichgültigkeit in sich, von wegen „Ach, das ist doch alles egal!" So gehen leider immer mehr Menschen durch die Welt und sind erstaunt, wenn man sich selbst dadurch jeden Drive abgräbt. Ich erlebe es oft auf den Seminaren und bei den Erfolgscoachings, dass Tränen fließen. Ja, es ist komisch und schmerzhaft das erkennen zu müssen, was man alles falsch gemacht hat. Was es bedeuten würde, wenn man dran geblieben wäre. Hierzu gibt es die passende Aussage

**„Was vorbei ist, ist vorbei
und das ist auch gut so!"**

Daraus lernen für die Gegenwart und die Zukunft, dies ist das Thema und auf das kommt es an. Das ist der entscheidende Faktor, um welchen es explizit geht. Denn was wir verpeilt haben, wollen wir nie wieder. Jetzt reduzieren Sie es auf Ihren schlimmsten Part, auf das was nie, nie mehr sein darf.

Ich wollte?	**Wieso nicht?**	**Wann?**
1.) ______________________	________________	________________

Wow, das große Finale des Wollens und nicht gemacht haben. Wie fühlt sich das für Sie an? Wie gehen Sie damit um? Ist es eine Erleichterung oder eine Belastung? Egal, was es ist, Sie wissen Bescheid, haben sich damit auseinandergesetzt und das ist doch super. Ich finde es klasse, je mehr man zu sich selbst findet, desto besser ist es. Die Verbindung zu seinem Innersten ist der entscheidende Schritt, in eine gigantische neue Welt hinein. Perspektiven tun sich da auf, von denen man nur träumen konnte.

Ihr Fazit: ____

Speichern Sie es fest auf der internen Festplatte

Wer wartet, hat verloren, darum verabschieden Sie sich davon. Sie dürfen nie wieder aufgeben, da müssen Sie ein für alle Mal einen großen Bogen um das Warten herum machen. Aufgeben wird völlig aus Ihrem Vokabular gestrichen. Das ist nur etwas für Aufgeber und nicht für Gewinner. Darüber habe ich ein Buch geschrieben **„Gib niemals auf, sei kein Verlierer!"** Es lohnt sich auf alle Fälle, das Werk zu lesen und sich damit intensiv zu beschäftigen. Da wird es einem noch bewusster, wie fatal solch eine Denkweise ist.

Verabschieden Sie sich von der Selbstsabotage

Sabotieren Sie sich nie wieder selbst, denn es ist das Schlimmste, was Sie sich antun können. Sie möchten gerne Erfolg haben, schießen sich aber permanent selbst ins Bein und sind erstaunt, dass es nicht vorangeht. Das ist eine schlechte Ausgangsbasis. Da müssen Sie definitiv auf der Hut sein und darauf achten, dass dies nie wieder passiert. Das tut Ihnen nicht gut und blockiert Sie. Wenn Sie wach durchs Leben gehen und auf sich achten, immer wieder reflektieren, erkennen Sie rechtzeitig, wenn die Gefahr der Selbtsabotage droht. Hilfreich ist natürlich, hier auch Unterstützung von außen zu nutzen, zum Beispiel mit regelmäßigem Coaching.

Lassen Sie durch das Warten keine Zweifel aufkommen

Wer wartet, sät Zweifel und wie. Wie heißt es treffend, Zweifel sind die Verräter am eigenen Leben. Davon gilt es sich endgültig zu verabschieden. Ein Gewinner und Sieger baut sein Leben nicht auf Zweifel auf, sondern auf einem festen, soliden Fundament. Denn er weiß eines, dass das neue und großartige Leben nur dort die nötige Stärke vorfindet.

Setzen Sie die Erfolgsformel zügig um

Wie ist es bei einem Rennen, wer gewinnt da? Immer nur die Schnellsten oder? Klar doch, werden Sie sich sagen. Für andere ist gar kein Platz mehr vorhanden. Nur wer ganz vorne dabei ist, ist der Gewinner. Und hier geht es definitiv um 100stel von Sekunden. Wie schnell muss man da unterwegs sein, um das zu bewältigen? Wahnsinn und der Fokus ist ausschließlich auf Gewinn gerichtet. Was anderes hat überhaupt keinen Platz. Sieg, Sieg und nochmals Sieg, ist die Devise.

Wer anderen die Schuld gibt

Sicherlich kennen Sie solche Spezies, die permanent anderen die Schuld zuweisen? Ganz bestimmt und was kommt dabei heraus? Nichts und nochmals nichts, denn einem anderen die Schuld zu geben, ist ein billiges Alibi und ein Zeugnis der eigenen Unfähigkeit. Ist das Ihr Leben und ist es erstrebenswert? Haben Sie es sich so vorgestellt? Sicherlich nicht, bekämpfen Sie also Ihre Schwächen ab sofort, mit allen Mitteln und für alle Zeiten.

Tragen Sie immer die Verantwortung für alles

Das ist das höchste Prinzip aller Erfolgsmenschen. Denn wer anderen die Schuld gibt, gibt ihnen zugleich die Macht über sein Leben. Möchten Sie das tatsächlich? Ich glaube nicht und dennoch machen dies fast alle Menschen. Nachfolgend die Leute/Institutionen, die an allem schuld sind.

- Die Eltern
- Die Kindergärtner
- Die Lehrer
- Die Lehre
- Das Studium
- Die Kollegen, die Kunden, der Chef, die Chefin
- Die Nachbarn
- Die Partner
- Die Freunde
- Der Staat

Um nur einige zu nennen, die Liste können wir natürlich x-beliebig fortsetzen. Wir beschränken es aber auf die paar Positionen.

Die Eltern

Viele geben ihren Eltern für alles ein Leben lang die Schuld, was mit ihnen geschieht. „Hätte mein Vater damals die Chance ergriffen, wären wir heute reich und müssten uns keine Sorgen machen. Hätte mein Vater mehr Gas gegeben, wäre mein Mutter nicht so ängstlich gewesen. Meine Mutter hat meinen Vater behindert. Meine Mutter war klasse, aber mein Vater war die Bremse." Und viele weitere nette Geschichten, die da zutage kommen. Wissen Sie, wie ungesund das ist? Davon müssen Sie sich für alle ewigen Zeiten verabschieden.

„Hätte, hätte, hätte……….!" Welch ein Blödsinn, es ist so, wie es ist und daraus ableitend, gilt es jetzt für Sie eine Meisterleistung an den Tag zu legen und nicht mehr auf ein Wunder zu hoffen. Man kann an der Vergangenheit nichts ändern.

„Es gibt keine Wunder, außer die,
welche man selbst inszeniert!"

Schreiben Sie diesen Satz mehrmals ab und platzieren Sie ihn überall, dass Sie permanent daran erinnert werden. Denn das Warten auf ein Wunder zerstört Ihre kostbare Lebenszeit, die Ihnen nachher hinten heraus fehlt. Das kann doch nicht im Sinne Ihres Lebens sein?

Sie haben alles in Ihren Händen. Wenn es Ihre Eltern nicht vollbracht haben, machen Sie es ab sofort. Zeigen Sie, zu was Sie fähig sind und hören Sie mit dieser armseligen Nummer der Schuldzuweisungen auf, das ist ätzend. Glauben Sie nur nicht, dass Sie mit solch einem Verhalten, einen positiven Nimbus hinterlassen werden. Im Gegenteil, mit dieser Erbärmlichkeit, wollen die Menschen weniger als nichts zu tun haben. Wenn einer Schuld hat, sind Sie es.

Die Kindergärtner
Diese haben einen vehementen Einfluss auf uns ausgeübt. Zum großen Teil in die Erziehungsmethoden der Eltern eingegriffen. Mit diesen Methoden einige gravierende Spuren hinterlassen. Das liegt aber schon Jahre oder Jahrzehnte zurück. Diese sollten uns nicht mehr beeinflussen, sonst sind wir auch heute noch dermaßen blockiert.

Die Lehrer
Klar doch, wer denn sonst. Wenn ich da an meine Spezies denke, oh je, oh je. Was für ein armseliges Bild hier teilweise abgegeben wurde. Wäre es nach einem der Spezialisten gegangen, wäre aus mir nichts geworden. Das hat er auch täglich wiederholt „Crameri aus dir wird nie etwas! Du wirst schon sehen, wo du landest." Ich fand es belustigend, denn ich hatte für mich ein völlig anderes Weltbild. Folglich hat es mich nicht interessiert, was den guten Mann noch mehr in Rage gebracht hatte. Schläge waren damals auch an der Tagesordnung.

Kann man einen Menschen brechen, nein, wenn er es nicht zulässt, ist es ein Ding der Unmöglichkeit. Also, was gibt es für einen Sinn über die Vergangenheit zu sprechen? Doch gar keinen, es ist aus und vorbei, erledigt. Damit habe ich nichts mehr am Hut, es interessiert mich nicht. Deshalb bleibe ich auch jedem Klassentreffen fern, weil ich keine Lust habe, in der Vergangenheit rumzuwühlen. Von der glorreichen Zeit zu reden, die gar nicht so glorreich und super war.

Die Lehre
Lehrjahre sind keine Herrenjahre, so lautete damals der Spruch, den man häufig zu hören bekam. Die meisten Menschen beklagen sich Jahre später noch darüber, wie schrecklich die Lehre damals gewesen ist. Grausam, dieser ewige Gehorsam. Das ist doch jetzt

egal, Frage ist, was man in seinem Leben macht. Schule und Lehre, oder Studium, das sind alles nur die berühmten Sprungbretter in eine andere Welt.

„Es ist nicht die Frage, wo ich herkomme – es ist nur die Frage, wo ich hingehe!"

Prägen Sie sich diesen Satz fest in Ihr Inneres ein. Er ist großartig und hilft Ihnen immer wieder aufs Neue, sich richtig zu positionieren. Hierzu passt auch

„If you can dream it – you can do it!"

Diese Aussage finde ich absolut sensationell und dermaßen motivierend. Sagen Sie sich dieses Sprichwort fortlaufend vor, bis es zu einem Teil von Ihnen wird. Sie sind imstande zu träumen, also sind Sie auch imstande es in der neuen Dimension umzusetzen. Nur Mut, dann klappt das Ganze.

Das Studium

Wie lautet hier der Slogan „Das Studium steht und fällt mit den Professoren!" Klasse und eine sehr gute Einstellung. Wenn der Professor gut ist, haben Sie ein super Studium, und wenn er das Gegenteil davon ist, haben Sie ein schreckliches. So einfach sollte man es sich aber nicht machen. Denn spätestens bei der Lehre und beim Studium kann man eingreifen, für sich den geeigneten Platz finden. Ich hoffe Sie haben es getan und wenn nicht, machen Sie ab sofort das Beste daraus. Das Leben ist nach dem Studium noch lange nicht vorbei. Es fängt erst an und man kann die Weichen stellen.

Die Kollegen, die Kunden, der Chef, die Chefin

Der Chef und die Kunden, damit wäre alles komplett aufgesagt. Tja, wenn es Ihnen nicht passt, ziehen Sie eben die Reißleine und verschwinden für immer. Das ist der Weg, anstatt zu jammern, das machen aber die meisten Leute. Kennen Sie auch solche Typen, die permanent am Jammern und Klagen sind? Denen alles zu viel ist? Bestimmt und diese sind total ätzend. Die haben überhaupt keine Skrupel, jammern auch vor den Kunden über den blöden Chef, über die Kollegen und manche freche Kunden. Wie krank ist denn das, sich diese Blöße zu geben? Das darf nicht wahr sein. Wenn es mir nicht gefällt, ziehe ich die Reißleine. Dann suche ich mir etwas anderes, ich bleibe auf keinen Fall an einem Ort, wo ich gequält werde. Wie verrückt müsste ich da sein?

Da kommt sofort die Gegenargumentation von wegen „Tja, wenn es so leicht wäre. Man muss auch mal zufrieden sein mit dem was man hat, sollte nicht unverschämt sein!“ Buah, dies ist das Phänomen, des sich selbst ein Grab schaufeln und man ist postwendend derjenige, welcher reinfällt. Witzig oder, aber so ist die Mehrzahl der Menschen gestrickt und diese merken es noch nicht einmal.

Die Nachbarn

Viele regen sich über ihre blöden Nachbarn auf, da muss ich fragen, warum sind Sie da hingezogen? Ich schaue mir doch vorher das Umfeld, die Wohngegend an und nicht erst wenn ich dort wohne. Da wird es nämlich ein wenig schwieriger. Hier ist die Frage, wie sehr öffne ich mich den Nachbarn, gehen diese bei mir ein und aus, wird zusammen gefeiert oder belasse ich es bei einem freundlichen „Hallo, wie geht es?“ Ich habe immer Letzteres bevorzugt und bin damit sehr gut gefahren.

Die Partner

Das ist für mich buchstäblich die obergeilste Nummer, an verheerendem Chaos, der Gipfel. Mir tun die Verflossenen sehr sehr leid. Was müssen dies alles für Idioten gewesen sein. Unvorstellbar, welche Qualen man da mit und durchgemacht hat. Hier sei die Frage erlaubt, welcher Oberidiot sich damals mit solchen Individuen abgegeben hat. Das waren Sie höchstpersönlich und wieso haben Sie es getan? Doch aus Liebe, es war einmal tiefe Liebe, deswegen gehe ich davon aus, dass Sie nicht gezwungen wurden zu heiraten. Folglich war es Ihre eigene Entscheidung, den Weg mit diesem Menschen zu gehen. Vielleicht erinnern Sie sich noch daran, was Ihre Eltern gesagt haben.

Oder waren diese Feuer und Flamme, ich kann es mir nicht vorstellen. Das Gegenteil war der Fall und was haben Sie gemacht, Sie haben es durchgezogen ohne „Wenn und Aber." Also stehen Sie dazu, dass es bei Ihnen wie bei jedem anderen Menschen eine Vergangenheit gibt. Danach konzentrieren Sie sich bitte sofort wieder auf die Gegenwart, denn das ist der Moment, der Augenblick, in dem Sie gerade leben.

Auch hier gilt, akzeptieren, ändern oder verlassen. Und da ist bei „ändern" nicht der Partner, sondern die Situation bzw. man selber gemeint. Ihren Partner können Sie nicht ändern. Wenn Ihnen etwas in Ihrem Leben fehlt, holen Sie es sich, schaffen Sie sich Freiräume, widmen Sie sich dem, was Ihnen zusteht. Und gönnen Sie auch Ihrem Partner diese Freiheit. Wenn das nicht zusammen geht, überlegen Sie sich, was zu tun ist, welche Möglichkeiten es sonst noch gibt.

Die Freunde

Kennen Sie die Nummer, man ist in einer Gruppe, ein Freund entfernt sich und was passiert in diesem Augenblick, wie die Geier wird sich auf ihn gestürzt. „Hast du gesehen, wie der heute ausschaut? Wie der angezogen ist? Das ist ein richtig unliebsamer Zeitgenosse. Warum ist der nur so eingebildet?" Das kann ich leider nicht nachvollziehen. Lassen wir doch jeden so, wie er ist und wenn er mir nicht passt, verabschiede ich mich von ihm.

Das ist der Weg, den stolze und erfolgreiche Menschen beschreiten. Diese haben keine Zeit über andere herzufallen und sich darüber auszulassen, wie oder was der andere ist. Denen ist ihre Zeit zu wertvoll und kostbar, für solche Banalitäten. Das ist auch eine schlechte Tugend und die wenigsten merken, dass sie sich dabei leider selbst am meisten Schaden zufügen.

Der Staat

Hetze, Hetze und nochmals Hetze. Was ist denn das für eine komische Nummer, welche da abgezogen wird? Ich bin entsetzt, wie sehr die Menschen doch über den Staat, in dem sie leben herfallen. Was haben sie davon? Was bringt es? All diesen Leuten, die mit ihrem Staat nicht zufrieden sind, kann ich eines empfehlen „Quält euch nicht mehr, die Welt ist riesig und wundervoll. Es ist Zeit zu gehen."

Jammern, Klagen als neue Kultur

So schaut es aus, das scheint Kult zu sein und man merkt dabei nicht, dass es der größte Energiefresser aller Zeiten ist. Das macht einem fertig und hindert daran, ein schönes und harmonisches Leben führen zu können. Verabschieden Sie sich sofort von dieser Arie. Halt, womöglich wissen Sie ja noch nicht einmal genau von was. Das wollen wir weiter unten eruieren.

Worüber jammen und klagen Sie

Schreiben Sie die Dinge kurz auf, an denen Sie sich immer wieder verlustieren. Worüber klagen und jammern Sie den lieben langen Tag, wieso tun Sie das und seit wann? Oftmals hat man das Ganze von den sogenannten Erziehungsberechtigten mitbekommen und übernimmt es, ohne groß darüber nachzudenken.

	Ich jammere, klage über?	**Wieso tue ich es?**	**Wann?**
1.)	______________________	________________	________________
2.)	______________________	________________	________________
3.)	______________________	________________	________________
4.)	______________________	________________	________________
5.)	______________________	________________	________________
6.)	______________________	________________	________________
7.)	______________________	________________	________________

8.) ______________________ ________________ ________________

9.) ______________________ ________________ ________________

10.) ____________________ ________________ ________________

Vielleicht haben Sie im Moment auch gar keine Lust dazu. Das erlebe ich auf den Erfolgscoachings und Seminaren öfters, mit den Worten „Das brauche ich nicht zu tun, denn ich jammere und klage nicht!“ Es wäre schade, wenn Sie die Chance für die Arbeit an Ihren „Schattenseiten“ nicht nutzen würden. Machen Sie mit, beginnen Sie, die Jammerpunkte zu erkennen und zu eliminieren. Sollten Sie es noch nicht getan haben, erledigen Sie die Aufgabe und Sie werden erstaunt sein, dass da einige Baustellen vorhanden sind. Sich davor zu drücken, täte Ihnen nicht gut, vor allem im Hinblick auf Ihr neues Leben, mit viel Erfolg. Nachfolgend reduzieren Sie es auf die drei schlimmsten Nummern.

Ich jammere, klage über? Wieso tue ich es? Wann?

1.) ______________________ ________________ ________________

2.) ______________________ ________________ ________________

3.) ______________________ ________________ ________________

Wie ist Ihr Empfinden? Ist Ihnen etliches bewusst geworden? Haben Sie langsam aber sicher den Durch- und Überblick? Das wünsche ich Ihnen von ganzem Herzen. Denn erst dann, wenn Sie sich besser erkennen, können Sie so leben, wie Sie es sich schon immer vorgestellt haben. Denken Sie bitte daran

„Das Leben ist Fülle und nicht Armut und Mangel!“

Machen Sie es sich zur Maxime und ziehen Sie es durch. Gehen Sie mit Bravour durchs Leben und ohne irgendwelche Abweichungen. Ihnen geht es dadurch wesentlich besser und Sie fühlen sich über den Dingen stehend. Nachfolgend Reduktion auf Ihre schlimmste Nummer.

Ich jammere, klage über? Wieso tue ich es? Wann?

1.) ________________________ ________________ ________________

Wie heißt es passend „Gefahr erkannt – Gefahr gebannt!“ So simpel ist das Thema und damit kann man super leben. Schauen Sie den für Sie wichtigen Dingen ins Auge und Ihnen rutscht nichts mehr ab. Ist das nicht ein Traum, ein wundervoller sogar. Dadurch verschafft man sich eine neue Realität.

Ihr Fazit: ____

Ihr Erfolgsbuch

Jetzt schreiten wir zum Erfolgsbuch, dies ist das wichtigste Buch, vergleichbar mit Ihrer Bibel. Dort halten Sie alle Erfolge fest und mögen sie noch so winzig klein sein. Jeder kleine Erfolg ist ein Baustein zu Ihrem großen Ziel. Ihr Erfolgsbuch ist zugleich auch Ihre Schatzkammer, die Ihnen hilft, zügiger voranzukommen. Es katapultiert Sie in ungeahnte Höhen und noch weiter hinauf, das ist Ihr Motivator Nr. 1. Ich tue mich da immer schwer, wenn die Leute mich als Motivator sehen. Ich bin ein Erfolgscoach, was bedeutet zu fördern und zu fordern. Den Menschen mit Rat und Tat zur Seite zu stehen. Die Motivation kommt jedoch immer aus einem selbst heraus, das ist einfach so im Leben.

Kaufen Sie sich ein wunderschönes Buch

Das möchte ich Ihnen ans Herz legen, dass Sie sich wirklich ein tolles, edles Buch kaufen, um damit intensiv zu arbeiten und alles fest zu halten. Es muss solch ein super Buch sein, damit Sie alleine beim Betrachten schon pure Freude verspüren. Edel, vielleicht in Leder, etwas ganz Besonderes. Da sollte man nicht auf das Geld schauen. Dadurch werden Sie förmlich magisch anzogen, weiter zu machen. Das nötige Durchhaltevermögen an den Tag zu legen, damit Sie Ihre Ziele erreichen.

Das Erfolgsbuch ist wie ein Tagebuch, ein persönlicher Schatz

So kann man es sehen, jedoch mit dem großen Unterschied, dass man dem Buch nur die Erfolge anvertraut und nicht noch alles andere. Das hat im Erfolgsbuch nichts zu suchen. Wie es das Wort ausdrückt, es geht um Erfolg und sonst um nichts. Alle noch so kleinen Erfolge, so wie die großen, werden darin festgehalten. Das ist doch eine super Ausgangsbasis, auf der man weiter aufbauen kann. Es hilft einem ungemein, in seinem Leben zügig weiter zu kommen und von einem Ziel zum nächsten zu gehen.

Schreiben Sie mehrmals am Tag

Es ist wie mit allem im Leben, was man regelmäßig macht, wird zur Selbstverständlichkeit und führt zum großen Erfolg. Alles andere ist sofort wieder zum Scheitern verurteilt, das ist fatal und sehr schade. Packen Sie es an, hören Sie genau an dieser Stelle auf zu lesen und schreiten Sie zum Einkauf Ihres Erfolgsbuches. Je nachdem, wo Sie wohnen oder welche Uhrzeit gerade ist, geht es womöglich nicht. Dank des Internets können Sie sich jetzt ins Netz begeben und nach einem Buch mit edlem Ledereinband suchen. Bitte unverzüglich bestellen, dadurch sind Sie auf der sicheren Seite, dass es funktioniert und Sie in wenigen Tagen mit Ihrem Erfolgsbuch anfangen können. Bitte nicht auf die lange Bank schieben, da gerät es leicht in Vergessenheit.

Wir wollen aber nicht so lange warten, sondern starten jetzt

Erfolgreiche Menschen sind reine Macher, keine Zauderer und Haderer, aus diesem Grunde starten wir ab heute mit Ihren ersten Aufzeichnungen. Halten Sie die Erfolge des heutigen Tages fest. Bei genauerem Überlegen kommen Sie sicherlich auf Ihre zehn Punkte.

Meine Erfolge des ____________________ heutigen Tages
(Datum einsetzen)

1.) ______________________________________

Wieso war das ein Erfolg? ________________________

____

2.) ______________________________________

Wieso war das ein Erfolg? ______________________________

____

3.) ____

Wieso war das ein Erfolg? ______________________________

____

4.) ____

Wieso war das ein Erfolg? ______________________________

____

5.) ____

Wieso war das ein Erfolg? ______________________________

____

6.) ____

Wieso war das ein Erfolg? ______________________________

____

7.) ____

Wieso war das ein Erfolg? ______________________________

____

8.) ____

Wieso war das ein Erfolg? ___________________________

____

9.) ____

Wieso war das ein Erfolg? ___________________________

____

10.) ____

Wieso war das ein Erfolg? ___________________________

____

Gewöhnen Sie es sich an, pro Tag mindestens zehn Erfolge festzuhalten. Am Anfang kann es passieren, dass Sie alles als normal betrachten und nichts als außergewöhnliche Leistung sehen. Das ist schade, denn jeder noch so kleine Erfolg ist es wert, dass Sie ihn festhalten. Denken Sie daran, jedes noch so große Ziel wird in kleinen Etappen erreicht. Leider haben wir aber verlernt, uns über diese zu freuen. Bitte noch jeweils zu Ihrem expliziten Erfolg vermerken, wieso das so ist. Wir machen uns ab sofort mehr Gedanken um unser Leben, beschäftigen uns intensiv damit.

Wir überlassen nichts mehr dem Zufall

Das ist ein wichtiger Aspekt. Wir müssen in die klare, konkrete und messbare Planung gehen. Wie schaut es denn aus, ob jemand erfolgreich ist oder nicht? Beide machen es jeweils in der entsprechenden Reihenfolge. Ist das nicht verblüffend? Ich finde es unglaublich und bin immer wieder total überrascht, wie einfach doch „eigentlich“ Erfolg ist. Schauen wir es uns nachfolgend an.

- Der Erfolgreiche
- Der Erfolglose

Der Erfolgreiche
Er macht alles in der richtigen Reihenfolge, ist es gewohnt Erfolge zu schreiben und davon lässt er sich niemals abbringen. Sein Weg ist klar, er schreitet, ohne mit der Wimper zu zucken, von einem Erfolg zum nächstgrößeren. Dadurch kommt die passende Aussage zum Tragen „Da, wo schon viel ist, kommt immer mehr dazu!“ Das ist doch klasse oder? Genau das macht es schlussendlich aus. Erfolg zu Erfolg, das ist völlig normal, hat mit der geistigen Resonanz zu tun. Mit dem Naturgesetz der Anziehung, Geld zu Geld, Erfolg zu Erfolg.

Der Erfolglose
Er ist ein großer Spezialist darin. Der Erfolglose weiß hundertprozentig, wie man Erfolglosigkeit buchstabiert. Er tut das permanent aufs Neue, ist ein absoluter Meister und hat sich noch nie in seinem Leben geirrt, oder besonders angestrengt. Da kommt folgender Spruch zum Tragen „Da, wo wenig ist, wird es immer weniger!“ Wieso? Weil auch der Erfolglose permanent dieselben Programme ablaufen lässt, alles in der Regelmäßigkeit. Genau wie der Erfolgreiche, allerdings eben unter negativen Vorzeichen, und dadurch den Misserfolg förmlich anzieht.

Zu welchen der beiden möchten Sie sich zählen

Zu welcher Menschengruppe möchten Sie sich zählen oder fühlen sich hingezogen? Sie haben wie immer die freie Wahl. Sie können niemandem die Schuld geben, Sie alleine sind für Ihr Handeln verantwortlich. Stellen Sie ab jetzt die Weichen neu.

Eisernes Durchhaltevermögen

Kennen Sie das eiserne Durchhaltevermögen, ist es Ihnen ein Begriff? Ich hoffe sehr, denn auf das kommt es in erster Linie an. Wer nicht über ein eisernes Durchhaltevermögen verfügt, wird nie die erforderliche Leistung erbringen und fällt bei der erstbesten Schwierigkeit raus. Das ist fatal, um nicht zu sagen sogar dumm. Genau soweit sollte man es niemals kommen lassen. Das ist für unser Leben ein absolutes Tabu und dies in jeder Hinsicht.

Haben Sie Durchhaltevermögen gelernt

Das ist die Frage und sie ist klar mit einem „Nein" zu beantworten. Denn die Aufgebermentalität ist bei fast allen Leuten immens groß und zieht sich wie ein roter Faden, durch alle Kreise durch. Außer natürlich bei erfolgreichen Menschen. Diese wissen 1000%-ig um die Thematik Bescheid und halten sich dementsprechend daran. Otto Normalbürger lebt sehr gerne vom Aufgeben, darin ist er wahrlich ein Meister seines Faches. Da ist er um keine Alibigeschichte verlegen.

Bei der erstbesten Schwierigkeit ist man weg

Das ist sträflich, solch eine Art an den Tag zu legen. Damit schafft man sich keine neue und großartige Welt. Daher achten Sie besonders auf sich, dass Sie nie mehr in diesen Bereich kommen. Das hat und darf niemals wieder etwas mit Ihnen zu tun haben. Folglich muss Ihre Devise lauten, weiter, weiter und nochmals weiter. Immer einmal mehr Aufstehen, als man hingefallen ist.

Was bedeutet Durchhaltevermögen

Deutsch ist eine wunderbare Sprache und diese beinhaltet sehr viel Wahrheit. Man muss es nur leben und natürlich auch verstehen, was explizit damit gemeint ist. Schauen wir uns dieses wunderbare und großartige Wort genauer an.

„Durch – halte – vermögen!“

Sie müssen da durchgehen, es aushalten und dann gelangen Sie erst zum Vermögen. Das ist der Preis, der für Erfolg, oder anders ausgedrückt, für das Vermögen bezahlt werden muss. Ohne diese beiden Komponenten klappt es nicht.

Alles hat seinen Preis

Die Frage ist nur, ob man bereit ist, den Preis auch ehrlich und von Herzen zu bezahlen. Wenn nicht, ist das von Übel und diese Verhaltensweise sollten Sie sich ab sofort schenken. Das darf nie mehr ein Teil von Ihnen sein. Es geht hier um wesentlich mehr, nämlich um die Erfüllung Ihres großartigen Lebens. Um die gigantische, große Geschichte, diese gilt es zu halten und für alle ewigen Zeiten zu leben.

Wo fängt der Erfolgreiche an

Haben Sie sich diese Frage schon einmal gestellt? Wenn nein, sollten Sie sich endlich mit dem Thema intensiv befassen, es ist absolut spannend, was dabei herauskommt.

„Der Erfolgreiche beginnt da, wo der Erfolglose aufhört!“

Das ist eine feststehende Größe, die seit ewigen Zeiten zum Tragen kommt. Die meisten Menschen geben leider zu früh auf. Bei der erstbesten Schwierigkeit wird die Flinte sofort ins Korn geworfen, mit den dummen Sprüchen „Das gibt doch eh keinen Sinn. Ist bereits im Vorfeld zum Scheitern verurteilt. Ich habe es gewusst, dass es nicht klappen wird. Es war nicht anders zu erwarten.“ Solche Sprüche nehmen Erfolgreiche niemals in den Mund, im Gegenteil. Sobald Schwierigkeiten auftreten, legen sie erst recht richtig los, das spornt sie an.

Auch Sie haben das Durchhaltevermögen in sich

Natürlich und das Ganze sogar sehr oft. Denken wir doch nur an das Durchhaltevermögen, welches Sie an den Tag legten, um den Führerschein zu bestehen. Wie oft haben Sie den Motor abgewürgt? Hat es sofort ohne Probleme mit dem Einparken geklappt? Kannten Sie auf Anhieb die gesamten Verkehrsschilder? Mussten Sie da nicht üben, üben und nochmals üben? Konnten Sie in der Theorie, ohne zu lernen, gleich die gesamten Fragebogen beantworten? Ich glaube nicht, denn

„Vor den Preis haben die Götter nach wie vor den Fleiß gesetzt!"

Nach und nach wurden Sie aber in Ihrem Fahrverhalten immer sicherer. Heute fahren Sie doch ohne groß zu überlegen von „A nach B." Schreiben Sie nachfolgend auf, wo Sie bisher in Ihrem Leben ein eisernes Durchhaltevermögen an den Tag gelegt haben, mit Motivation bei der Sache waren. Was der Grund dafür war und zu welchem Zeitpunkt?

Mein Durchhaltevermögen?	Wieso?	Wann?
1.) ______________	______________	______________
2.) ______________	______________	______________
3.) ______________	______________	______________
4.) ______________	______________	______________
5.) ______________	______________	______________
6.) ______________	______________	______________

7.) ______________________ _______________ _____________

8.) ______________________ _______________ _____________

9.) ______________________ _______________ _____________

10.) _____________________ _______________ _____________

Wie ist Ihr Empfinden? Wie gehen Sie damit um? Was bringt es Ihnen und wo führt es hin? Spannend, sehr spannend sogar, sich mit der Thematik genauestens zu befassen und sich auseinanderzusetzen. Wie geht es weiter? Was lernen Sie für sich und für die Zukunft daraus? Wenn Sie tatsächlich in Ihrem Leben große Ziele erreichen möchten, gibt es nur eines, sich hundertprozentig einzusetzen, mit riesengroßem Engagement an die Sache dran gehen.

Dann die Ziele auch unbedingt zu Ende führen und nicht wie schon so oft, mitten drin wieder aufzugeben. Nachfolgend reduzieren Sie es bitte auf Ihre drei wichtigsten Punkte, wo Sie bisher in Ihrem Leben am meisten Durchhaltevermögen an den Tag gelegt haben.

Mein Durchhaltevermögen? Wieso? Wann?

1.) ______________________ _______________ _____________

2.) ______________________ _______________ _____________

3.) ______________________ _______________ _____________

Wie ist es für Sie? Wie fühlt es sich an? Wie geht es Ihnen dabei? Ich hoffe sehr, dass Sie die Kraft, die Sie schon öfters in sich hatten, wieder tief in Ihrem Inneren verspüren. Den alten Drive wieder Ihr eigen nennen können. Sie niemand bremsen kann und es auch nie wieder zulassen. Jetzt reduzieren Sie es auf Ihren Hauptpunkt, mit dem größten Durchhaltevermögen, welches Sie an den Tag gelegt hatten, wieso und wann.

Mein Durchhaltevermögen? Wieso? Wann?

1.) ______________________ ______________ _____________

Überprüfen Sie immer bei allem, wie Sie sich fühlen, was Sie in sich spüren, wie es Ihnen geht und was Sie daraus für die Zukunft ableiten können. Nachfolgend schreiben Sie Ihr Fazit auf.

Ihr Fazit: ____

Sie haben 24 Stunden am Tag

Ist das nicht ein schöner Traum, jeden Tag immer und immer wieder aufs Neue. Das macht in jeder Hinsicht viel Spaß und Freude. Immer um Mitternacht erhalten Sie neue 24 Stunden geschenkt, ohne dass Sie etwas dafür tun müssen, und können daraus eine große Meisterleistung an den Tag legen, oder nicht. Sie haben die Wahl und darum achten Sie darauf, dass Sie unbedingt so wählen, dass es Ihnen dabei richtig gut geht. Sie alleine sind für Ihr Wohlbefinden zuständig und das sollten Sie auch leben.

Ich habe keine Zeit

Ich bin erstaunt, wie viele Menschen solche Märchen erzählen und diese auch noch glauben. Das ist unglaublich, es zu sehen und zu spüren, mit welcher Inbrunst die Menschen hier ans Werk gehen. Das ist sensationell, was da abgeht. Dabei ist es die größte Lüge, welche der Mensch überhaupt nur erzählen kann. Denn jeder und dies ausnahmslos, hat die 24 Stunden zur freien Verfügung. Frage ist, was man daraus macht, wie man seine Zeit effektiv einteilt.

Was mache ich mit den 24 Stunden

Darüber sollte man sich im Klaren sein und sich Notizen machen. Halten Sie alles genau fest, denn nur wenn Sie über die Schriftlichkeit gehen, haben Sie die Chance, es zur meisterlichen Leistung zu bringen. Das lohnt sich in jedem Falle, denn das Leben ist zu wertvoll und großartig, um die kostbare Lebenszeit nicht zu nutzen und zu verplempern.

Alles ist möglich

Seien Sie sich dessen bewusst und leben Sie es auch fortan. Zögern Sie keine einzige Sekunde mehr, denn das wäre schade. Das Leben birgt alle Chancen in sich, wenn man dazu bereit ist, diese abzurufen und alle Register zu ziehen. Das ist natürlich die berühmte Grundvoraussetzung, da hinzugelangen und es zu leben.

Planen Sie die Woche bereits am Sonntag

Erfolgreiche machen das automatisch und deswegen wird die Woche gezielt angegangen. Es ist eine völlig andere Ausgangsbasis, mit weitaus mehr Drive. Maximale Erfolge zeichnen sich dadurch ab und dies ist exakt das, was Sie doch schon immer wollten. Erfolgreiche planen auch Freiräume für das körperliche Wohlbefinden. Denn nur wenn Körper, Geist und Seele in Einklang sind, kann man Höchstleistung erbringen.

Seien Sie konsequent

Das möchte ich Ihnen ans Herz legen, dass Sie absolut konsequent die Sache in Angriff nehmen. Wenn Sie nur einen kleinen Moment zaudern und zögern, haben Sie verloren, weil die Macht der Gewohnheiten wieder sofort von Ihnen überhand nimmt, das ist einfach so. Was sich über viele Jahre oder sogar Jahrzehnte eingeschliffen hat, ist nicht mehr zu ändern. Dies ist ein fester Bestandteil Ihres Lebens geworden. Darum müssen Sie gut auf sich aufzupassen.

Konsequenz mit System führt zum Erfolg

Das ist eine altbekannte Tatsache und diese heißt es hundertprozentig zu leben. Das System haben Sie mit Ihrem Erfolgsbuch an der Hand. Sie müssen es einfach tun, dranbleiben und weder nach rechts noch nach links schauen. Je mehr Drive Sie an den Tag legen, je konsequenter Sie in der Umsetzung sind, desto schneller geht es mit Ihnen voran. Den Erfolg können Sie mit solch einem Verhalten überhaupt nicht verhindern.

Lassen Sie sich durch nichts beirren

Das möchte ich Ihnen auf Ihrem Weg mitgeben. Wenn Sie sich ablenken lassen, haben Sie verloren. Möchten Sie das, ist es das was Sie sich vorgestellt haben? Ich glaube nicht, folglich dranbleiben und nochmals dranbleiben, koste es, was es wolle. Machen Sie es sich zu Ihrer großen Lebensmaxime, sich niemals wieder beirren zu lassen. Lassen Sie sich davon tragen und Ihr Leben gewinnt dadurch eine völlig neue Dimension.

Führen Sie täglich Ihr Erfolgsbuch

Auch das gehört zur absoluten Konsequenz dazu, dass Sie wirklich Tag für Tag alle und auch noch so kleinen Erfolge aufzeichnen. Viele kleine Erfolge sind die Meilensteine zum gigantischen Erfolg. Sollten Sie einmal abends feststellen müssen, dass Sie inkonsequent waren, stehen Sie nochmals auf und setzen es sofort um. Tragen Sie unverzüglich die Erfolge des Tages in Ihr Buch ein. Dadurch wird es zur Gewohnheit, als hätte es für Sie noch nie etwas anderes gegeben.

Nach 200 Mal haben Sie sich eine neue Gewohnheit geschaffen

Ist das nicht wunderbar? So lange dauert es, bis Sie es implementiert haben, nicht mehr anders können. Es ist zur Selbstverständlichkeit geworden. Bis dorthin bleibt Ihnen aber nichts anderes übrig, als dran zu bleiben und dies mit sehr viel Herz und Lebensbegeisterung. Geben Sie nicht auf, sonst haben Sie verloren.

Mit was für Menschen umgeben Sie sich

Zeige mir deine Freunde und ich sage dir, wer du bist. Ein uraltes Sprichwort, mit wahrem Inhalt. Ich finde es einfach nur klasse und da ist es wichtig, dass Sie sich darüber Gedanken machen, mit wem Sie sich überhaupt abgeben. Sind es positive oder negative Menschen? Kosten diese Leute Sie Kraft, oder wirken sie bereichernd und inspirierend? Oft macht man vieles unbewusst, weil man da reingerutscht ist, oder es andere Menschen von einem erwarten. Sicherlich kommt noch die Macht der Gewohnheit dazu. Der Mensch ist nun einmal ein Gewohnheitstier. Ob der Umgang für Ihren Erfolg dienlich ist, gilt es genauestens zu überprüfen.

Notieren Sie die Menschen aus Ihrem Umfeld

Wir gehen wieder unverzüglich in die Schriftlichkeit. Denn wir wollen die Namen schwarz auf weiß sehen, gebannt auf Papier. Dadurch können wir besser damit umgehen und gezielter arbeiten. Es wird einem manches auf Anhieb klarer, wenn man diese Aufgabe gewissenhaft erledigt hat. Mit welchen Leuten geben Sie sich am meisten ab? Wir beschränken es auf die fünf wichtigsten Personen in Ihrem Leben.

1.) ______________________________

2.) ______________________________

3.) ______________________________

4.) ______________________________

5.) ____

Seit wann geben Sie sich mit diesen Menschen ab? Wissen Sie, dass Sie der Durchschnitt der fünf Menschen sind, mit denen Sie sich abgeben? Dies schauen wir uns gleich genauer an. Denn es ist sehr wichtig und entscheidet letztlich über Ihren Erfolg oder Misserfolg. Diese Menschen färben ab, ob wir das wollen oder nicht. Ist man sich dessen bewusst, hat man die Chance anders damit umzugehen, sofort eine Änderung einzuleiten. Diese ist notwendig, um aus dem alten Trott heraus zu kommen. Ohne eine Änderung gibt es keine Veränderung.

Schreiben Sie jetzt die positiven Eigenschaften auf

Nachdem diese Menschen sich ja intensiv um Sie drehen, Sie häufiger mit Ihnen Kontakt haben, kennen Sie auch die positiven Eigenschaften dieser Leute zur Genüge. Notieren Sie bitte die positiven Eigenschaften dieser Menschen.

Person 1

____

Person 2

____

Person 3

____

Person 4

____

Person 5

Was hatten Sie bei dieser Aufgabe für ein Gefühl, was hat es in Ihnen ausgelöst? Hat es Sie nachdenklich gemacht? Ist es eher erbauend, oder erschreckend? Mal ganz ehrlich und Hand aufs Herz, was können Sie davon gebrauchen? Was tut Ihnen sehr gut? Was baut Sie auf? Was inspiriert Sie? Was beflügelt und bereichert Sie? Was ist das Größte für Sie? Was nützt Ihnen das Ganze, bei Ihren Plänen für eine neue Zukunft? Belügen Sie sich bitte nicht selbst, weil Ihnen manche Menschen sehr nahe stehen.

Jetzt nehmen Sie bitte die berühmte **Quintessenz** daraus?

Schreiben Sie die negativen Eigenschaften auf

Wo viel Licht ist, ist auch viel Schatten. Frage ist nur, was überwiegt und wofür haben Sie eine große Affinität? Denn das beeinflusst Sie ungemein, also los geht es.

Person 1

Person 2

Person 3

Person 4

____

Person 5

____

Wird Ihnen bei dieser Aufgabe einiges klarer? Wie gut sind diese Kontakte für Sie? Engen Sie diese Personen ein, hindern Sie die Leute auf Ihrem Weg zum Erfolg? Werden Sie durch diese Personen permanent negativ beeinflusst?

Jetzt nehmen Sie bitte die berühmte Quintessenz daraus?

____

Ihr Fazit: ____________________________________

Abschlusswort

Liebe Leser,

ich bin immer sehr glücklich, wenn ich am Ende eines Buches angelangt bin. Viele viele Stunden, in denen ich mir Gedanken gemacht habe, konsequent daran geblieben bin, einen Buchstaben, an den anderen gereiht habe. Mit dem Endresultat, dass zum Schluss ein neues Buchwerk vorliegt. Welch ein tolles und erhabenes Gefühl sich da in einem breitmacht.

Mein Aufgabe ist hiermit beendet, jetzt liegt es an Ihnen, was Sie daraus machen. Welche Meisterleistung Sie an den Tag legen und was Sie von dem Gelesenen umsetzen. Ich hoffe, dass Sie das Buch, Ihr Erfolgsbuch gekauft haben und intensiv Tag für Tag damit arbeiten. Denn das hilft Ihnen weiterzukommen, ist der Schlüssel zu Ihrem großen Erfolg.

Der Einzige, der den Schlüssel in der Hand hat, sind Sie. Sie entscheiden, ob es zum Erfolg wird, oder ob alles beim Alten bleibt. Seien Sie stolz auf sich, dass Sie dermaßen taff unterwegs sind. Ich freue mich, Sie persönlich kennenlernen zu dürfen. Wir führen regelmäßig Erfolgsseminare durch. Schauen Sie unter www.crameri-akademie.de nach und lassen Sie sich inspirieren.

Wie heißt es so schön, der Erfolgeiche ist immer unterwegs und bildet sich weiter. Denn er weiß eines

„Stillstand bedeutet Rückschritt!“

Das kann und will er sich schlicht und einfach nicht leisten. Darum setzt er alles daran, im Leben immer weiter und weiter zu kommen.

Lernen und nochmals lernen, ist die große Devise der Erfolgreichen, getreu dem Motto

„Von der Wiege bis zur Bahre, Seminare, Seminare!"

In diesem Sinne wünsche ich Ihnen von ganzem Herzen alles alles Liebe und Gute auf Ihrem weiteren Lebensweg. Passen Sie gut auf sich auf, Sie sind es sich wert, dass Sie aus Ihrem Leben ein gigantisches Meisterwerk gestalten. Endlich Ihr eigenes, selbstbestimmtes Leben leben. Dass Sie am Lebensende sagen können, ich habe voll und ganz gelebt, jetzt kann ich mit einem superguten Gefühl diese Erde verlassen.

Herzlichst

Ihr Ernst Crameri

Meine und unsere Dienstleistungen

Da ich der Meinung bin, dass das Leben spannend und aufregend ist, habe ich mich nie mit einer einzigen Sache begnügt. Ich wollte immer wesentlich mehr tun und haben. Ein Mensch hat unendliche Fähigkeiten, darum gilt die Theorie von „Schuster bleib bei Deinen Leisten" schon lange nicht mehr. Vergessen Sie das, und man den erlernten Beruf beibehalten sollte, ist auch ein Ammenmärchen. Das Leben ist vielseitig und spannend, wenn wir etwas daraus machen. Deshalb freue ich mich sehr, Ihnen die verschiedensten Dienstleistungen vorzustellen. Gemeinsam mit meinem Team ist es unser Anliegen, Sie in Ihrer Weiterentwicklung zu unterstützen, Sie zu verwöhnen und dazu beizutragen, dass Sie ein wundervolles Leben auf Erden führen können.

Hier die Dienstleistungen nach alphabetischer Reihenfolge
Wählen Sie aus dem großen Leistungsspektrum und fragen Sie nach den Konditionen. Gerne sind wir für Sie da und beantworten Ihnen alle Fragen, denn glückliche und begeisterte Kunden sind unser Ziel.

- Bücher
- Einzelbehandlungen (Fitness/Wellness/Schönheit)
- Erfolgsproduzent und –coachings
- Events
- Hoteltesting
- Hörbücher
- Mystery X Tests
- Naturkosmetik-Produkte
- Privat-Jet
- Reisen

- Schönheitsfarm
- Seminare
- Vorträge

Bücher schreiben

Sie erhalten von uns Bücher, zu den verschiedensten Themen, rund um das Leben. Ebenso bieten wir Ihnen das Ghostwriting an. Das heißt, wir schreiben mit Ihnen und für Sie Ihr Buch. Ganz wichtig für Unternehmer, denn ein eigenes Buch schafft eine wunderbare Reputation. Wenn Sie ein neues Produkt auf den Markt bringen, ist es ideal, wenn Sie das passende Buch dazu anbieten. Als Fachmann zeigen Sie durch ein eigenes Buch eine hohe soziale Kompetenz.

Unsere Kunden, die sich von der Masse der Mitbewerber abheben wollen und damit einen anderen Nimbus erhalten. **Ärzte,** die ihre spezielle Behandlung publizieren. **Hotels,** die über ihr Haus mit besonderen Eigenheiten berichten. **IT-Firmen,** die etwas Neues entwickelt haben, weitere Firmen, quer durch alle Branchen und natürlich Privatpersonen.

Wieso Ernst Crameri: Weil er zurzeit bereits 63 Bücher geschrieben hat und weitere folgen. Weil er weiß, wie es in der Branche abgeht, welche besonderen Kenntnisse erforderlich sind, ein Buch zu schreiben und zum Erfolg zu bringen.

Einzelbehandlungen (Fitness/Wellness/Schönheit)

Wir leben nur ein Mal und unseren Körper nennt man auch den Tempel, in dem die Seele und der Geist wohnt. Damit der Organismus lange auf einem hohen Level funktioniert, ist es dringlich, dass wir ihn pflegen, für ihn da sind. Bei uns erhalten Sie Behandlungen von Kopf bis Fuß. Von intensiver Massage, über fernöstliche Behandlungen und den verschiedensten Spezialanwendungen. Näheres auf der Webseite www.wellness-einzelbehandlungen.de.

Unsere Kunden sind Menschen, die mehr für sich tun wollen. Den Zeitgeist klar erkannt haben, wie wichtig es ist, dass man sich behandeln und pflegen lässt. Vom jungen Menschen, bis hin ins höchste Alter hinein. Männer wie Frauen, die sich verwöhnen lassen.

Wieso Ernst Crameri: Weil er aufgrund der 39-jährigen Erfahrung einen riesigen Fundus an Wissen und Können mitbringt. Durch die Hotelberatungen und -tests weiß er auch, wie es läuft. Ein qualifiziertes Team an Behandlern wartet auf Sie.

Erfolgsproduzent – und coachings

Als Erfolgreicher ist eines wichtig, das Erfolgswissen weiter zu vermitteln und anderen Menschen zu helfen, zum Erfolg zu gelangen. Das ist in jeder Hinsicht eine wundervolle Aufgabe. Es gibt verschiedene Arten von Coachings, einmal vor Ort in den Firmen, dann am Telefon. Es geht mit täglichen und wöchentlichen Coachings los. Wenn eine Veränderung stattfinden soll, ist es dringlich, dass man dran bleibt. Denn die alten Gewohnheiten lassen sich nicht über Nacht über Bord werfen. Es ist stets ein längerer Prozess, ein Reifeprozess, der da stattfindet.

Wer sind die Kunden, von kleinen Kindern bis hin ins höchste Alter. Es sind einerseits Menschen, die die stärkende und beschleunigende Funktion des Coachings für ihre Entwicklung nutzen möchten oder Menschen, die Grundlegendes in ihrem Leben verändern möchten. Für die es so, wie bisher nicht mehr weiter gehen kann. Wichtig dabei ist der klare, eiserne Wille zur Veränderung. Von Einzelpersonen aus allen Schichten und Berufszweigen, bis hin zu großen Firmen.

Wieso Ernst Crameri: Weil er weiß, wie man aus Menschen Spitzenleistungen rausholt, diese mit einem Lachen und dennoch der nötigen Ernsthaftigkeit zum Erfolg führt. Erfolg ist kein Zufall, sondern planbar.

Events

Wir organisieren große Events, für die verschiedensten Veranstalter. Dabei übernehmen wir die komplette Dienstleistung der Lokationssuche, bis hin zum Catering und kompletten Handling, damit die Veranstaltung reibungslos abläuft. Unsere Erfahrung beruht auf der Organisation von vielen eigenen, wie auch Kunden-Events in der gesamten Welt. Viele Firmen vertrauen uns und lassen für ihre besten Mitarbeiter Incentives ausrichten.

Wer sind unsere Kunden, Firmen und Seminarveranstalter, die das Handling einem Profi überlassen. Genauso wie Einzelpersonen, die ein außergewöhnliches Fest, wie zum Beispiel Hochzeit, Geburtstag oder sonstige Festivitäten ausrichten.

Wieso Ernst Crameri: Events zu organisieren erfordert einen riesigen logistischen Aufwand, es sind viele Parameter, die zusammen spielen, damit es reibungslos über die Bühne geht. Ein qualifiziertes Team steht Ihnen mit Ernst Crameri während der Veranstaltung vor Ort zur Verfügung und managt den gesamten Ablauf.

Hotel- und Schiffstesting

Es gibt viele Hotels und auch Schiffe, die leider manchmal noch nicht ihre Performance erreicht haben. Sehr oft stimmt die Hardware komplett, jedoch die Software passt nicht. Beim Team, angefangen von der Direktion bis hin in die einzelnen Abteilungen, da klemmt es oft.

Wer sind unsere Kunden, von kleinen Hotels und Schiffen, bis hin zu großen Hotelketten und Reedereien. Alle Dienstleister, die bereit sind, eine höhere Wertschätzung den Kunden, den Gästen gegenüber aufzubringen und das Gast-Dasein auch entsprechend zelebrieren.

Wieso Ernst Crameri: Weil er 80% seiner Zeit on the way ist und dies fast immer in Hotels. Das hat ihn dazu bewogen, das Buch „Servicewüste Hotels" vollgepackt mit Tipps und Know-how.

Hörbücher

Hörbücher als wunderbares Instrument, für die Fort- und Weiterbildung. Ideal beim Autofahren, als sogenannte rollende Universität, um neues Wissen zu erlangen. Ebenso beim Sport und auch im Alltag einsetzbar.

Wer sind die Kunden, von der Einzelperson bis hin zu Firmen, die für ihre Mitarbeiter die Hörbücher bestellen und verschenken. Oder sogar als Pflichtprogramm für das eigene Team einsetzen. Nur wer permanent trainiert, hat Erfolg.

Wieso Ernst Crameri: Weil er mit seiner Sprache voller Begeisterung, die Leute motivieren kann. Die Sprache und Ausdrucksweise muss fesselnd sein und die Zuhörer begeistern. Es muss im Gegenüber etwas ausgelöst werden. Ein sich Wiederfinden, um in die Umsetzung zu gelangen. Umso hilfreicher, wenn es in einer Sprache geschieht, die den Menschen eigen ist, keine hochakademischen Worthülsen, sondern Kommunikation auf Augenhöhe.

Mystery X Tests

Als Kunde in Geschäfte gehen und einkaufen, den Service, die komplette Dienstleistung zu überprüfen, um nachher die positiven wie negativen Seiten mit der Geschäftsleitung und dem Team zu analysieren. Danach in die Veränderung zu gehen, durch Training vor Ort.

Wer sind die Kunden, jeder der ein Geschäft hat und auf Servicequalität und Kundenzufriedenheit großen Wert legt. Denn die heutige Konkurrenzsituation ist riesig, wenn ein Kunde nicht zufrieden ist, geht er gleich. Dies gilt es zu vermeiden, und für die Kunden stets die allerbeste Leistung zu bieten.

Wieso Ernst Crameri: Weil er die Zusammenhänge schnell erkennt und die Firmen wieder in den positiven Mehrwertbereich für die Kunden führt. Jede Firma hat sogenannte Leichen im Keller, aber auch Goldadern. Erstere gilt es zu eliminieren und die Goldadern zu bergen, um Erfolg auf der ganzen Linie zu haben.

Naturkosmetik-Produkte

Herstellung und Vertrieb der eigenen Crameri-Naturkosmetik-Produktelinie, seit über 27 Jahren. Kein riesiges Sortiment, sondern ein straffes und hochkarätiges, für jeden Hauttyp. Spannend auch als White-Labeling, die Produkte erhalten das Etikett des Kunden und sind somit seine eigene Produktlinie.

Wer sind die Kunden, der Endverbraucher, welcher jeden Monat die Produkte für den persönlichen Bedarf bezieht. Schönheitsfarmen, Kosmetikstudios, Friseure, Masseure, Physiotherapeuten, Farb- und Stilberaterinnen, Fußpfleger, Fachgeschäfte und Hotels beziehen die Produkte. Bei White-Labeling handelt es sich um dieselben Kunden.

Wieso Ernst Crameri: Weil die Firma Crameri-Naturkosmetik GmbH seit 39 Jahren erfolgreich auf dem Markt ist, und Sie in ihr eien zuverlässigen Partner haben. Von der Produktion bis hin zur Vermarktung.

Privat-Jet

Ein absoluter Traum, in den Privat-Jet einzusteigen und dies ohne lange Kontrollen und Warten. Die Maschine steht bereit, die Triebwerke angemacht, Sie fahren an und wenige Minuten später befindet sich der Jet bereits in der Luft. Schneller und bequemer geht es nicht.
Wer sind die Kunden, Einzelpersonen, die schnell von A nach B müssen. Skiflüge nach St Moritz, zum Autorennen nach Monte Carlo, nach Sylt und weitere spannende Flüge. Firmen, die ihre besten

Kunden oder Mitarbeiter zu einem Incentive einladen. Auch Privatpersonen, die das Besondere lieben.

Wieso Ernst Crameri: Weil die Firma seit über 29 Jahren in diesem Metier vertreten ist. Ernst Crameri ist in der Regel stets persönlich dabei und betreut die Gäste vor Ort.

Reisen

In die gesamte Welt, am meisten Kreuzfahrten auf Flussschiffen und auf den Weltmeeren. Mit wunderbaren Rahmenprogrammen, wie besonderen Ausflügen, Vorträgen und Seminaren. Ebenso exklusive 5* Hotels, auf der ganzen Welt.

Wer sind die Kunden, Einzelpersonen, die gerne auf den Events dabei sind und Firmen, die Incentivereisen für ihr Team und ihre Kunden durchführen. Die besondere Belohnung für außergewöhnliche Menschen.

Wieso Ernst Crameri: Weil er die schönsten und besten Schiffe persönlich kennt. Bei den Reisen meistens selbst dabei ist, sodass der direkte Kontakt gegeben ist. Und wenn er nicht dabei ist, gibt es perfekte Betreuung durch sein qualifiziertes Team.

Schönheitsfarm

Naturkosmetik-Schönheitsfarm, mit ganzheitlichen Behandlungen von Kopf bis Fuß. Damit Sie sich richtig schön verwöhnen und die Seele baumeln lassen können.

Wer sind die Kunden, Frauen, die sich etwas Besonderes gönnen und Männer. Diese sind immer stärker auf dem Vormarsch. Einzelpersonen buchen, genauso wie Frauen die ihre beste Freundin oder Mutter mitbringen, bis hin zu Vereinen und Firmen. Männer, die aufs Seminar kommen und die Frauen werden in der Zeit verwöhnt.

Wieso Crameri-Naturkosmetik: Seit 39 Jahren auf diesem Markt und auch in der Ausbildung im Beauty&Wellnessbereich tätig. Ein hoch qualifiziertes Team wartet auf die Gäste.

Seminare

Zum Thema Erfolg und alles, was damit zusammenhängt, ganzheitliche Rhetorik, Erfolgsdenken, Geldseminare, Ausbildungen zum Beauty&Wellness-Spezialisten, Erfolg im Internet, Social Media und vieles mehr.

Wer sind die Kunden, Einzelpersonen, die sich fort- und weiterbilden möchten. Firmen, die ihr Team zum Training und zur Ausbildung schicken.

Wieso Ernst Crameri: Durch Tausende von Schulungen und Seminaren, Top im Training und stets auf dem Laufenden. Ferner Mitglied bei der GSA, German Speakers Assoziation. Mit großer Leidenschaft und Begeisterung auf vielen Veranstaltungen dabei.

Vorträge

Spannende und fesselnde Vorträge vor kleinem und großem Publikum. Vorträge zu den verschiedensten Themen rund um das Thema Erfolg, Durchhaltevermögen, Zielsetzung, Lebenswerke und zum kompletten Persönlichkeits-Thema.

Wer sind die Kunden, Organisationen, die ihn engagieren, Verbände, Vereine und Firmen. All jene, die Idee, Gedanken, Innovationen zulassen und die Veränderung im heutigen Zeitalter bewirken möchten. Die den Weg schaffen wollen, in eine Welt des Erfolges. Ebenso offene Seminare, die von Ernst Crameri direkt durchgeführt werden.

Wieso Ernst Crameri: Durch die brillante Sprache und Ausdrucksweise, ein fesselnder Redner, welcher das Publikum begeistert. Sein Schweizer Akzent und Humor begeistert die Zuhörer im In- und Ausland. Vorträge in Rätoromanisch, Italienisch, Französisch, Hochdeutsch und Schweizer Deutsch.

Bei Fragen wenden Sie sich bitte direkt an

Crameri-Naturkosmetik GmbH
Mannheimerstr. 11b
67098 Bad Dürkheim
Tel. 0049-6322-5734
Fax 0049-6322-66071
E-Mail: Sekretariat info@crameri.de
Geschäftsleitung: gn@crameri.de
Website: www.crameri.de

Ein Auszug aus unseren Werken

Ein Millionär als Traumpartner

ISBN: 978-3-86689-000-8
19,80 € (D)

Fange endlich an zu leben

ISBN: 978-3-86689-001-5
19,80 € (D)

Wahrheit und Klarheit im Kosmetik- und Wellness-Institut

ISBN: 978-3-86689-002-2
19,80 € (D)

Horror - Eingewachsene Zehennägel

ISBN: 978-3-86689-003-9
19,80 € (D)

Gib niemals auf, sei kein Verlierer

ISBN: 978-3-86689-008-4
19,80 € (D)

Bist Du ein Mörder?

ISBN: 978-3-86689-004-6
19,80 € (D)

Bist Du ein Huhn oder ein Adler

ISBN: 978-3-86689-018-3
19,80 € (D)

Der unendliche Schmerz der Verlassenen

ISBN: 978-3-86689-009-1
19,80 € (D)

Servicewüste Hotels

ISBN: 978-3-86689-010-7
29,80 € (D)

Hast Du auch diese schlimme Krankheit – Verschieberitis

ISBN: 978-3-86689-005-3
24,80 € (D)

Wieso hast Du so wenig Durchhaltevermögen

ISBN: 978-3-86689-006-0
19,80 € (D)

Höre endlich auf zu jammern

ISBN: 978-3-86689-022-0
19,80 € (D)

Sage endlich was Du willst, damit Du das bekommst, was Du willst

ISBN: 978-3-86689-014-5
19,80 € (D)

Sprich nie mehr negativ

ISBN: 978-3-86689-013-8
19,80 € (D)

Die 20 Erfolgsverhinderer

ISBN: 978-3-86689-021-3
24,80 € (D)

Alles hat seinen Preis

ISBN: 978-3-86689-020-6
19,80 € (D)

Vita von Ernst Crameri

Ernst Crameri erblickte im Oktober 1959 in St. Moritz (Schweiz) das Licht der Welt. Er wuchs in einem einfachen Elternhaus auf. Als kleines Kind machte er meist das Gegenteil von dem, was von ihm erwartet wurde. Im Kindergarten und der Schule ging es oft rund. Als Heranwachsender machte er jeden Streich mit, und durfte dafür an freien Nachmittagen im Sommer Rasen mähen und im Winter zum Schneeschaufeln auf dem Schulhof antreten.

Sein Traum war, ein Leben im Reichtum. Prägend waren vier Schlüsselerlebnisse. Im Winter wollte er neue Skier und einen Skipass. Sein Vater konnte nicht beides kaufen. Da ging er mittags nach der Schule in ein Kohle/Holzlager. Dort schaufelte er Kohle und stapelte Holz. Dadurch konnte er sich mit 12 Jahren einiges leisten. Dieses Gefühl der Freiheit war für ihn gigantisch. Das zweite Erlebnis war in der Schule, wenn es galt einen 2 bis 3-seitigen Aufsatz zu verfassen. Er fand das super, und so wurden es meist Werke mit über 30 Seiten. Diese Aufsätze wurden vorgelesen und prämiert.

Sein Traum war Koch zu werden und so schickte ihn sein Vater nach Lenzerheide, zu einem Cousin, der einen Hotelbetrieb führte, in die Schnupperlehre. Gleich musste er als Koch einspringen und die Schikanen nahmen täglich zu. Als er das Zimmer mit weiteren Mitarbeitern teilen musste und sein erster Lohn aus dem Zimmer gestohlen wurde, ging es den Berg runter.

Sein Vater war begeistert, dass die Verwandtschaft aus Ernst einen lebensgerechten Menschen formt, ganz nach seinem Geschmack. Die Mutter war den Tränen nahe, als ihr Sohn die Lehre aufgab. Ernst griff zur äußersten Maßnahme und legte sich beim Unterricht mit dem Rektor an. Er flog im hohen Bogen von der Schule und damit war automatisch das Thema Kochausbildung beendet. Dies war das dritte Schlüsselerlebnis.

Danach begann er in St. Moritz in einem Sportgeschäft eine Lehre als Kaufmann. Der zweite Tag, kurz vor Feierabend brachte den Durchbruch. Da kam eine südamerikanische Familie ins Geschäft. (12 Personen) Das Oberhaupt sagte einen einprägsamen Satz „We need only the best" das kannte er bisher nicht. Nach gut einer Stunde war der Einkauf beendet und Ernst durfte an der Kasse eintippen, da stand die Zahl von CHF 128.000,00. Der Chef fragte ihn „Was schaust Du so?" Er zeigte auf die Kasse und da meinte der Inhaber „Daran wirst Du Dich gewöhnen!"

Das war für ihn eine neue Welt. Kurz darauf kam der Skilehrer, der die Familie gebracht hatte, ins Geschäft und bekam CHF 12.800,00 für die Vermittlung. In dem Moment war für Ernst klar, dass er den Weg gehen wird. Nach der Lehre verließ er das Sportgeschäft. Im Winter war es klar, den Weg als Skilehrer zu gehen. Die Überbrückung war das Thema, also was tun im Sommer und so arbeitete er eine Zeit lang als Hilfsarbeiter bei einer Dachdeckerei. Es war nicht der Traumjob, er brauchte aber Geld und damit wieder Unabhängigkeit. Der Versuch als Tennislehrer oder Golflehrer tätig zu sein, war von kurzer Dauer. Er heuerte bei einer Baufirma an. Wenige Tage später stellte ihm jemand ein Bein, obwohl niemand in seiner Nähe war und er rutschte den Hang herunter. Notarzt, Intensivstation und Therapie. Er ging ins Hallenbad zur Therapie. Dort freundete er sich mit einem der Therapeuten an und fand Gefallen an dieser Arbeit.

Er ließ sich zum Masseur und Therapeuten ausbilden. Sein Traum war, auch Kosmetiker zu sein. Das war zur damaligen Zeit ein Ding der Unmöglichkeit. Die Schulen wollten von einem Mann nichts wissen. Ergo sprach er mit einer Kosmetikerin und machte mit ihr ein

Geschäft, sie bekommt regelmäßig Massagen und bildet ihn dafür zum Kosmetiker aus. Ernst war immer sehr schnell lösungsorientiert. Im Winter war er als Skilehrer tätig. Morgens vor Skibeginn, fuhr er mit seiner tragbaren Massageliege von Villa zu Villa, von Hotel zu Hotel. Danach den Tag über Skiunterricht und abends wieder Massagen und Kosmetikbehandlungen.

Danach als Discjockey, bis frühmorgens. Kurz ins Bett und dann ging es wieder von vorne los. Im Sommer besuchte er seine Gäste im In- und Ausland. Abgeholt von Privatjets, auf Jachten, in Villen. Da verliebte er sich in die Tochter eines Industrieellen. Das fand der Vater nicht so gut. Einen Tag später musste er die Villa verlassen, das war ein herber Schlag in seinem vermeintlichen Erfolgsleben.

Dadurch verstand er, dass man nur reich ist, wenn man das Geld auch selbst in den Händen hält. Als Masseur, Kosmetiker, Skilehrer und Discjockey hatte er ein vierfaches Einkommen. Entsprach aber nie dem Einkommen seiner Gäste, die ihn als Skilehrer zum Beispiel zum Mittagessen einluden. Das kostete gleich mal CHF 600,00, und wenn er als Skilehrer essen ging, waren es gerade CHF 8,00! CHF 800,00 waren sein Monatslohn, das hat ihn sehr beschäftigt.

Für den Sommer hatte er für Australien einen Vertrag als Austauschskilehrer in der Tasche. In der letzten Woche lernte er eine Frau aus Deutschland kennen, die später seine Ehefrau wurde. Er hat es nicht übers Herz gebracht, wegzufliegen und stornierte den Vertrag. Er pendelte einige Jahre zwischen Deutschland und der Schweiz hin und her. Da er nicht als Angestellter arbeiten wollte, startete er mit der Selbstständigkeit als Masseur/Kosmetiker. Um überhaupt Fuß zu fassen, lief er von Haustüre zu Haustüre und klingelte. Ab und an ließ ihn jemand herein und so baute er sich einen kleinen Kundenstamm auf. Um sich stärker zu etablieren, engagierte er sich als Dozent an der Volkshochschule, beim Hausfrauenbund, bei Vereinen/Verbänden. Dadurch gelangte es ihm schnell, sich einen soliden Kundenstamm aufzubauen.

Später kam ein Haus der Schönheit hinzu, die ersten Schönheitsfarmen, eine eigene Naturkosmetik-Produktelinie. Permanente Fort- und Weiterbildungen im In- und Ausland. Er hat in der Schweiz die Chance erhalten, als Referent und Ausbilder für Gesundheitsberufe tätig zu sein. Das machte ihm viel Spaß vor Menschen zu stehen und sie zu lehren. Immer mehr Coachings kamen dazu, Trainings, Seminare und so baute er verschiedene Geschäftszweige auf. Sein größter Wunsch ist dank ganz viel Fleiß und Durchhaltevermögen in Erfüllung gegangen, für andere Menschen da zu sein und ihnen den Weg des Erfolges zu zeigen. Mit zurzeit über 63 Büchern, circa 200 Seminartagen und unzähligen Coachings ist er für die Menschen da. Sein großes Credo „Es gibt ein Leben vor dem Tod!“

Contents

Durability of Strain-hardening Fibre-reinforced Cement-based Composites (SHCC) – State-of-the-art ix

Foreword xi

1 Introduction 1
Gideon P.A.G. van Zijl and Folker H. Wittmann
1.1 Strain-hardening Cement-based Composites (SHCC) 1
1.2 Classification and Scope 2
1.3 Fundamentals of Durability Design for SHCC 3
1.4 Crack Control as Durability Measure 4
1.5 Report Layout 6
References 7

2 Durability under Mechanical Load – Micro-crack Formation (Ductility) 9
Gideon P.A.G. van Zijl
2.1 Introductory Remarks 9
2.2 Ductility as Compared with the Sum of Possibly Imposed Strains 10
2.3 Average and Maximal Opening of Micro-cracks during Strain-hardening 11
2.3.1 Crack Width Evolution with Tensile Strain 13
2.3.2 Fibre Volume 13
2.3.3 Fibre Bond Strength 14
2.3.4 Influence of Matrix Composition 15
2.3.5 Age at Loading, Curing 17
2.3.6 Crack Formation in Shear 19
2.4 Width of Micro-cracks in Loaded and Unloaded Specimens 21
2.5 Influence of Crack Width of Micro-cracks on Permeability and Capillary Suction 22
2.5.1 Water Permeability 23
2.5.2 Gas Permeability 24

2.5.3 Chloride Permeability ... 24
2.6 Sustained and Cyclic Load ... 28
2.7 Fatigue ... 29
2.8 Abrasion ... 33
2.9 Self-healing of Micro-cracks ... 36
References ... 36

3 Durability under Chemical Loads ... 41
Byung H. Oh and Petr Kabele
3.1 Introduction ... 41
3.2 Chloride Environments ... 42
3.2.1 Chloride Penetration: Corrosion Protection of Reinforcement in Concrete ... 42
3.2.2 Effects on Micromechanical Properties ... 44
3.2.3 Self-healing and Effects on Performance in Uniaxial Tension ... 46
3.3 Hydrolysis and Leaching ... 47
3.3.1 Effects on the Fibre-matrix Interfacial Transition Zone ... 47
3.3.2 Effects on Micromechanical Properties ... 49
3.4 Hot and Humid Environments ... 50
3.5 Alkali Environments ... 51
3.6 Resistance with Respect to Sulphate Attack ... 53
3.7 Alkali-aggregate Reaction ... 54
3.8 Conclusions ... 56
References ... 57

4 Durability under Thermal Loads ... 59
Romildo D. Toledo Filho, Eduardo M.R. Fairbairn, and Volker Slowik
4.1 Introduction ... 59
4.2 Behaviour at Elevated Temperatures ... 60
4.3 Thermal Cracking at Early Age ... 62
4.4 Frost Resistance and Action of De-icing Salts ... 64
4.4.1 SHCC Freeze-thaw and De-icing Resistance as Tested According to ASTM ... 64
4.4.2 SHCC Freeze-thaw and De-icing Resistance as Tested with the RILEM TC-117 Procedure ... 66
4.5 Concluding Remarks ... 69
References ... 70

5 Durability under Combined Loads ... 73
Folker H. Wittmann
5.1 Introduction ... 73
5.2 Imposed Strain and Penetration of Aggressive Compounds ... 75
5.3 Frost Action and Permeability ... 77
5.4 Hydrolysis and Ultimate Strain Capacity ... 77
5.5 Mechanical Load and Alkaline Environment ... 77

5.6 Conclusions ... 78
References ... 78

6 Durability of Fibres ... 81
Atsuhisa Ogawa and Hideki Hoshiro
6.1 Introduction ... 81
6.2 Typical Properties of Fibres ... 82
6.3 Durability of PVA Fibre ... 82
6.3.1 Accelcrated Test in Alkaline Environment ... 82
6.3.2 Accelerated Tests in Chemical Exposure ... 84
6.4 Durability of PVA Fibre-reinforced Cement-based Composites ... 85
6.5 Conclusions ... 88
References ... 88

7 Durability of Structural Elements and Structures ... 89
Viktor Mechtcherine and Frank Altmann
7.1 General Remarks ... 89
7.2 Characteristic Mechanical, Environmental, and Combined Loads . 90
7.3 Basics for the Durability Design ... 93
7.3.1 General Remarks ... 93
7.3.2 Protection of Steel Reinforcement from Corrosion ... 93
7.3.3 Durability of the SHCC Matrix ... 95
7.3.4 Fibre Durability ... 95
7.3.5 Fibre-matrix Bond Durability ... 96
7.4 Characteristic Material Properties to Predict Long-term Durability and Service Life ... 96
7.4.1 General Remarks ... 96
7.4.2 Transport Properties ... 97
7.4.3 Strain Capacity of SHCC ... 98
7.4.4 Resistance of SHCC in Aggressive Environments ... 100
7.4.5 Size Effect ... 100
7.5 Examples ... 102
7.5.1 General Remarks ... 102
7.5.2 Patch Repair of Bridge Deck; Michigan, USA ... 102
7.5.3 Surface Repair of Retaining Wall; Japan ... 104
7.6 Summary and Conclusions ... 107
References ... 108

8 Durability, Economical, Ecological, and Social Aspects: Life-cycle Considerations ... 113
Michael D. Lepech
8.1 Introduction ... 113
8.2 Life-cycle Impacts and Costs versus Initial Costs and Impacts of Construction ... 115
8.3 Raw Material Recycling ... 117
8.4 Sustainability ... 121

8.5 Conclusions and Future Research 128
References 129

Key Words Index 133

Durability of Strain-hardening Fibre-reinforced Cement-based Composites (SHCC) – State-of-the-art

Prepared by: RILEM TC 208-HFC, SC 2

Chairmen and Editors: Folker H. Wittmann, Gideon P.A.G. van Zijl*

Members:
Beltzung, Françoise
Fairbairn, Eduardo
Hoshiro, Dickie
Kabele, Petr
Kosa, Kenji
Lepech, Michael
Li, Mo
Li, Victor
Lim, Yun Mook
Mechtcherine, Viktor
Mihashi, Hirozo
Sahmaran, Mustafa
Oh, Byung
Morton, Jerry
Nemecek, Jiri
Rosignoli, Dario
Rossi, Pierre
Slowik, Volker
Tie-jun, Zhao
Toledo Filho, Romildo

*Corresponding author:
Professor G.P.A.G. van Zijl
Department of Civil Engineering
Stellenbosch University
Private Bag X1
Matieland 7602
South Africa
Email: gvanzijl@sun.ac.za
Phone: +27 21 808 4498
Fax: +27 21 808 4947

Foreword

This report captures the state-of-the-art of the durability of fibre-reinforced strain-hardening cement-based composites (SHCC). It has been compiled by the subcommittee on durability of the RILEM Technical Committee 208-HFC: High performance fibre reinforced cementitious composites. The subcommittee is chaired by Professor Folker Wittmann, and co-chaired by Professor Gideon van Zijl. This subcommittee has been active in the period 2005–2009, with yearly meetings in Honolulu, Hawaii (May 2005), Alexandroupolis, Greece (July 2006), Stuttgart, Germany (July 2007), Gifu, Japan (October 2008) and in Stellenbosch, South Africa (November 2009). The committee was inaugurated by its chairman, Professor Victor Li, at the first meeting in Varenna, Italy (September 2004).

In particular, the eight chapters have been compiled by the following subcommittee members:

Chapter 1 – Introduction
  Gideon P.A.G. van Zijl, Stellenbosch University, South Africa
  Folker H. Wittmann, Aedificat Institute Freiburg, Germany
Chapter 2 – Durability under Mechanical Load – Micro-crack Formation
  Gideon P.A.G. van Zijl, Stellenbosch University, South Africa
Chapter 3 – Durability under Chemical Loads
  Byung H. Oh, Seoul National University, Korea
  Petr Kabele, Czech Technical University in Prague, Czech Republic
Chapter 4 – Durability under Thermal Loads
  Romildo D. Toledo Filho, Universidade Federal do Rio de Janeiro, Brazil
  Eduardo M.R. Fairbairn, Universidade Federal do Rio de Janeiro, Brazil
  Volker Slowik, Leipzig University of Applied Sciences, Germany
Chapter 5 – Durability under Combined Loads
  Folker H. Wittmann, Aedificat Institute Freiburg, Germany
Chapter 6 – Durability of Fibres
  Atsuhisa Ogawa and Hideki Hoshiro, Kuraray Co., Ltd., Japan
Chapter 7 – Durability of Structural Elements and Structures
  Viktor Mechtcherine and Frank Altmann, TU Dresden, Germany

Chapter 8 – Durability, Economical, Ecological, and Social Aspects: Life-cycle Considerations
Michael D. Lepech, Stanford University, USA

In addition to a thorough review by the editors, a critical review of the report was performed by Professor Hirozo Mihashi, of Tohoku University, Japan, and Professor Victor C. Li, Michigan University, USA, assisted by Dr. Sahmaran of Gaziantep University, Turkey. We gratefully acknowledge this review panel.

Finally, we hope that this state-of-the-art report contributes to thorough understanding and sound application of this advanced cement-based construction material in civil engineering infrastructure and buildings. It must be born in mind that, however comprehensive we have covered the current knowledge at the time of publication, active research continues to expand and modify the behaviour and characterisation data, but also to address the lack of thorough investigation and understanding of several matters clearly indicated in this report.

Gideon van Zijl
Stellenbosch, January 2010

Chapter 1
Introduction

Gideon P.A.G. van Zijl and Folker H. Wittmann

Abstract This report defines strain-hardening cement-based composites (SHCC) and describes the principles. The scope of the report is fine-grained SHCC with moderate fibre volume content, yet tight crack control over a large strain range. Durability is achieved through crack width limitation. The report layout facilitates SHCC characterisation and durability design, with chapters on durability under mechanical, chemical, thermal and combined loads, followed by durability of structural elements and structures, and finally life-cycle considerations.

Key words: strain-hardening cement-based composites (SHCC), fibre-reinforcement, multiple cracks, ductility, durability

1.1 Strain-hardening Cement-based Composites (SHCC)

It has become possible to design fibre reinforced cement-based composites to desired mechanical and non-mechanical performances. Among the various classes of high performance fibre-reinforced cement-based composites (HPFRCC) that have been developed, a particular class of generally moderate tensile strength (3–8 MPa), but with pseudo strain-hardening tensile behaviour of ultra ductility is of interest here. Fibre-reinforced strain-hardening cement-based composites (SHCC) exhibit superior crack width and spacing control in the pseudo strain-hardening phase, as depicted in Figure 1.1. Composites with such superior tensile response, yet low volumes of short fibre, can be engineered by tailoring the composite ingredients with the aid of micromechanically based formulations (e.g. Li, 1998). This has led to the terminology 'Engineered Cementitious Composites', or ECC, by Li and co-workers

Gideon P.A.G. van Zijl
Civil Engineering Department, Stellenbosch University, South Africa

Folker H. Wittmann
Aedificat Institute Freiburg, Germany

G.P.A.G. van Zijl and F.H. Wittmann (eds.), Durability of Strain-Hardening Fibre-Reinforced Cement-Based Composites (SHCC), DOI 10.1007/978-94-007-0338-4_1, 1–8.

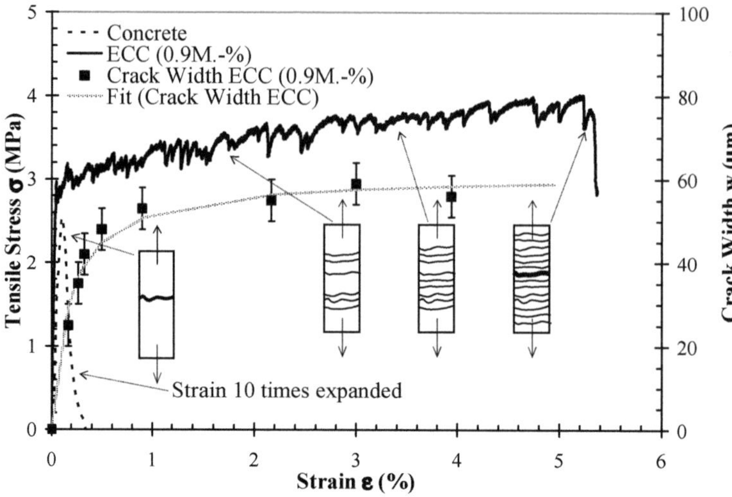

Fig. 1.1 Direct tensile stress-strain response of SHCC showing crack control to less than 65 µm (Weimann and Li, 2003).

for such SHCC materials. In this document the focus is on SHCC, distinguished by its ability to develop multiple, finely spaced cracks of tight crack widths, generally below 100 µm. This crack control may be exploited for its potential inherent durability and the durability it may afford structures (Li and Stang, 2004).

1.2 Classification and Scope

Categorization of HPFRCC may be based on tensile strength and ductility. Two classes define the extremities of tensile ductility and strength in HPFRCC. SHCC has moderate tensile strength but significant ductility (up to and beyond 3% of tensile strain). Ultra-high performance fibre-reinforced concretes (UHPFRC) have high tensile strength, flexural strength (25–60 MPa), as well as extremely high compressive strength (180–240 MPa), but reach these strengths at moderate strain levels. Examples of tensile responses of SHCC and UHPFRC are shown in Figure 1.2. Note that it has recently become possible to design these superior composites with low to moderate fibre volumes ($1\% \leq V_f \leq 3\%$).

In SHCC cracks of small, controlled width arise over a wide range in strain. Fine cracks also arise in the pre-peak region of UHPFRC. In UHPFRC the cracks are generally localised in areas of weakness or positions of maximum internal forces in structural elements, unlike in SHCC where the extreme ductility leads to large pseudo-plastic zones, containing multiple cracks. Degradation processes through a single, or a small number of fine cracks may equally apply to UHPFRC and SHCC in their respective regions of fine crack widths. However, generally these classes of HPFRCC have different mechanisms of resistance to degradation processes. For

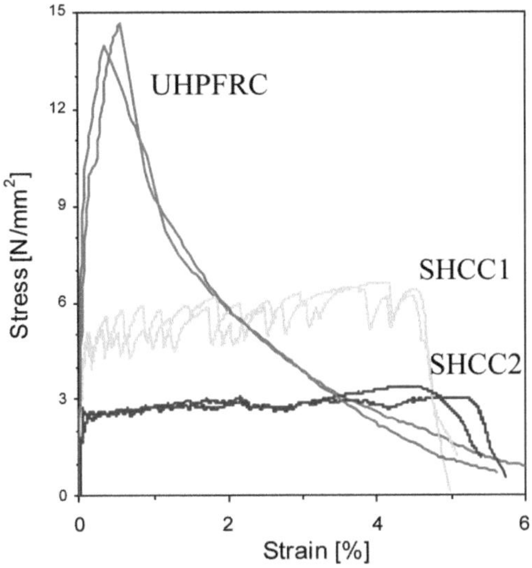

Fig. 1.2 Uniaxial tensile behaviour of classes of HPFRCC (van Zijl, 2008).

instance, UHPFRC usually has a dense matrix, which is highly resistant to capillary suction, whereas SHCC resists long term moisture and chloride diffusion through crack control to fine widths.

A traditional distinction is made between fibre-reinforced cement paste and mortars or renderings and fibre-reinforced concretes, based on the grain size of the matrix. Whereas large aggregate is desirable in several applications of FRC, fine grained matrices, which include only fine aggregates, may be required by the application, manufacturing method, or the required mechanical behaviour of the hardened material. For instance, the manufacturing method of SIMCON and SIFCON entails forcing the fresh cement-based slurry into pre-arranged, dense fibres or fibre mats. This requires a fine aggregate. Ductility, and especially inherent crack control to fine widths and spacing also requires a fine-grained matrix. This categorization in terms of grain size would group UHPFRC together with ultra ductile SHCCs, which have inherent crack control. Ductal (2007) and other UHPFRC based on reactive powder concrete (RPC) technology (Richard and Cheyrezy, 1995) or multi-scale cement composites (MSCC) and fibre-reinforcement for ductility, such as CEMTEC (Rossi, 2000), are fine-grained.

In this report, mainly fine grained SHCC is discussed.

1.3 Fundamentals of Durability Design for SHCC

Tight crack-control by SHCC has the potential of addressing an increasing trend in infrastructure internationally, namely that the portion of total expenditure for main-

Table 1.1 Examples of crack width limitation in RC structures for durability (Carino and Clifton, 1995).

Exposure condition	Tolerable crack width (mm)
ACI 224R, 90	
Dry air or protective membrane	0.41
Humidity, moist air, soil	0.30
Deicing chemicals	0.18
Seawater and seawater spray; wetting and drying	0.25
Water retaining structures	0.10
ACI 318-89	
Interior	0.41
Exterior	0.33
ACI 350R-89	
Normal	0.27
Severe	0.22
CEB/FIP Model Code 1990	
Humid environment, deicing agents, seawater	0.3

tenance and rehabilitation is growing at an alarming rate. Roughly 50% of the total expenditure for construction is needed for maintenance and repair in many countries (Wittmann and van Zijl, 2006). The largest source of damage may be attributed to moisture, gas and salts ingress in cement-based composites like concrete, whereby steel reinforcement is subjected to degradation processes.

This situation motivates great care when developing new construction materials, such as SHCC. In the first place such materials should inherently be durable, and in addition contribute to more durable structures. In this regard SHCC in particular presents a strong potential, by the very nature of pseudo strain-hardening, physically attributed to increasing load capacity during multiple micro-crack formation. It is argued that this potential of SHCC is put under the spotlight in the research efforts towards characterizing and improving the durability of these materials. Thus, this document gathers and presents the state-of-the-art regarding the inherent durability of the SHCC itself, but to a large degree, the durability afforded to structures by crack width limitation whereby ingress of moisture, gas and salts is limited.

1.4 Crack Control as Durability Measure

Crack width limitation or control is a well established concept in RC design. Design standards and codes for concrete suggest limiting values for crack widths for different environments to assure durability of structures built of RC in these environments.

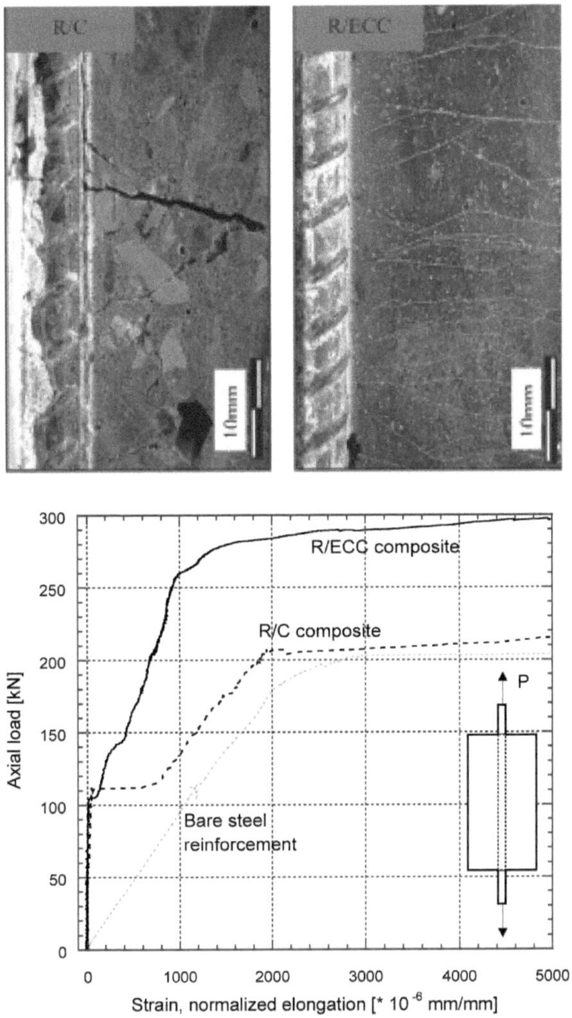

Fig. 1.3 Incompatible tensile deformation in RC vs. compatible tensile deformation in R/SHCC, through ductile, multiple cracking tensile response of SHCC (Fischer and Li, 2004).

A summary is given in Table 1.1. The pseudo strain-hardening in SHCC involves multiple cracks. Thereby individual crack widths are arrested and new cracks arise, which is a form of crack control. This has also been shown for SHCC on the material level (Figure 1.1) and also on the structural scale, steel reinforced SHCC elements (R/SHCC) – see Figure 1.3. This phenomenon may be regarded as an extension of the well-known phenomenon of crack width reduction in reinforced concrete (RC) through rebar size reduction, but increased number of bars to maintain the reinforcement level. However, it should be noted that unlike RC, the crack width in SHCC does not depend on steel reinforcement, but should be regarded as an intrinsic material property (Figure 1.1).

Researchers, for instance Li et al. (2001) and Weimann and Li (2003), have set out to measure the crack width and spacing, to confirm the crack-control in SHCC. The preliminary outcome, which will be discussed in more detail in Chapter 2 of this report, is that crack widths in particular SHCC types are arrested at widths below 80 micrometer.

1.5 Report Layout

This book collects the state-of-the-art knowledge and level of characterization of the durability of SHCC. This will assist in establishing the gaps in knowledge, and help focus research efforts.

An approach towards characterising SHCC durability has been proposed recently as a suggested guideline for the activities of RILEM TC 208-HFC, SC2 (Wittmann and van Zijl, 2006). Based on this proposal the present report shall be structured as follows:

Chapter 2: Durability under Mechanical Load – Micro-Crack Formation (Ductility)

- Ductility as compared with the sum of possibly imposed strains
- Average and maximal opening of micro-cracks during strain-hardening
- Width of micro-cracks in loaded and unloaded specimens
- Influence of width of micro-cracks on permeability and capillary suction
- Sustained and cyclic load
- Fatigue
- Abrasion
- Self-healing of micro-cracks

Chapter 3: Durability under Chemical Loads

- Chloride environments
- Hydrolysis and leaching
- Hot and humid environments
- Alkali environments
- Resistance with respect to sulphate attack
- Alkali aggregate reaction

Chapter 4: Durability under Thermal Loads

- Behaviour at elevated temperatures
- Thermal cracking at early ages
- Frost resistance and action of de-icing salts

Chapter 5: Durability under Combined Loads

- On combined loads

- Imposed strain and penetration of aggressive compounds
- Frost action and permeability
- Hydrolysis and ultimate strain capacity
- Mechanical load and alkaline environment

Chapter 6: Durability of Fibres

- Typical properties of fibres
- Durability of PVA fibre
- Durability of PVA fibre-reinforced cement-based composites

Chapter 7: Durability of Structural Elements and Structures

- Characteristic mechanical, environmental, and combined loads
- Basics for durability design
- Characteristic material properties to predict long-term durability and service-life
- Examples

Chapter 8: Durability, Economical, Ecological, and Social Aspects (Life-Cycle Considerations)

- Life-cycle impact and costs versus initial cost and impacts of construction
- Raw material recycling
- Sustainability

References

Carino, N.J. and Clifton, J.R. (1995). *Prediction of Cracking in Reinforced Concrete Structures.* Report NISTIR 5634, April 1995, Building and Fire Research Laboratory National Institute of Standards and Technology Gaithersburg, MD 20899.

Ductal, http://www.ductal-lafarge.com, accessed 2007.

Fischer, G. and Li, V.C. (2004). Effect of fiber reinforcement on the response of structural members, in *Fracture Mechanics of Concrete and Concrete Structures*, Vail, USA, April 2004, pp. 831–838.

Li, V.C. (1998). Engineered cementitious composite (ECC)-tailored composites through micromechanical modelling, in *Fiber Reinforced Concrete: Present and the Future*, N. Banthia, A. Bentur, A. and A. Mufti (Eds.), Canadian Society for Civil Engineering, Montreal, pp. 64–97.

Li, V.C. and Stang, H. (2004). Elevating FRC material ductility to infrastructure durability, in *Proceedings of the 6th RILEM Symposium on Fiber-Reinforced Concretes (FRC) (BEFIB 2004)*, Varenna, Italy, 20–22 September 2004, pp. 171–186.

Li, V.C., Wang, S. and Wu, C. (2001). Tensile strain-hardening behaviour of Polyvinyl Alcohol Engineered Cementitious Composites (PVA-ECC). *ACI Materials Journal*, November/December, pp. 483–492.

Richard, P. and Cheyrezy, M. (1995). Composition of reactive powder concretes, *Cement and Concrete Research*, 25(7), pp. 1501–1511.

Rossi, P. (2000). Ultra-high performance fiber reinforced concrete (UHPFRC): An overview, in *Proceedings of the 5th International RILEM Symposium on Fiber-Reinforced Concrete (BEFIB 2000)*, pp. 87–100.

Van Zijl, G.P.A.G. (2008). Mechanisms of creep in fibre-reinforced strain-hardening cement composites (SHCC), in *Proceedings of the 8th International Conference on Creep, Shrinkage and Durability of Concrete and Concrete Structures (CONCREEP 8)*, Ise-Shima, Japan, October 2008, pp. 753–760.

Weimann, M.B. and Li, V.C. (2003). Hygral behavior of engineered cementitious composites (ECC), *International Journal for Restoration of Buildings and Monuments*, 9(5), pp. 513–534.

Wittmann, F.H. and Van Zijl, G.P.A.G. (2006). Task Group B – Durability of SHCC Conclusions, in *Proceedings Rilem International Workshop on High Performance Fiber Reinforced Cement-Based Composites (HPFRCC) in Structural Applications*, Honolulu, Hawaii, May 22–27, pp. 109–114.

Chapter 2
Durability under Mechanical Load – Micro-crack Formation (Ductility)

Gideon P.A.G. van Zijl

Abstract A significant modification of the mechanical behaviour of cement composites is brought about by fibre reinforcement. The most important feature is crack bridging by fibres. This leads to pseudo strain-hardening in SHCC. The important feature to be considered for durability design of SHCC, which is the focus in this report, is the crack-control exhibited by this class of materials in the strain-hardening phase. The crack control in SHCC subjected to mechanical actions leading to direct tension, but also shear and compression is described here. Short term monotonic actions, long-term actions as well as cyclic actions are discussed. Another mechanical degradation process, namely that of abrasion is described. Finally, self-healing of SHCC is discussed as a promising durability feature of degradation reversal.

Key words: strain-hardening cement-based composites (SHCC), durability, micro-crack, mechanical load, creep, fatigue, abrasion, self-healing

2.1 Introductory Remarks

An important phenomenon of structural durability is the limitation of crack width, whereby ingress of potentially damaging salts, through media of moisture and gases may occur. In steel reinforced composites, the well-known danger of steel corrosion is a major source of rehabilitation/restoration cost in reinforced concrete (RC) buildings. By limiting crack widths, this source of damage and associated repair cost can be limited, or delayed, whereby repair/maintenance intervals may be increased and life cycle cost of such structures reduced. Carino and Clifton (1995) summarise crack widths in RC, as prescribed by various design codes for limitation of ingress.

In strain-hardening cement-based composites (SHCC) the tensile ductility is caused by the formation of multiple cracks. This is a process of crack control. The

---

Gideon P.A.G. van Zijl
Civil Engineering Department, Stellenbosch University, South Africa

G.P.A.G. van Zijl and F.H. Wittmann (eds.), Durability of Strain-Hardening Fibre-Reinforced Cement-Based Composites (SHCC), DOI 10.1007/978-94-007-0338-4_2, 9–39.

crack widths are limited by the fibre pull-out resistance, whereby other matrix cracks arise, rather than widening of existing cracks. This is in contrast to normal concrete or normal fibre reinforced concrete that exhibits tension-softening, wherein fracture localization occurs once a crack is formed, so that the crack width is unlimited as load capacity decreases. The micromechanical requirements for optimizing this process have been elaborated elsewhere (Li, 1998; Kanda and Li, 1998). While it is not appropriate to repeat the micromechanical base of this class of materials here in detail, it is essential to consider the main mechanisms and parameters which govern the behaviour of these materials under mechanical and environmental actions. This allows objective characterization of the durability of SHCC. In this light the influence of amongst others, fibre type and volume, fibre aspect ratio, matrix composition for its role in determining matrix toughness and strength, as well as fibre-matrix interaction is surveyed and reported. Keeping in mind these parameters, this chapter describes the current state of knowledge of tensile deformation, the possibility of expressing it as tensile strain although it manifests as multiple cracks of finite width, the influence such cracks have on permeability to moisture and gas penetration and finally, the potential of crack healing.

It must be noted that SHCC is a young class of materials in a dynamic development phase internationally. Whilst the basic principles of achieving the required, distinguishing mechanical behaviour of SHCC have been defined, many possibilities of ingredient choice and proportioning exist, rendering the complete characterization of the durability of SHCC virtually impossible at this stage of development. Nevertheless, in the light of the stated parametrisation, generality is introduced as far as possible in the discussions of the current state-of-the-art of the durability of SHCC.

2.2 Ductility as Compared with the Sum of Possibly Imposed Strains

It has been pointed out above that ductility of SHCC is not due to plastic deformation (as in ductile metal attributed to dislocation movement) but due to the formation of multiple micro-cracks. This automatically means that the material is progressively damaged in the strain hardening range. This damage can be observed as a noticeable decrease of the elastic modulus for instance. As long as the width of the micro-cracks remains below a critical value (in many cases below 40 μm), however, the permeability of the cement-based material is not substantially increased. In addition these fine micro-cracks will be closed under favourite environmental conditions again by self-healing. Therefore, with respect to durability, we have to require that the sum of all possibly imposed strains (strain-demand) does not exceed the tensile strain at ultimate load (strain-capacity) so that fracture localization is prevented. In addition, the micro-cracks formed during strain-hardening must not be wider than a critical crack width. Then and then only durability is not affected by imposed strains. The critical crack width has to be determined experimentally for a given type of environmental exposure.

In practice we have to distinguish mechanical strains and strains imposed by environmental actions. The maximum mechanical strain can be estimated from the design load and accidental additional loads. Environmental actions will usually impose hygral shrinkage and swelling strain and thermal strain. These environmentally imposed strains will often be cyclic. In the long run chemically induced strains will have to be taken into consideration in addition. Typical chemical strains are carbonation shrinkage, and swelling due to alkali silica reaction (ASR) and sulphate attack.

Hygral shrinkage strain of SHCC in a moderate climate is in the range of 0.08 to 0.12%. A temperature difference of 50°C imposes a thermal strain of about 0.05%. From these simple considerations it follows that SHCC must allow an imposed strain of at least 0.2% without formation of micro-cracks wider than the critical value. Then the sum of possibly imposed strains will not have a negative influence on durability. In many cases a more precise estimation of the possibly imposed strains will be necessary of course.

2.3 Average and Maximal Opening of Micro-cracks during Strain-hardening

The multiple crack formation, accompanied by tensile pseudo strain-hardening is illustrated in Figure 1.1 in terms of a uniaxial tension test force-displacement result, translated to stress and strain. The notions of stresses and strains are reserved for continua, but are commonly used for the macroscopical description of cement-based material, despite their heterogeneous nature, containing various phases like stone, hardened cement paste and, in the case of SHCC, fibres. Nevertheless, the SHCC with finely spaced, spread-out, fine cracks beyond the elastic range can be treated as a continuum when the stresses and strains in the constitutive description of SHCC denote averages of forces and deformation over a representative volume containing many microcracks. This is particularly justifiable when the microcrack spacings are on the mm scale, and the constitutive laws are used to describe material behaviour in structures on the cm or m scale. The artificial notion of "smeared cracking", which is conveniently used for describing localized cracking in concrete, is in fact an actual, physical phenomenon in SHCC, justifying the expression of strain in these materials.

In Figure 1.1 the typical crack pattern development with increased tensile deformation of a SHCC specimen is shown. After the first crack arises, which indicates the end of the linear stress-strain relation, more cracks arise successively at higher deformation levels. The eventual reduced resistance is introduced by exceedance of the crack bridging capacity at a particular crack, at which location the deformation subsequently localizes.

Table 2.1 Crack width measurements in SHCC, specimen composition, size and test setup.

Li et al. (2001)[1]							Weimann and Li (2003)[2]	Wang and Li (2006)[2]
Ref. nr.	1	2	3	4	5	6	7	8
Cement	1.0	1.0	1.0	1.0	1.0	1.0	1.0	1.0
Water	0.45	0.45	0.45	0.45	0.45	0.45	0.51	0.51
Sand	1.0	1.0	1.0	1.2	1.2	1.2	0.8	0.8
Sand grading	F110			F110				F110
Fly Ash	–	–	–	–	–	–		1.2
V_f	2.0%	2.0%	2.0%	2.0%	2.0%	2.5%	2.0%	2.0%
Fibre type	PVA							
L_f (mm)	12						12	12
d_f (μm)	39							39
E_f (GPa)	42.5							25.8
Oiling agent %	0.3	0.5	0.8	0.5	0.8	0.8		1.2
τ_0 (MPa)	3.5	2.5	2.0					
G_d (J/m^2)	3.0	2.5	2.0					
J_b' (J/m^2)	9.6	10.7	16.5					
σ_{tu} (MPa)	4.60±0.23	4.02±0.40	4.58±0.38	3.92±0.15	4.28±0.17	5.00±0.52		
σ_{fc} (MPa)	3.97±0.28	2.66±0.11	3.11±0.14	3.45±0.14	2.63±0.32	3.39±0.09		
ε_{tu} (%)	1.59±0.35	3.62±0.56	3.68±1.16	1.64±0.60	2.48±1.04	4.59±0.36		
w_c (μm)	44±7	52±10	71±9	45±19	50±9	58±10	Figure 2.1a	Figure 2.1b
Crack spacing (mm)	7.5 ± 2.8	3.5 ± 2.0	2.5 ± 0.3	6.4 ± 1.0	3.9 ± 2.4	1.8 ± 0.3		
Specimen size (mm):								
Length	304						304	304
Width	76.2						76.2	76.2
Thickness	12.7						12.7	12.7
Gauge length	180						180	180
Test age (days)	30							28
Curing	24h in mould, 28 d in water, 1 day air dry							
Test speed	0.15 mm / minute						0.3 mm/minute	0.3 mm/minute
Crack measurement	50 x magnifier, after unloading[1]						Single crack continuous[2]	Single crack continuous[2]

[1]The reported crack widths were measured after unloading, i.e. in the residual tensile deformation state.
[2]Individual cracks were monitored by video microscope during loading, at various strain levels.

Crack widths have been monitored in several experimental studies. The earliest report of crack width measurements is by Li et al. (2001), as part of a SHCC sensitivity study to the parameters fibre bond (varied by surface oiling), matrix toughness (varied by aggregate content variation) and, to a limited degree, fibre volume ($V_f = 2.0$ or 2.5%). The study used Polyvinyl Alcohol (PVA) fibres. Other studies that included crack width measurement were reported by Weimann and Li (2003) and Wang and Li (2006). In all of these studies PVA fibre was used. Nevertheless, the other ingredient and proportioning differences, which are summarized in Table 2.1, allow some conclusions on the crack width in SHCC as influenced by the main governing parameters. This will be discussed in the following sections.

2.3.1 Crack Width Evolution with Tensile Strain

Also shown in Figure 1.1 is the crack width evolution with tensile strain. It should be noted that the crack width in that figure is that of a single crack, which was monitored throughout a uniaxial tensile test. This was done on a small rectangular tensile specimen, of dimension given in Table 2.1, as tested by Weimann and Li (2003). Similar observations were done by Li et al. (2001) and Wang and Li (2006), as shown in Figure 2.1. Note that due to fibre dispersion non-uniformity, it may be expected that crack width may vary from one crack plan to another, so that crack width on a given specimen is not a single number, but shows a statistical distribution.

It appears that, for the particular types of SHCC tested thus far, all containing PVA fibres in the range $2.0\% \leq V_f \leq 2.5\%$ and similar matrices as indicated in Table 2.1, the crack width is arrested at a strain level of less than 1% at an average value in the range of 50–60 μm. Subsequently, more cracks arise in the specimen upon increased tensile straining, while widening of the existing cracks is negligible. It is postulated that a crack width increase must take place to develop the higher crack bridging resistance demanded at increased tensile strain, to realise the pseudo strain-hardening behaviour. Either fibre slip or fibre stretching or both can lead to such increased resistance. From the shown crack measurements this effect appears to be insignificant.

2.3.2 Fibre Volume

The only direct comparison is possible from the research results of Li et al. (2001), who tested similar PVA-SHCC specimens with $V_f = 2\%$ and $V_f = 2.5\%$, as listed in Table 2.1 under reference numbers 5 and 6. Whereas the fibre volume increase led to increases in both the ductility, in terms of the ultimate tensile strain, and the ultimate tensile strength, the crack width changed insignificantly. Note that these crack widths were measured on specimens in the unloaded state, after a monotonic tensile test up to and beyond the ultimate strength. This means that the crack widths on the lower fibre volume specimens occurred at a significantly lower residual tensile strain level, in the region of 2%, than the higher fibre volume specimens (in the region of 4%).

This result agrees with the concept of crack width arrest in SHCC, after which more cracks arise, rather than widening of individual cracks. Arguably, at a higher fibre volume the crack opening displacement to achieve the required crack bridging strength for subsequent cracks to form will be lower, due to a larger number of fibres bridging the crack in a matrix otherwise identical. If fibre interaction is ignored, the crack width reduction should be proportional to ratio of the fibre volumes, i.e. the crack width for $V_f = 2.5\%$ should reduce to 80% of that for $V_f = 2.0\%$ at the same stress level. This remains to be confirmed in future test programs.

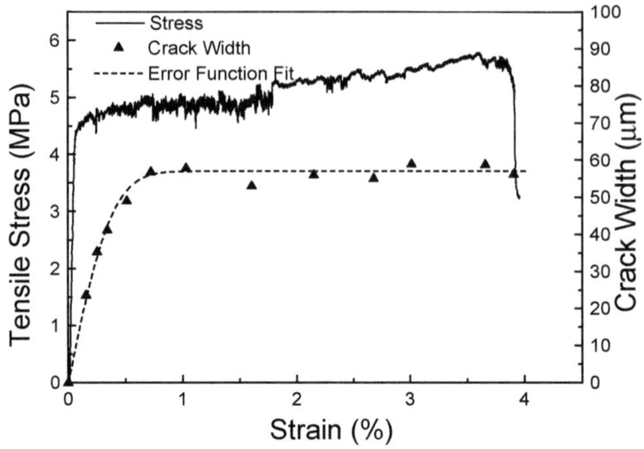

(a) Li et al. (2001)

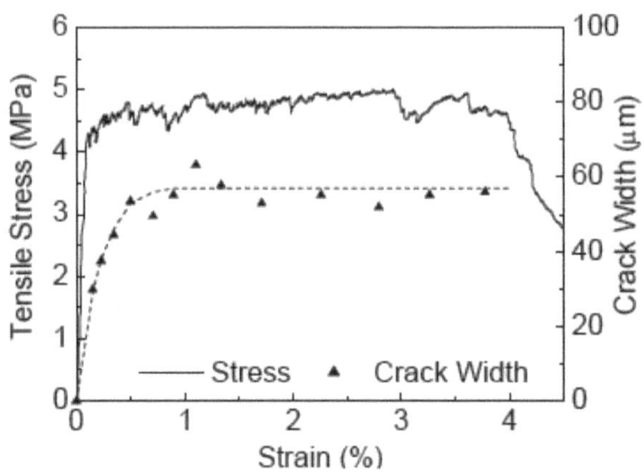

(b) Wang and Li (2006)

Fig. 2.1 Width evolution of an individual microcrack under uniaxial tension.

2.3.3 *Fibre Bond Strength*

Evaluation of this influence is possible by comparison of the results for specimens with reference numbers 1–3 in Table 2.1. For these specimens, the frictional fibre bond (τ_0) was reduced from $\tau_0 = 3.5$ MPa (0.3% coating) to $\tau_0 = 2.0$ MPa (0.8% coating), while the chemical bond (G_d) was reduced from 5.0 to 2.5 J/m^2 for the coinciding increased oil coating level. These results were established by single fibre pull-out tests (Li et al., 2001). This realises in an increased complementary energy of the fibre bridging stress-crack opening response (J_b'), Figure 2.2.

From the resulting crack width and spacing measurements in Table 2.1 for these specimen types it is clear that the reduced fibre bond leads to a reduced crack spa-

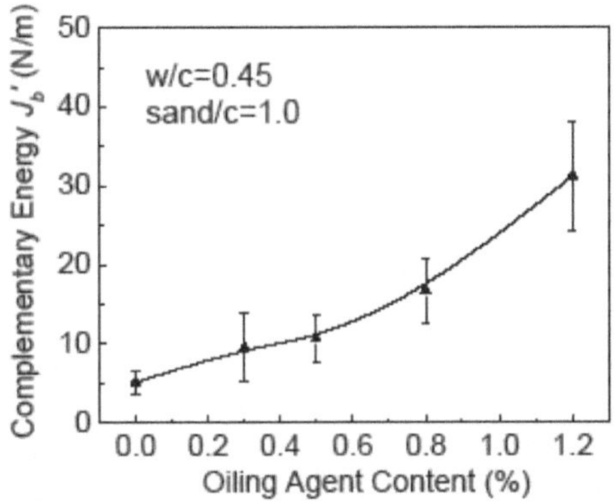

Fig. 2.2 Fibre bridging stress-crack opening complementary energy (J_b') increase with PVA fibre oil coating level increase (Wang and Li, 2006).

cing (from 7.5 to 2.5 mm), although the average crack width is increased from 44 to 71 μm. It must be noted once again that the crack widths were measured after removal of the load, which means that the residual tensile strain level was significantly lower ($\varepsilon_{tu} = 1.6\%$) for specimens with the high fibre bond than for those with weaker fibre bond ($\varepsilon_{tu} = 3.7\%$).

It is postulated that the fibre bond strength governs the ductility for this class of SHCC, rather than the crack width in the strain hardening phase. Thus, for objective characterisation of the influence of the fibre bond strength on the crack width evolution in SHCC, crack width measurements should be done at the same strain levels.

2.3.4 Influence of Matrix Composition

From the current level of micromechanical understanding and modelling, the governing parameters in the mechanical response of SHCC are the fibre factors such as fibre volume V_f, fibre length L_f, fibre diameter d_f, fibre strength and stiffness, the matrix factors such as strength, matrix toughness and maximum aggregate size (initial flaw size), and the fibre-matrix interfacial properties reflected by the frictional and chemical bond. In each of these groups of parameters, several variations are possible. In this section the influence of the matrix composition on the crack width is discussed.

Note that reference is often made to the fibre factor (FF), which combines fibre volume, length and diameter as follows

$$\mathrm{FF} = V_f \frac{L_f}{d_f} \tag{2.1}$$

2.3.4.1 Aggregate Content

Whereas the role of aggregate in the tensile mechanical behaviour of certain types of SHCC has been studied intensely (Li et al., 1995, 2001; van Zijl, 2005), not sufficient crack measurements are available to draw conclusions on its influence on crack width evolution. It has been clearly demonstrated that the matrix strength, expressed by the first cracking strength (σ_{fc}), and toughness, expressed by the crack tip toughness (J_{tip}), are increased with increased sand content. Thereby tensile ductility is reduced for a given fibre factor. It has been demonstrated theoretically that the ratio between the complementary energy (J'_b) of the fibre bridging stress-crack opening, to the matrix crack tip toughness must be larger than one for strain hardening, i.e. $J'_b/J_{\text{tip}} > 1$. However, the requirement for this ratio has been measured to be $J'_b/J_{\text{tip}} \geq 3$ (Kanda and Li, 1999) for multiple cracking saturation, reflecting material variability not accounted for in theoretical models.

From the available data in Table 2.1, in particular specimens numbers 2 and 4, the reduced tensile ductility is confirmed with even a slight increase in aggregate to cement proportion from 1.0 to 1.2. Nevertheless, the average crack width is insignificantly changed, keeping in mind the different residual strain levels at which they were measured. However, the crack spacing is nearly doubled with this increase in aggregate content.

2.3.4.2 Cement Replacement by Fly Ash and Slagment

The role of fly ash (FA) in the mechanical behaviour of certain classes of SHCC has been studied by several research groups, for example Peled and Shah (2003), Song and van Zijl (2004), Wang and Li (2006). Cement replacement with FA has been shown to reduce the matrix strength, seen in Figure 2.3 for specimens with $FA/C = 1.4$. It has been postulated that the fibre-matrix interfacial zone is modified, leading to improved fibre slip from the matrix instead of fibre breakage. Measurements show reduced chemical bond but higher frictional bond with increase of fly ash. Thus both matrix and interface properties are modified, illustrated by the increased ratio J'_b/J_{tip} in Figure 2.4 (Wang and Li, 2006).

In contrast, cement replacement with large quantities (up to 50% by mass) of ground granulate Corex slagment (slag), led to a strong matrix (Figure 2.3). Of importance here is the crack patterns associated with these classes of SHCC. Although the crack widths were not measured, it is clear that the crack width and spacing are significantly larger for the slag-SHCC than for FA-SHCC. Note that the mix design for these specimens was otherwise similar in terms of fibre type (PVA, $L_f = 12$ mm, $d_f = 40$ μm) and volume (2.5%), aggregate content (aggregate/binder = 0.5) as well as water content (water/binder = 0.4).

Consider the crack width measurements for the specimens with reference number 8, Table 2.1 and Figure 2.1b. These specimens, containing large quantities of FA, show comparable crack widths with those of specimens without FA. As a general indication, the large stress fluctuations seen in Figure 2.3 (top) are indicative of lar-

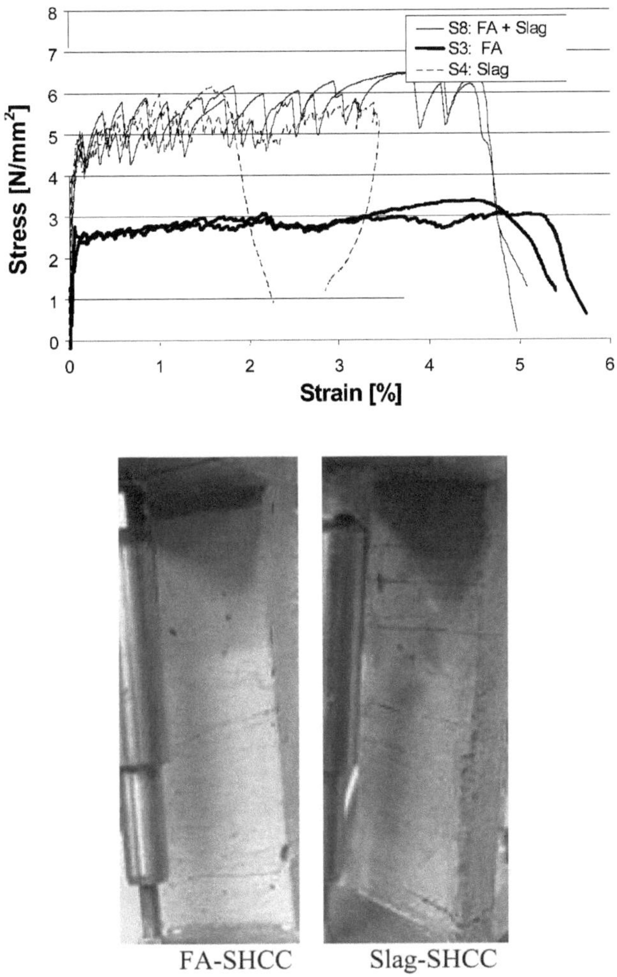

Fig. 2.3 Tensile stress-strain responses of FA-SHCC and slag-SHCC (Song and van Zijl, 2004).

ger crack widths. This may even occur in matrices without slag, but for composites with fibre volume approaching the critical level for pseudo strain-hardening.

2.3.5 Age at Loading, Curing

It must be noted that the crack width determination was on relatively young specimens, loaded 28 days after casting. There is evidence that SHCC becomes more brittle with aging, as found in the results of direct tensile testing at various ages of PVA-SHCC by Wang and Li (2005), as well as Lepech and Li (2005). Due to the

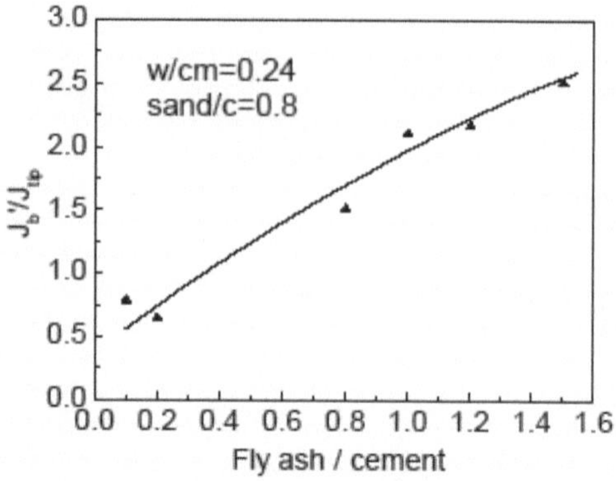

Fig. 2.4 FA content driven improvement of complementary energy: toughness ratio, critical for multiple, fine cracking (Wang and Li, 2005). The mix contained PVA fibre at $V_f = 2\%$, 1.2% oil coating.

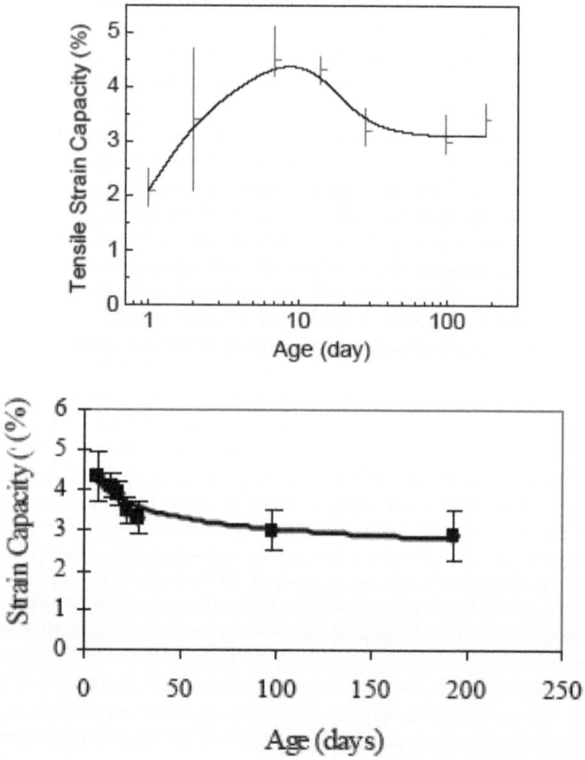

Fig. 2.5 Reduction in tensile strain capacity with aging of SHCC by (top) Wang and Li (2005) and (bottom) Lepech and (Li 2005).

delicate balance of binder matrix, fibre, and matrix/fibre interface properties, the strain capacity of SHCC changes during maturing. A gradual decrease of this value was observed by Li and Lepech (2005) from approximately 5% at the age of 10 days to approximately 3% at the age of 180 days, which is a result of the continued hydration process. Figure 2.5 shows the reduced tensile strain capacity with increased loading age of specimen reference number 8 in Table 2.1. This figure also shows that the material reaches a steady state strain capacity value at approximately 3% after about 80 days. As an important mechanism of tensile strain capacity, multiple crack formation must lie at the basis of this aging symptom. It remains to be verified on older specimens whether crack widths are indeed arrested and to what crack width level.

2.3.6 Crack Formation in Shear

The intrinsic crack control of SHCC may be beneficial in applications where tensile or pure flexural conditions dominate, but crack control also in other, more general conditions, including shear, will extend its applicability. It will be argued in subsequent sections that if cracks are controlled to within a threshold level below which ingress rates of water, gas and chlorides are insignificant, durability of cement-based composites, and particularly SHCC and R/SHCC is improved.

Li et al. (1994) executed Ohno-type shear beam tests (Arakawa and Ohno, 1957) on SHCC containing 2% by volume high molecular weight Polyethelene fibre (SPECC). This SHCC contained no sand, but only cement paste with water:cement mass ratio of 0.27. For comparison several other beams were tested, fabricated of plain concrete (PC), reinforced concrete (RC), FRC (1% by volume steel fibres) and DRECC, containing a similar cement paste as the SPECC, but with 7% by volume Dramix steel fibre (6 mm × 0.15 mm diameter, brass coated steel fibres).

Figure 2.6 shows the setup, as well as average shear stress-strain results, including crack width evolution. The PC results have been omitted, as it fails immediately at first crack. In the RC specimen two large diagonal cracks are formed at a load level approximately equal to the failure load of the PC specimen. The crack widths at this load are in the range from 0.1 to 1 mm. At the peak load, a third large crack forms suddenly due to failure of the bond between the steel shear reinforcement and the concrete. In the FRC specimen a large diagonal crack formed just after first crack, of which the width was in the range 0.1 to 1 mm, which is beyond the threshold level of insignificant penetration rate of water gas and chlorides. In the two SHCC specimens (SPECC, DRECC), cracks with width smaller than 0.1 mm developed in the strain hardening region following first cracking. In this region a large number of small cracks were formed in SPECC. Thus evidence has been presented that the multiple, controlled cracking described under tension and flexure is retained under shear.

Van Zijl (2007) derived an appropriate geometry for an SHCC Iosipescu-type shear test (Iosipescu, 1967). By the derivation of an appropriate geometry, with spe-

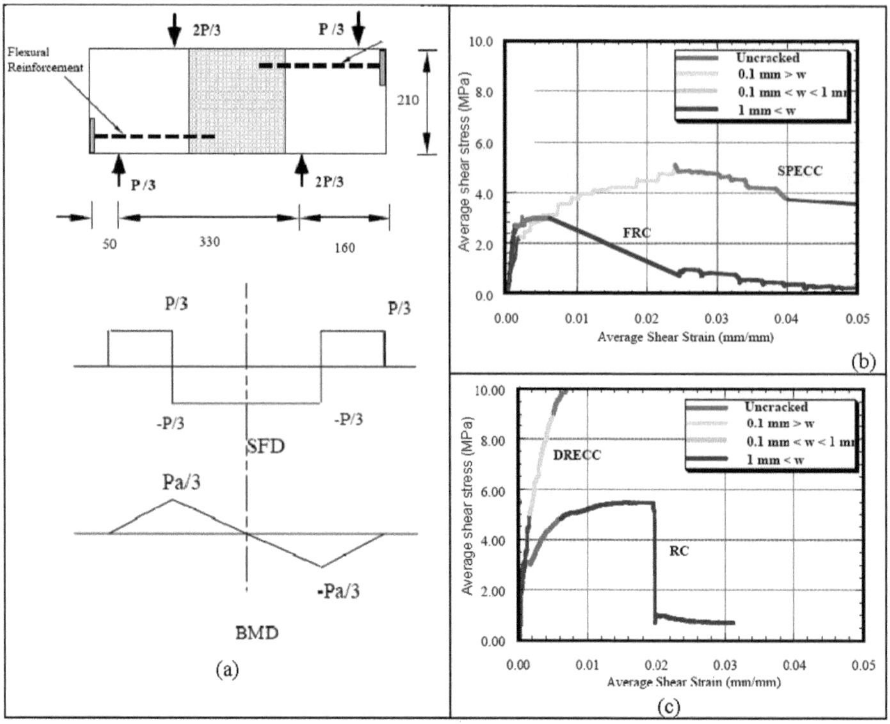

Fig. 2.6 Ohno-type shear test setup for SHCC and other beams by Li et al. (1994). Dimensions in mm.

cial care for the notch geometry, an approximately uniform shear stress distribution is induced along the specimen height at the position of pure shear (zero bending moment). In addition, the risk of failure in bending away from the pure shear section is reduced, whereby the pure shear behaviour can be studied in the elastic, but also the post first cracking region and eventual localisation in the pure shear plane. The setup is shown in Figure 2.7.

A test series was performed on specimens containing ingredients listed in Table 2.2, containing a small amount of ground granular corex slagment (GGCS) and various levels of PVA fibre volume proportions ($L_f = 12$ mm, $d_f = 40$ µm). The results clearly showed that the multiple, fine cracking to a width below the durability threshold is retained in pure shear of SHCC, i.e. for specimens with $V_f = 2\%$ and $V_f = 2.5\%$.

Table 2.2 SHCC shear specimens mix ingredients and proportions by mass (van Zijl, 2007).

	Cement	Fly Ash	GGCS	Water	Sand	V_f (%)
S1	0.5	0.45	0.05	0.4	0.5	0
S2	0.5	0.45	0.05	0.4	0.5	1
S3	0.5	0.45	0.05	0.4	0.5	2
S4	0.5	0.45	0.05	0.4	0.5	2.5

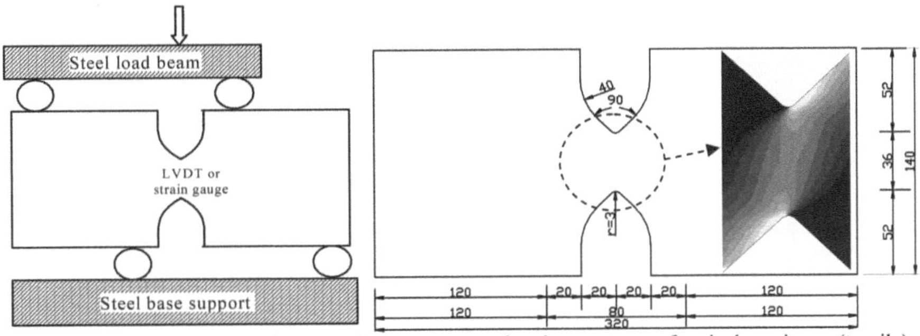

(a) Final SHCC Iosipescu-type shear specimen geometry, showing contours of typical maximum (tensile) principal stress (white max., black min.)

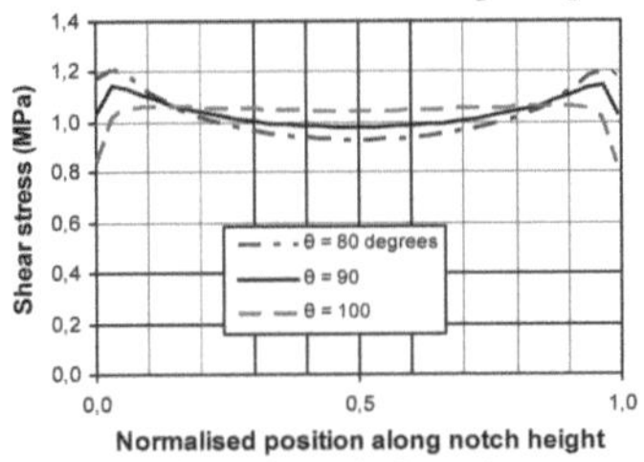

(b) Influence of notch angle θ on shear stress along notched section height

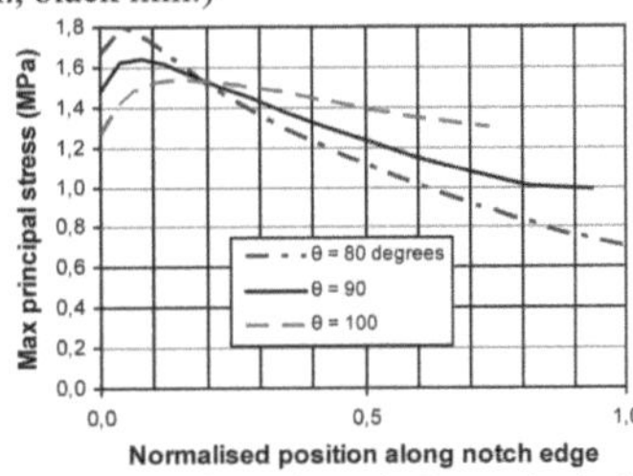

(c) Influence of notch angle θ on principal stress along notch edge

Fig. 2.7 Ioscipescu-type shear test setup for SHCC by van Zijl (2007).

2.4 Width of Micro-cracks in Loaded and Unloaded Specimens

The crack width measurements reported in Section 2.2 have been either on specimens in the loaded state (reference specimens numbers 7, 8 in Table 2.1) or after unloading (reference numbers 1–6 in Table 2.1). Furthermore, the measurements in the unloaded state were at different permanent deformation levels for different specimens. However, continuous monitoring of single cracks during the loading phase of reference number 6 is shown in Figure 2.1b. The crack width of the single crack monitored during loading, which stabilises at a width in the range 50–60 μm, is comparable with the average width measured in the unloaded state (58 μm). However, this effect remains to be studied in a systematic way, measuring crack widths at similar deformation levels in the loaded and unloaded state.

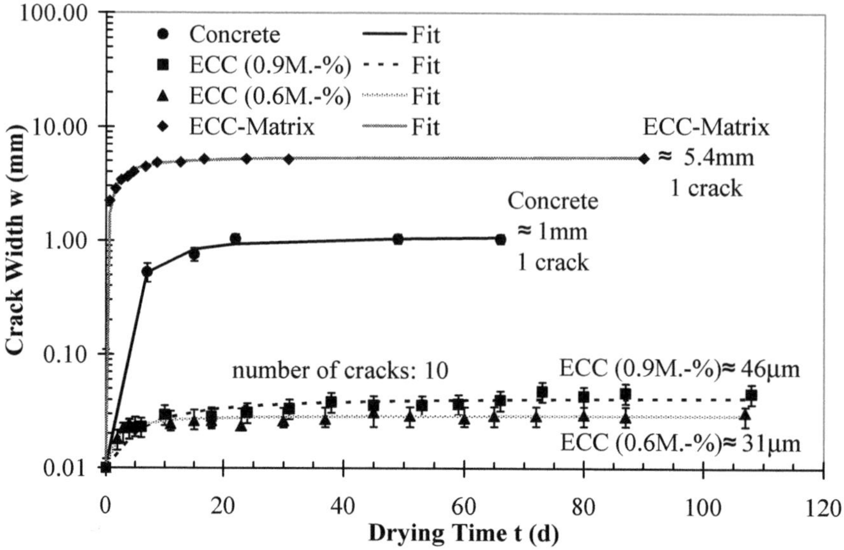

Fig. 2.8 Crack width evolution of SHCC (mix reference number 7, Table 2.1) in drying shrinkage ring test (Weimann and Li, 2003).

An indication of crack width under load is given by the average crack widths measured on specimens of mix reference number 7 in Table 2.1, subjected to restrained drying shrinkage in a restrained shrinkage ring test (Weimann and Li, 2003). Separate, free shrinkage tests indicated that the maximum drying shrinkage strain of this SHCC composite is in the range from 0.17 to 0.25% when drying from saturation (100% moisture content) to 0% moisture content. Under similar environmental conditions, cracks of average width 46 μm were measured for this material in the ring shrinkage test (Figure 2.8).

2.5 Influence of Crack Width of Micro-cracks on Permeability and Capillary Suction

Resistance to moisture, gas and salt penetration is an important mechanism of cement-based materials durability. Either the material degradation or reinforcing steel corrosion may be consequents of such ingress. Resistance to moisture, gas and chloride ingress is a measure of the susceptibility of SHCC to such degradation processes. General consensus exists that capillary sorption and moisture diffusion are models describing the most important mechanisms of moisture ingress and migration. In the near surface zone capillary sorption dominates moisture intake (Neithalath, 2006) while moisture diffusion governs the longer term migration of water in the material through the micro-pores (Bažant and Najjar, 1971; Neithalath, 2006). By matrix densification the capillary absorption is significantly reduced in

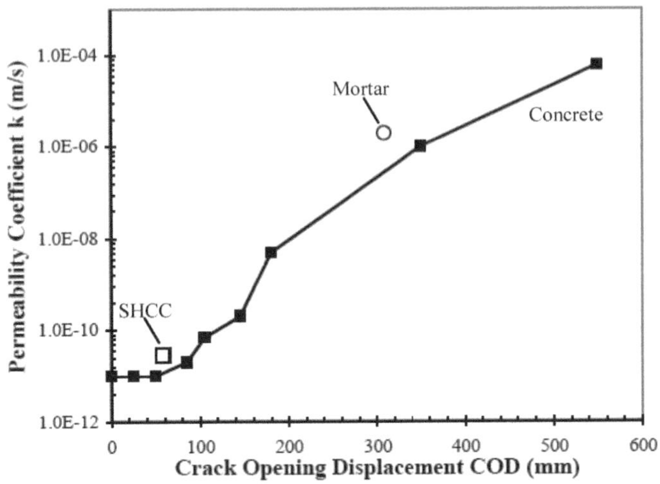

(a) Concrete (Wang et al., 1997) and SHCC (reference number 8, Table 2.1, Li and Stang, 2004)

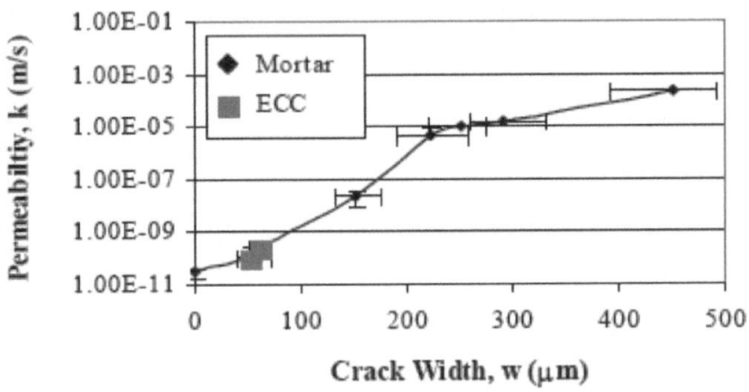

(b) ECC (SHCC reference number 8, Table 2.1) and steel wire mesh reinforced mortar (Lepech and Li, 2005)

Fig. 2.9 Water permeability as function of crack width of cement-based composite materials.

UHPFRC (Kunieda et al., 2007). In SHCC diffusivity is reduced by inherent crack control (Lepech and Li, 2005; Sahmaran et al., 2007).

2.5.1 Water Permeability

Whereas permeability to water, gas and chlorides in the virgin state is an indication of material durability, exploitation of the superior mechanical qualities of SHCC will lead to microcracking in the service state in structural applications of these materials. The significance of crack width with regard to water permeability has been studied for concrete (Wang et al., 1997). The water permeability of concrete was shown to decrease by seven orders of magnitude as the crack width decreases from 550 to below 100 μm (Figure 2.9). Li and Stang (2004) found that the permeability of cracked SHCC of type reference number 8 in Table 2.1, as well as a cracked steel wire mesh reinforced (2.9%) mortar are in reasonable agreement with the permeability of cracked concrete, when both have the same laboratory controlled crack width. This is shown in Figure 2.9a. Lepech and Li (2005) also performed water permeability studies for steel wire mesh reinforced mortar cracked to various crack width levels, confirming the dominance of the crack width on permeability control, as opposed to the cement-based composite type. These results are shown in Figure 2.9b. The permeability study of cracked SHCC and mortar was performed on specimens of dimension 75 mm × 180 mm × 12 mm which had been pre-cracked in a uniaxial tensile test up to a tensile strain of 1.5%.

It must be noted that the number of cracks in the specimen represented in Figure 2.9a differ. The imposed tensile deformation resulted in 10 cracks of approximately 300 μm width in the reinforced mortar, as opposed to 50 cracks of average width 60 μm in SHCC. In Figure 2.10 the total permeability and the permeability normalised by the number of cracks in the specimen are compared for ECC (SHCC, reference number 8, Table 2.1) and reinforced mortar at various crack width levels. Note that all these permeability tests were performed on specimens after unloading of the mechanical load, with which the cracking was imposed.

In contradiction, the flow rate was found to be lower in FRC than in plain concrete by Tsukamoto (1990), ascribing it to the increased tortuosity of the cracks in the presence of fibre. However, the difference in flow rate becomes negligible when the crack width is below 100 μm. This threshold value is in agreement with results of permeability tests by Rapoport et al. (2001) on steel fibre reinforced concrete (SFRC). The steady state permeability of SFRC specimens, cracked by Brazilian split test to different levels of crack width, was insensitive to the fibre volume content level, for crack widths up to 100 μm. The crack width in the SHCC in Figure 2.10 is 60 micron.

2.5.2 Gas Permeability

Up to date no systematic study of permeability to gas penetration as a function of crack width has been performed for SHCC.

2.5.3 Chloride Permeability

Increased crack width can be related to higher chloride penetration rate in cement composites. Chloride ingress and migration in cement composites is predominantly

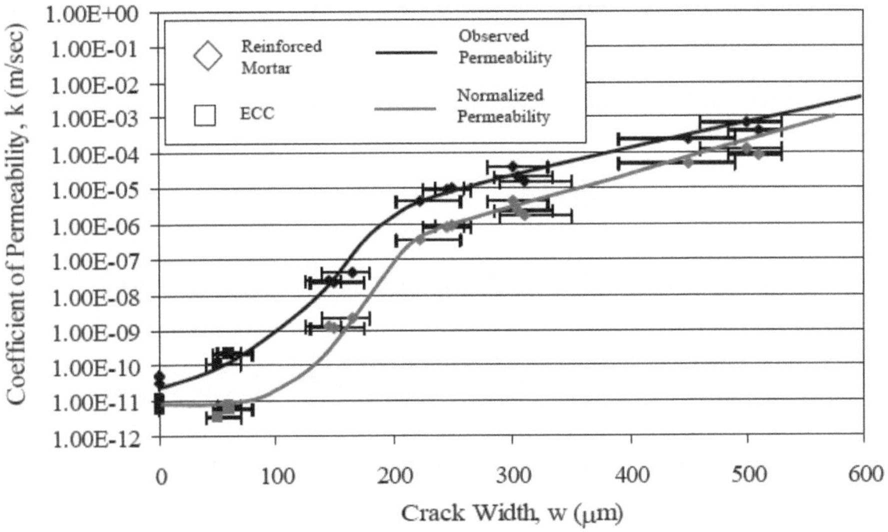

Fig. 2.10 SHCC and steel mesh reinforced mortar water permeability normalised by the number of cracks (Lepech and Li, 2005).

as solvent in moisture, thus sharing the driving mechanisms of absorption and diffusion. Sahmaran et al. (2007) studied chloride penetration and permeability of SHCC in comparison to mortar. Based on results of immersion tests, chloride penetration depth was found to be reduced in uncracked SHCC specimens compared to uncracked mortar. Based on ponding tests of pre-cracked specimens, the effective chloride diffusion coefficient was found to be strongly dependent on crack width in mortar (Figure 2.11a). The diffusion coefficient in SHCC was found to be comparative for equal crack widths in SHCC and mortar. However, the crack width in SHCC was found to be insensitive to the deformation level, which in this case was induced by four point bending. This explains the diversion of chloride diffusivity of mortar specimens from that of SHCC with increased deformation level (Figure 2.11b).

The reduced penetration depth in SHCC versus reinforced mortar/concrete is confirmed by observations of Maalej et al. (2002) and Miyazato and Hiraishi (2005), in comparative SHCC and concrete beams loaded in flexure to the same deflection (see Section 3.2.1).

Sahmaran et al. (2007) performed chloride diffusion tests on preloaded beams subjected to chloride solution ponding. The effective diffusion coefficient of SHCC was found to be linearly proportional to the number of cracks (see Figure 2.12), whereas the effective diffusion coefficient of reinforced mortar is proportional to the square of the crack width. Therefore, the effect of crack width on chloride transport was more pronounced when compared to that of crack number. From the results of this study, it is concluded that SHCC is effective in slowing the diffusion of chloride ion under combined mechanical and environmental (chloride exposure) loading, by virtue of its ability to achieve self-controlled tight crack width.

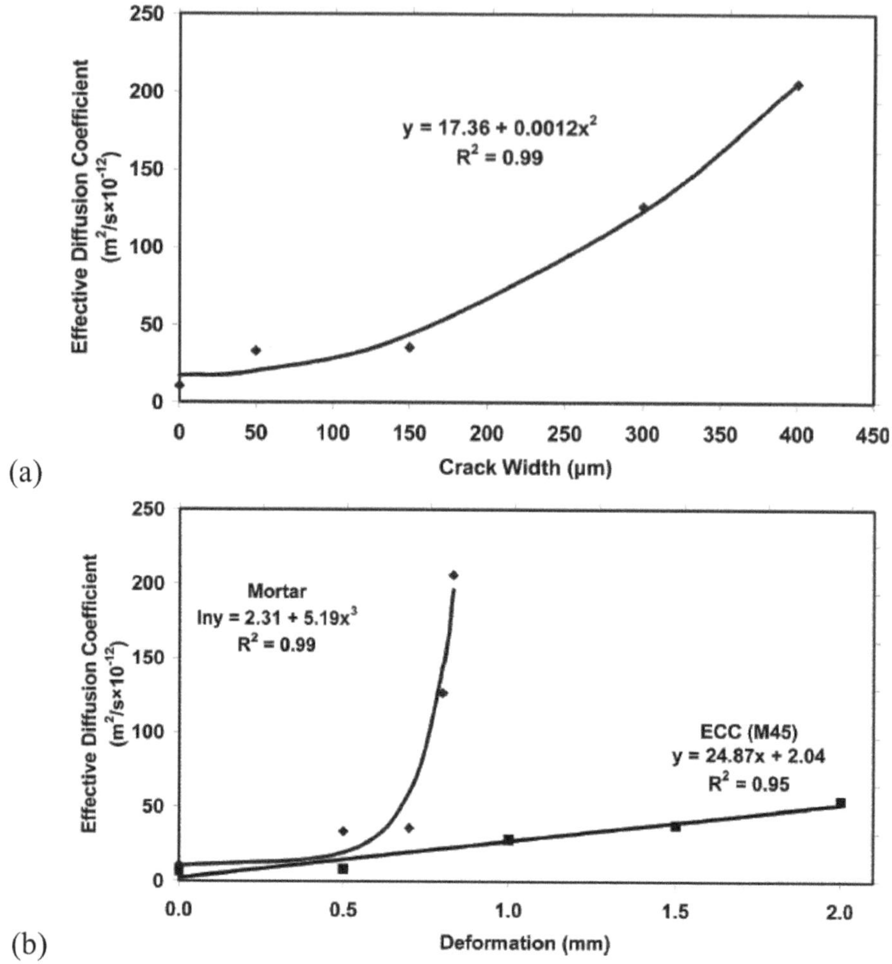

Fig. 2.11 Diffusion coefficient versus (a) crack width for mortar deformed under bending load, (b) deflection of SHCC and steel mesh reinforced mortar (Sahmaran et al., 2007).

Oh and Shin (2006) tested SHCC to measure chloride diffusivity in cylinder specimens that were subjected to various numbers of cyclic loadings in compression. PVA fibres with a length of 12 mm and a diameter of 0.04 mm were used in the tests. The fibre content was 2% by volume. The cylinder specimens of Ø100 × 200 mm were loaded in compression up to 55, 70 and 85% stress level of static strength for 1,000, 10,000 and 100,000 cycles, respectively.

After unloading, the specimens with the length of 50 mm were cut off from the central portions of the cylindrical specimens for chloride permeability tests. The chloride resistance was evaluated by the amount of charge passing through the specimens. The chloride penetration test used in this study is based on the standard of

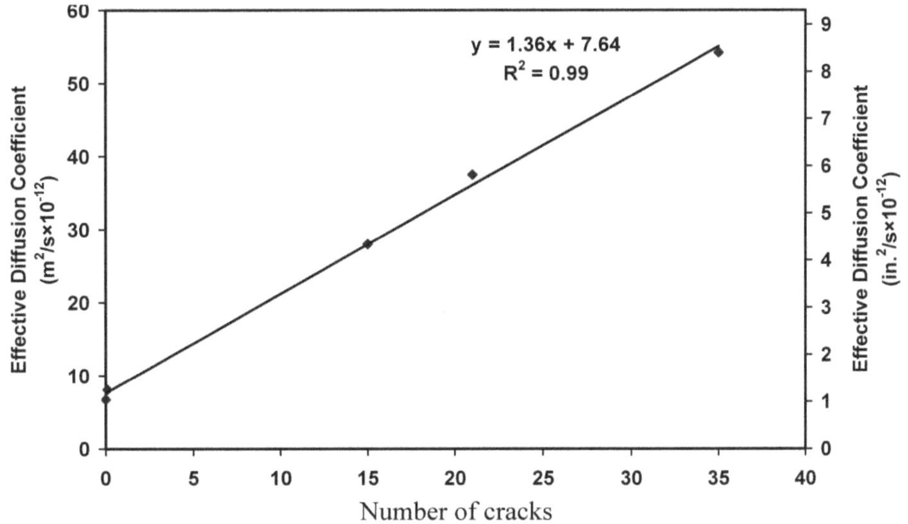

Fig. 2.12 Effective chloride diffusion coefficient versus number of cracks for SHCC (crack width at 50 micron) (Sahmaran et al., 2007).

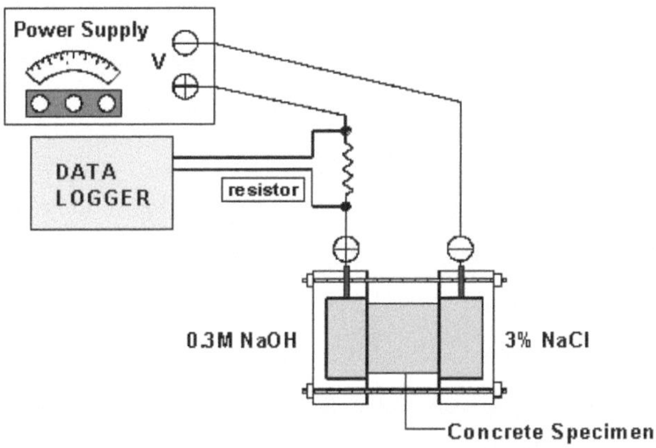

Fig. 2.13 Test setup for measurements of chloride ion penetration (Oh and Shin, 2006).

Nord Test Build 492 – Non-Steady State Migration Test (NT BUILD 492, 1999). Figure 2.13 shows the test setup for measurement of chloride ion penetration conducted by Oh and Shin (2006).

Figure 2.14 shows the test results for the relative chloride diffusion coefficients of various specimens after applied cyclic loads. Figure 2.14 exhibits the relative ratios of residual axial strains and chloride diffusion coefficients at larger load cycles of 10,000 and 100,000 cycles to those values at 1,000 cycles under the cyclic load level 55%, respectively. It can be seen that the residual strain after 100,000 cycles at the

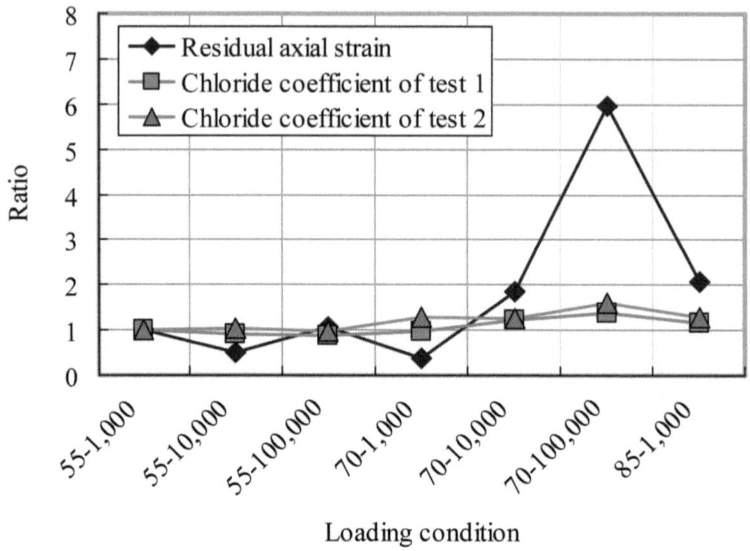

Fig. 2.14 Relative ratios of residual strains and chloride ion penetration coefficients after cyclic loadings (Oh and Shin, 2006).

stress level of 70% is 6 times as large as that after 1,000 cycles at 55% stress level, which indicates that the specimen is significantly damaged due to a large number of repeated loading under high stress level. However, the chloride permeability coefficient is not increased as significantly as can be seen in Figure 2.14, even though the residual strain due to damage is very large. This is due to the very fine internal microcracks in the specimen that do not cause any drastic increase of permeability. This is again due to the beneficial effect of fine cracking due to high performance fibres in the specimen.

2.6 Sustained and Cyclic Load

It is essential that crack control is maintained in service conditions. For structures subjected to cyclic loads, or relatively high permanent/sustained loads, cracks must remain restricted to below the threshold width beyond which highly increased moisture, gas and chlorides ingress.

Figure 2.15 schematises examples of cyclic and sustained tensile loading conditions, showing also the typical response to monotonic tensile load. Jun and Mechtcherine (2007) performed such tests on SHCC under creep, as well as force and displacement-controlled cyclic loads. The number of tests under each loading condition was limited, not sufficient to give a sound statistical base. Nevertheless, their results indicate limited sensitivity to such loading conditions of the total number of cracks that arose at the same level of total deformation. The most significant deviation was a roughly 20% lower average number of cracks under deformation controlled cyclic loading. Note that the sustained stress level and the upper tensile stress levels in the cyclic tests, are close to and above the stress at first crack.

Boshoff (2007) performed tensile creep tests on pre-cracked SHCC specimens. The specimens were subjected to a tensile deformation causing average strain of 1%. This is shown schematically in Figure 2.15b. Subsequently, tensile creep loads of 30, 50, 70 and 80% of the ultimate tensile strength were applied. This simulates a large live load which causes the SHCC member to enter the strain-hardening region, after which the live load is removed and the load drops to the respective sustained load level. In these experiments, the initiation of new cracks during the sustained load phase was observed. However, under these loading conditions, fewer cracks formed under the creep loads than under monotonic deformation-controlled tensile loading to the same level of deformation. Specifically for the high sustained load (80%), a larger crack spacing and associated wider cracks were observed. Accurate measurement of time-dependent crack width under sustained tensile load remains to be performed, and is a current research focus.

From the creep results it appears that crack initiation (see for example Figure 2.16a), width evolution as well as matrix creep contribute to creep deformation. In studying a mechanism of crack width increase under creep load, Boshoff (2007) performed single fibre pull-out tests under monotonically increasing pull-out displacement, as well as under tensile creep load. In all single fibre creep tests complete pull-out occurred, albeit delayed with up to 70 hours under a load of half the peak bond resistance. This is indication that this time-dependent fibre slip is a mechanism of tensile creep deformation, and time-dependent crack width increase.

An important further phenomenon is creep fracture, or delayed fracture of the tensile specimen subjected to sustained load. In the tests by Jun and Mechtcherine, where the tensile resistance at a strain of 1 and 2% respectively was sustained, the specimens failed after 5 and 16 hours respectively. In the tests by Boshoff (2007) creep fracture did not occur under sustained load (now already after a duration of 1.5 years), although significant deformation, beyond the monotonic tensile deformation capacity at that load, was recorded for the high sustained load cases (80% of ultimate monotonic tensile resistance). Much work still needs to be done in this area. At lower sustained load levels, it appears that creep deformation was arrested, in agreement with the so-called creep limit concept, i.e. the stress-strain response under monotonic load at infinitely slow loading rate.

2.7 Fatigue

Although limited results exist, fatigue behaviour of SHCC specimens in direct tension (Matsumoto et al., 2004), flexure (Suthiwarapirak et al., 2002), as well as of SHCC in composite action with concrete in overlay repair strategy (Zhang and Li, 2002), have been tested recently.

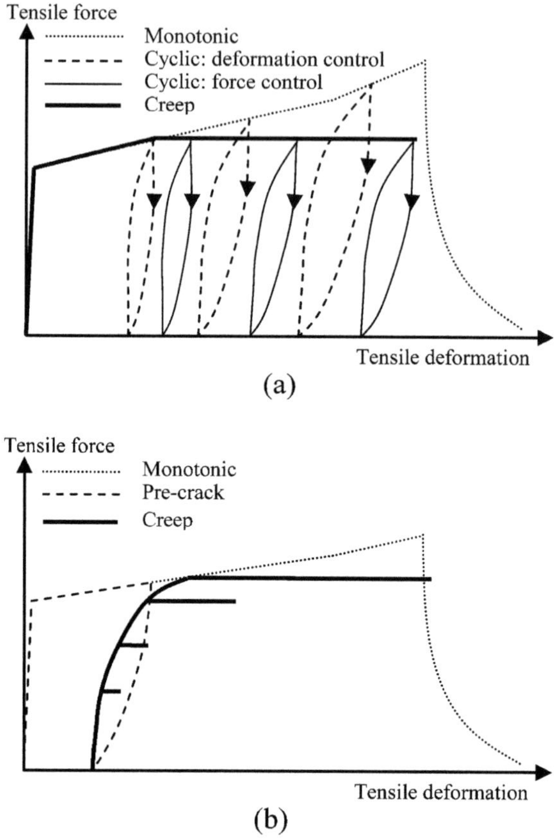

Fig. 2.15 Tensile load cases applied by (a) Jun and Mechtcherine (2007) and (b) Boshoff (2007).

For both direct tension and flexure a reduced resistance with increased number of load cycles, characteristic of most construction materials, has been reported (see Figure 2.17). Another significant trend reported by Suthiwarapirak et al. (2002), see Figure 2.18, is the gradual increased crack width with increased number of load cycles, until eventual sudden widening when failure is imminent. Note that the total crack mouth opening displacement (TCMOD) reported by these researchers is the sum of several (up to 10) crack widths, in fact including matrix deformation between cracks, as measured by an LVDT spanning all cracks at midspan at the beam farthest tensile face. The individual CMOD was measured with the aid of a microscope at the crack that caused eventual failure. In Figure 2.18b it appears that the maximum crack width is maintained below 0.1–0.15 mm for a large range in load cycles (roughly 10,000), after which the crack widens beyond this threshold level. Note that this is for a maximum flexural stress of 70% of the flexural strength. From Figure 2.18a it appears that higher stress levels cause larger total crack width than lower stress levels.

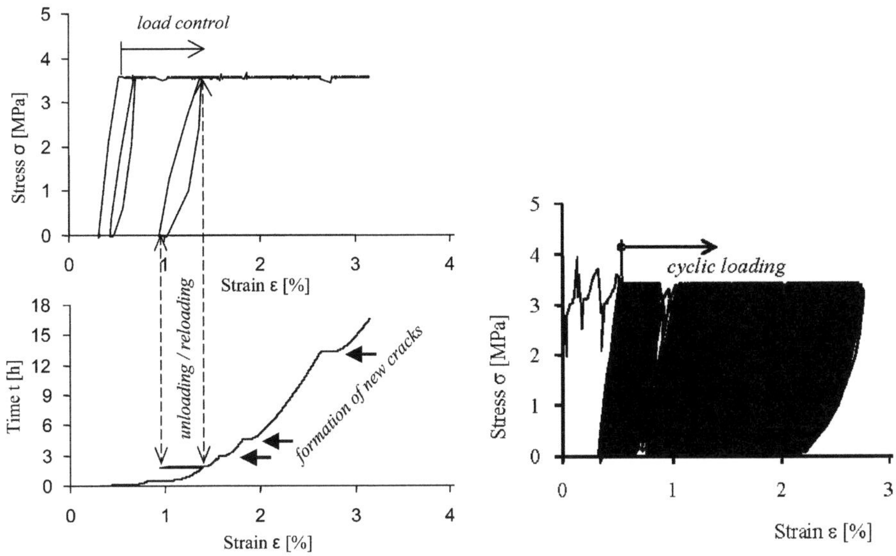

(a) (b)

Fig. 2.16 Representative (a) stress-strain and time-strain curves under sustained load, and (b) cyclic loading acc. to Jun and Mechtcherine (2007).

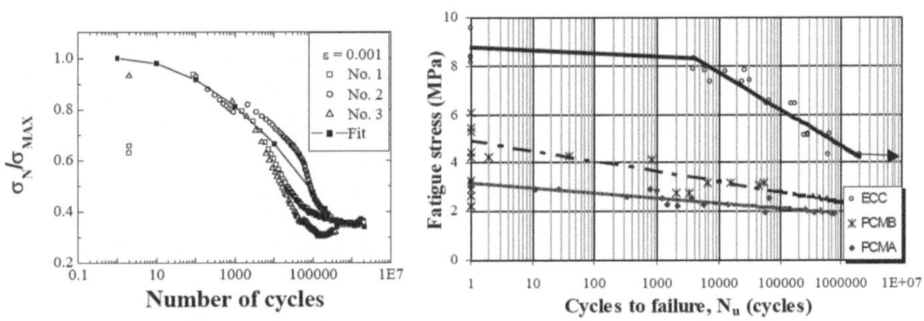

(a) (b)

Fig. 2.17 SHCC fatigue test results in terms of stress level – number of load cycles for (a) direct tension (under cyclic strain with strain amplitude equal to 0.1%, Matsumoto et al., 2004), and (b) flexure (four point bending, Suthiwarapirak et al., 2002). Note that the response of SHCC (ECC) is compared with two Portland cement mortars.

Zhang and Li (2002) tested an overlay repair strategy with an SHCC overlay on a concrete substrate, using simple four point bending to represent loading action on ground slabs, see Figure 2.19. A superior response to that of a concrete overlay is reported (Figure 2.19b), along with the characteristic reduced resistance with number of loading cycles.

Note that in all the above reported fatigue tests, PVA fibres of length 12 mm and diameter about 40 μm were used, at fibre volumes of 2.0% (Zhang and Li, 2002)

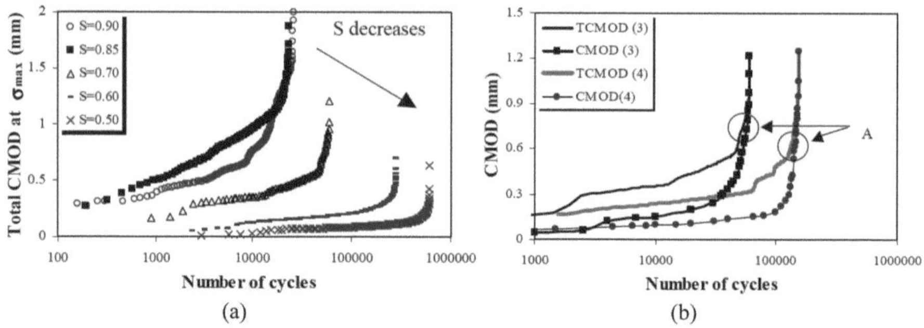

Fig. 2.18 SHCC total crack mouth opening displacement (TCMOD) under fatigue flexural load (a) at various cyclic stress amplitudes, and (b) compared with maximum CMOD for 2 particular specimens subjected to cyclic load causing a maximum flexural stress level of 70% of the flexural strength (Suthiwarapirak et al., 2002).

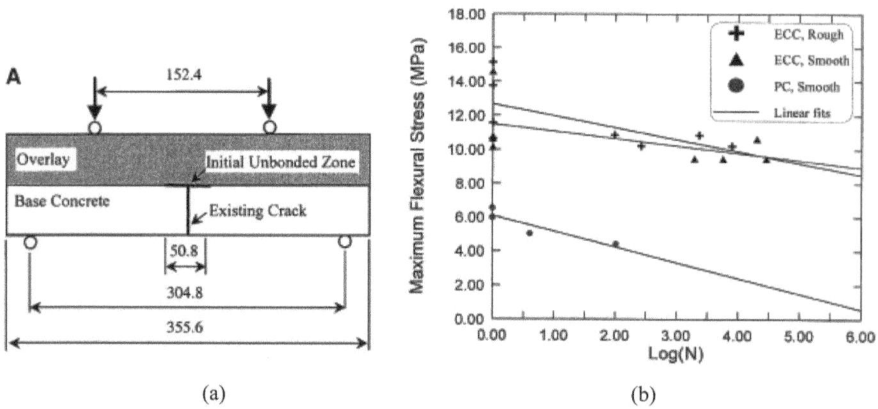

Fig. 2.19 Flexural fatigue test of SHCC (ECC) overlay repair on concrete substrate strategy, showing characteristic reduced strength with increased number of loading cycles for an SHCC overlay, compared with a concrete overlay (Zhang and Li, 2002).

and 2.1% (Suthiwarapirak et al., 2002; Matsumoto et al., 2004) respectively. The matrices were different from those given in Table 2.1, varying in water to binder (w/b) and sand to binder (s/b) content ratios as follows:

- $w/b = 0.32$; $s/b = 0.42$ (Figures 2.17 and 2.18; Suthiwarapirak et al., 2002; Matsumoto et al., 2004);
- $w/b = 0.434$; $s/b = 1.0$ (Figure 2.19; Zhang and Li, 2002).

Fig. 2.20 Grinding disc for abrasion testing according to the German standard (E DIN 52108 2006).

2.8 Abrasion

Since repair layers on horizontal concrete surfaces are a possible application of SHCC, the abrasion resistance of this material is one of the material properties to be determined.

Li and Lepech (2005) conducted both static friction testing and wear track testing according to the Michigan Test Method (MDoT, 2001). The surfaces of the tested SHCC specimens had been textured by different methods. After determining the initial static friction forces between a test tire and the wet surfaces of the test materials, the samples were subjected to 4 million tire passes. Then, the friction forces were determined again. These friction forces measured after wearing are called Aggregate Wear Index (AWI) according to the test standard (MDoT, 2001). For the differently textured SHCC samples values between 1.6 and 2.3 kN were obtained. The required minimum AWI value for Michigan amounts to 1.2 kN. It was concluded that SHCC surfaces on roadways are suitable for heavy traffic volumes.

The test method according to the German standard E DIN 52108 (2006) is significantly different from the procedure described above. It is used in European countries for measuring the abrasion resistance of cementitious materials and based upon the so-called *Böhme* grinding disc (see Figure 2.20). This testing apparatus consists of a rotating disc the specimen surface is pressed upon. Reproducible abrasion conditions are ensured by using synthetic aluminium oxide as a standardized grinding medium.

Table 2.3 Material composition.

Component	Content by mass
CEM I 32.5 R	1.0
Water	0.9
Fly ash	2.0
Fine sand (0.1–0.5 mm)	0.6
Plasticizer	0.02
Methyl cellulose	0.003

Table 2.4 Experimental results.

Age of the material	Abrasion A in [cm^3/50 cm^2]			
	SHCC		Reference mortar	
	$A_{\text{Thickness}}$	A_{Mass}	$A_{\text{Thickness}}$	A_{Mass}
14 days	17.2	17.5	19.6	19.8
28 days	16.9	16.9	21.5	21.9

The composition of the SHCC material used for abrasion testing according to the German standard is given in Table 2.3 (Wagner, 2007). PVA fibres "REC 15", Kuraray, length 8 mm, were used with a volume content of 2.2%. This SHCC appears to have a comparably high strain capacity. It was not primarily optimized for a high abrasion resistance.

A reference mortar also tested had the same composition, but no fibre reinforcement.

The specimens had the dimensions of 71 × 71 × 71 mm^3 according to E DIN 52108 (2006). They were cut out of cubes with an edge length of 150 mm and grinded until the prescribed dimensions were reached. Before testing, the samples were dried at 105°C.

The material loss due to abrasion may be quantified either by measuring the change in specimen thickness or by measuring the mass loss. Both methods have been applied. Table 2.4 contains the results obtained at the age of 14 and 28 days, respectively. Each of the abrasion values represents the material volume loss related to the surface area and is a mean value for three individual samples. It turns out that the two methods for determining the abrasion yield almost the same results.

On the basis of the experimental results, the following conclusions may be drawn:

1. The difference between the abrasion resistance after 14 and 28 days, respectively, is insignificant.
2. The abrasion of the reference mortar after 28 days was found to be about 28% higher than the one of SHCC. The PVA fibre reinforcement leads to an increase in abrasion resistance.
3. According to the European standard DIN EN 13813 (2003), the SHCC may be assigned to abrasion class A22, see Table 2.5. This is the lowest abrasion class. Accordingly, SHCC surfaces are not recommendable for heavy roadway traffic.

Table 2.5 Abrasion classes according to DIN EN 13813 (2003).

Class	A22	A15	A12	A9	A6	A3	A1.5
Abrasion [$cm^3/50\ cm^2$]	22	15	12	9	6	3	1.5

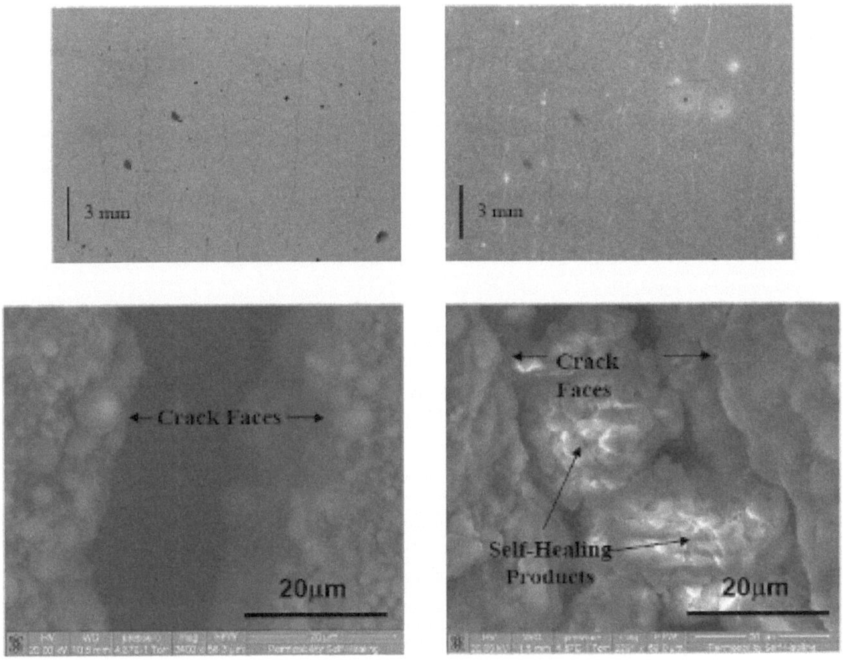

Fig. 2.21 Images indicating self-healing product formation in SHCC (Lepech and, Li 2005).

4. The results obtained with *Böhme*'s grinding disc are contradictory to those obtained in the US according to MDoT (2001). Possibly, by using the grinding disc the abrasion resistance is underestimated. The assessment according to MDoT (2001) seems to be more realistic with respect to the actual loading of real roadway surfaces.

Generally, a high abrasion resistance of cementitious materials may be achieved by a high aggregate content as well as by using hard and coarse aggregates. Hence, for the SHCC tested here a low abrasion resistance is not surprising since the material is characterized by a low aggregate content and small particle sizes.

However, an SHCC has been used in 2002 in a pilot application for repair layers on outdoor concrete surfaces which are subjected to high wheel loads (ECC, 2009). A particular repair patch was monitored for five years, without any significant abrasion observed. From this result it may be argued that in areas where vehicles travel freely, and no frequent braking occurs, SHCC performs well in terms of abrasion.

2.9 Self-healing of Micro-cracks

The fine cracks in SHCC afford these materials the potential of self-healing. It has been shown that a small crack width is imperative for self-healing of concrete (Edvardsen, 1999). Although no systematic study of this phenomenon in SHCC has been reported yet, preliminary observations indicate that SHCC specimens have a self-healing tendency. SHCC specimens of type reference number 8 (Table 2.1) used in water permeability tests (Lepech and Li, 2005) exhibit self-healing, as shown in Figure 2.21. Preliminary studies by Yang et al. (2005) and Li and Yang (2007) indicated the ability of SHCC material to regain both mechanical (strength, stiffness and ductility) and transport properties. In Chapter 3, where durability under chemical action is reported, recent research results on self-healing are discussed (in Section 3.2.3) with particular reference to a marine environment.

A systematic research program is warranted to confirm this phenomenon.

References

Arakawa, T. and Ohno, K. (1957). *Transactions of the Architectural Institute of Japan*, 57, pp. 581–584 [in Japanese].

Bažant, Z.P. and Najjar, L.J. (1971). Drying of concrete as a non-linear diffusion problem, *Cement and Concrete Research*, 1, pp. 461–473.

Boshoff, W.P. (2007). Time-dependent behaviour of ECC, PhD Dissertation, Stellenbosch University, South Africa.

Boshoff, W.P. and van Zijl, G.P.A.G. (2006). Time-dependent response of ECC: Characterisation and modeling of creep and creep fracture, in *Proceedings of the Workshop on HPFRCC in Structural Applications*, Honolulu, Hawaii, USA, May 23–26, 2005, pp. 125–134.

Carino, N.J. and Clifton, J.R. (1995). *Prediction of Cracking in Reinforced Concrete Structures*. Report NISTIR 5634, April 1995, Building and Fire Research Laboratory National Institute of Standards and Technology Gaithersburg, MD 20899.

CEB-FIP (1978). *Model Code for Concrete Structures, CEB-FIP Recommendations*, 3rd edition, Comité Euro-International du Beton Paris, 348 pp.

DIN EN 13813 (2003). Estrichmörtel, Estrichmassen und Estriche – Eigenschaften und Anforderungen, January. E DIN 52108 (2006). Prüfung anorganischer nichtmetallischer Werkstoffe – Verschleißprüfung mit der Schleifscheibe nach Böhme – Schleifscheiben-Verfahren, Blueprint, January.

ECC (2009). http//www.engineeredcomposites.com/Applications/bridge_deck.html, accessed January 2009.

Edvardsen, C. (1999). Water permeability and autogenous healing of cracks in concrete, *ACI Materials Journal*, 4, pp. 448–454.

Iosipescu, N. (1967). New accurate method for single shear testing of metals, *J. Materials*, 2(3), pp. 537–566.

Jun, P. and Mechtcherine, V. (2007). Behaviour of SHCC under repeated tensile loading, in *RILEM PRO 53: HPFRCC5*, Mainz, Germany, pp. 97–104.

Kanda, T. and Li, V.C. (1998). Multiple cracking sequence and saturation in fiber reinforced cementitious composites, *Concrete Research and Technology, JCI*, 9(2), pp. 19–33.

Kanda, T. and Li, V.C. (1999). A new micromechanics design theory for pseudo strain-hardening cementitious composite. *ASCE J. Eng. Mech.*, 124(4), pp. 373–381.

Kistutaka, Y. and Tamura, M. (2006). Durability on the fracture parameters of crack repaired high performance fiber reinforced cementitious composites, in *Proceedings of the Workshop on HPFRCC in Structural Applications*, Honolulu, Hawaii, USA, May 23–26, 2005.

Kunieda, M. and Rokugo, K. (2006). Measurement of crack opening behaviour within ECC under bending moment, in *Proceedings of the Workshop on HPFRCC in Structural Applications*, Honolulu, Hawaii, USA, May 23–26.

Kunieda, M., Denarié, E., Brühwiler, E., and Nakamura, H. (2007). Challenges for SHCC – Deformability versus matrix density, in *Proc. RILEM PRO 53: HPFRCC5*, Mainz, Germany, pp. 31–38.

Lawler, J.S., Zampini, D., and Shah, S.P. (2002). Permeability of cracked hybrid fiber reinforced mortar under load, *ACI Materials Journal*, 99(4), pp. 379–385.

Lepech, M. and Li, V.C. (2005). Water permeability of cracked cementitious composites, in *Proceedings of ICF11*, Turin, Italy, March 2005, pp. 113–130.

Li, V.C. (1993). From micromechanics to structural engineering – The design of cementitious composites for civil engineering applications, *JSCE Journal of Structural Mechanics and Earthquake Engineering*, 10(2), pp. 37–48.

Li, V.C. (1998). Engineered cementitious composite (ECC)-tailored composites through micromechanical modelling, in *Fiber Reinforced Concrete: Present and the Future*, N. Banthia, A. Bentur, and A. Mufti (Eds.), Canadian Society for Civil Engineering, Montreal, pp. 64–97.

Li, V.C. (2002). Reflections on the research and development of Engineered Cementitious Composites (ECC), in *Proceedings of the JCI International Workshop on Ductile Fiber Reinforced Cementitious Composites (DFRCC) – Application and Evaluation (DRFCC-2002)*, Takayama, Japan, October 2002, pp. 1–21.

Li, V.C. and Lepech, M. (2005). Engineered cementitious composites: Design, performance and applications, in *Ultra-ductile Concrete with Short Fibres – Development, Testing, Applications*, V. Mechtcherine (Ed.), ibidem Verlag, Stuttgart, Germany, pp. 99–120.

Li, V.C. and Lepech, M. (2006). Durability and long term performance of Engineered Cementitious Composites, in *Proceedings of International Workshop on HPFRCC in Structural Applications*, Honolulu, Hawaii, USA, May 23–26, 2005.

Li, V.C. and Stang, H. (2004). Elevating FRC material ductility to infrastructure durability, in *Proceedings 6th RILEM Symposium on Fiber-Reinforced Concretes (FRC)*, BEFIB 2004, Varenna, Italy, 20–22 September 2004, pp. 171–186.Varenna, Italy,

Li, V.C. and Yang, E. (2003). Damage mechanics of Engineered Cementitious Composites, in *Proceedings of NSF-FHWA Workshop on Imaging and Simulation of Concrete Microstructure (Nano to Mesoscale)*, Evanston, IL, pp. 33–37.

Li, V.C. and Yang, E.H. (2007). Self-healing in concrete materials, in *Self Healing Materials: An Alternative Approach to 20 Centuries of Materials Science*, S. van der Zwaag (Ed.), Springer, pp. 161–193.

Li, V.C., Mishra, D.K., Naaman, A.E., Wigh, J.K., LaFave, J.M., Wu, H.C., and Inada, Y. (1994). On the shear behavior of engineered cementitious composites, *Journal of Advanced Cement Based Materials*, 1(3), pp. 142–149.

Li, V.C. Mishra, D.K., and Wu, H.C. (1995). Matrix design for pseudo strain-hardening FRCC, *Materials and Structures*, 28, pp. 586–595.

Li, V.C., Lim, Y.M., and Chan, Y-W. (1998). Feasibility study of a passive smart self-healing cementitious composite, *Composites, Part B*, 29B, pp. 819–827.

Li, V.C., Wang, S., and Wu, C. (2001). Tensile strain-hardening behaviour of Polyvinyl Alcohol Engineered Cementitious Composites (PVA-ECC). *ACI Materials Journal*, November/December, pp. 483–492.

Li, V.C., Wu, C. Wang, S., Ogawa, A., and Saito, T. (2002). Interface tailoring for strain-hardening polyvinyl Alcohol Engineered Cementitious Composite (PVA-ECC), *ACI Materials Journal*, September/October, pp. 463–472.

Li, V.C., Horikoshi, T., Ogawa, A., Torigoe, S., and Saito, T. (2004). Micromechanics-based durability study of Polyvinyl Alcohol-Engineered Cementitious Composite. *ACI Materials Journal*, May/June, pp. 242–248.

Maalej, M., Ahmed, S.F.U., and Paramasivam, P. (2002). Corrosion durability and structural response of functionally-graded concrete beams. *J. Adv. Concr. Technol.*, 1(3), pp. 307–316.

Matsumoto, T., Chun, P., and Suthiwarapirak, P. (2004). Effect of fibre fatigue rupture on bridging stress degradation in fibre reinforced cementitious composites, in *Proceedings of Fracture Mechanics of Concrete Structures*, V.C. Li et al. (Eds.), pp. 653–660.

Michigan Department of Transportation (MDoT) (2001). Michigan Test Method 111 – Determining an Aggregate Wear Index (AWI) by Wear Track Polishing Tests, Lansing Michigan.

Miyazato, S. and Hiraishi, Y. (2005). Transport properties and steel corrosion in ductile fiber reinforced cement composites, in *Proceedings of ICF11*, Turin, Italy, March 2005.

Neithalath, N. (2006). Analysis of moisture transport in mortars and concrete using sorption-diffusion approach, *ACI Materials Journal*, 103(3), pp. 209–217.

NT BUILD 492 (1999). Concrete, Mortar and Cement-Based Repair Materials: Chloride Migration Coefficient from Non-Steady-State Migration Experiments, Nordtest, Finland.

Oh, B.H. and Shin, K.J. (2006). Cracking, ductility and durability characteristics of HPFRCC with various mixture proportions and fibers, in *Proceedings of the Workshop on High Performance Fibre Reinforced Cement-based Composites*, Honolulu, Hawaii, May 22–27, 2005.

Peled, A. and Shah, S.P. (2003). Processing effect in cementitious composites: Extrusion and casting, *Journal of Materials in Civil Engineering*.

Rapoport, J., Aldea C., Shah, S.P., Ankenman, B., and Karr, A.F. (2001). *Permeability of Cracked Steel Fiber-Reinforced Concrete*. Technical Report Number 115, National Institute of Statistical Sciences, January.

Sahmaran, M., Li, M., and Li, V.C. (2007). Transport properties of engineered cementitious composites under chloride exposure, *ACI Materials Journal*, 104(6), pp. 604–611.

Song, G. and van Zijl, G.P.A.G. (2004). Tailoring ECC for commercial application. in *Proceedings 6th Rilem Symposium on Fibre reinforced Concrete (FRC)*, Varenna, Italy, pp. 1391–1400.

Suthiwarapirak, P., Matsumoto, T., and Kanda, T. (2002). Flexural fatigue failure characteristics of an engineered cementitious composite and polymer cement mortars, *J. Mater., Conc. Struct. Pavements, JSCE*, 57(718), pp. 121–134.

Tsukamoto, M. (1990). Tightness of fiber concrete, *Darmstadt Concrete*, 5, pp. 215–225.

Van Zijl, G.P.A.G. (2005). The role of aggregate in HPFRCC. *Concrete/Beton*, 110, pp. 7–13.

Van Zijl, G.P.A.G. (2007). Improved mechanical performance: Shear behaviour of strain hardening cement-based composites (SHCC). *Cement and Concrete Research*, 37(8), pp. 1241–1247.

Wagner, C. (2007). Nachverfestigendes zementgebundenes Material für die Sanierung gerissener Betonoberflächen (Strain hardening cement-based material for the repair of cracked concrete surfaces). Master Thesis, Leipzig University of Applied Sciences, Germany.

Wang, S. and Li, V.C. (2004). Tailoring of pre-existing flaws in ECC matrix for saturated strain hardening, in *Proceedings Fracture Mechanics of Concrete Structures*, V.C. Li et al. (Eds.), pp. 1005–1012.

Wang, S. and Li, V.C. (2006). Polyvinyl Alcohol Fiber reinforced engineered cementitious composites: Material design and performances, in *Proceedings of International workshop on HP-FRCC in Structural Applications*, Honolulu, Hawaii, USA, May 23–26, 2005.

Wang, K., Jansen, D.C., Shah, S., and Karr, A.F. (1997). Permeability study of cracked concrete, *Cement and Concrete Research*, 27(3) pp. 381–393.

Weimann, M.B. and Li, V.C. (2003). Hygral behavior of Engineered Cementitious Composites (ECC), *International Journal for Restoration of Buildings and Monuments*, 9(5), pp. 513–534.

Wittmann, F.H. and Van Zijl, G.P.A.G. (2006). Task Group B – Durability of SHCC conclusions, in *Proceedings Rilem International Workshop on High Performance Fiber Reinforced Cement-Based Composites (HPFRCC) in Structural Applications*, Honolulu, Hawaii, May 22–27, pp. 109–114.

Yang, Y., Lepech, M., and Li, V.C. (2005). Self-healing of engineered cementitious composites under cyclic wetting and drying, in *Proceedings of International Workshop on Durability of Reinforced Concrete under Combined Mechanical and Climatic Loads (CMCL)*, Qingdao, China, pp. 231–242.

Zang and Li, V.C. (2002). Monotonic and fatigue performance in bending of fiber-reinforced engineered cementitious composite in overlay system, *Cement and Concrete Research*, 32, pp. 415–423.

Chapter 3
Durability under Chemical Loads

Byung H. Oh and Petr Kabele

Abstract This chapter summarizes mostly experimental findings on the effects of various types of aggressive environment on the mechanical performance of SHCC materials. In many of the reported works, a multiscale approach to durability of SHCC is adopted; consequently influence on individual constituents (matrix, fibre and interface) and behaviour on different scales of resolution are investigated.

Key words: corrosion, chloride penetration, hydrolysis, leaching, chemical exposure

3.1 Introduction

The most important advantage of strain-hardening cement-based composites (SHCC) is the capability of maintaining very narrow crack width under applied loads (Li et al., 2003, 2004; Oh and Shin, 2005). These reduced, finely-distributed cracks may provide good resistance to penetration of water and/or aggressive substances from the environment even under extensive straining. Application of SHCC is thus often seen as one of possible ways to improve durability of concrete and reinforced concrete (RC) structures, especially of those exposed to aggressive environment.

The study of SHCC durability in chemically aggressive environment involves two main aspects: first, investigation of the transport of chemical substances through the multiply cracked material, and second, clarification of the effects of chemical agents on the composite material performance, in particular its ability of multiple cracking. Since the transport phenomena have been dealt with in Chapter 2, the

Byung H. Oh
Department of Civil Engineering, College of Engineering, Seoul National University, Korea

Petr Kabele
Faculty of Civil Engineering, Czech Technical University in Prague, Czech Republic

G.P.A.G. van Zijl and F.H. Wittmann (eds.), Durability of Strain-Hardening Fibre-Reinforced Cement-Based Composites (SHCC), DOI 10.1007/978-94-007-0338-4_3, 41–58.

present chapter will focus mostly on the second aspect. In several works reported hereafter, authors point out that the superior mechanical properties of SHCC are often achieved through optimization of the composite microstructure. Consequently, they investigate the effects of aggressive environment on individual components or micromechanical parameters. Since these effects are usually very slow in the natural conditions, various methods of accelerated aging are often used.

3.2 Chloride Environments

The ability to protect reinforcements from corrosion greatly affects the durability of reinforced concrete (RC) members (Oh and Jang, 2003a, 2003b, 2004; Lepech and Li, 2005). The most important advantage of strain-hardening cement-based composites (SHCC) is the capability of reducing crack width under applied loads (Li et al., 2003, 2004; Oh and Shin, 2005). Refer to Chapter 2 for in depth treatment of crack width in SHCC. The reduced, finely-distributed cracks that arise in SHCC provide good resistance to chloride penetration (see Section 2.5.3) even under higher loads and thus increase durability of the structures.

Here, chloride penetration depth and corrosion of steel reinforcing bars in SHCC are reported in Section 3.2.1. The influence on SHCC mechanical properties at the micro-level is treated in Section 3.2.2, where single fibre pull-out response and results of nano-indentation after exposure to chloride environments are reported. Finally, in Section 3.2.3, observed self-healing of cracks in chloride environment is reported.

3.2.1 Chloride Penetration: Corrosion Protection of Reinforcement in Concrete

Generally, the reinforcement corrosion progresses through various stages. Initially, the concrete cover provides excellent protection. However, the passive layer protecting the reinforcement degrades due to high chloride ion content or carbonation of the concrete over time. Following depassivation, oxidation of the reinforcement ultimately cracks the cover through expansion of corrosion products. Once cracked, the decrease in cover protection spurs faster corrosion until the concrete spalls off. The exposed reinforcement then corrodes rapidly. To combat this scenario, ACI-318-02 (ACI, 2002) in Sections 4.4.1 and 4.4.2 specify a maximum initial chloride content, maximum water to cement ratio, minimum compressive strength, and minimum cover thickness in "conditions exposed to chlorides from de-icing chemicals, salt, saltwater, brackish water, seawater, or spray from these sources". Initially, the chloride content is kept low to lengthen the time to critical concentration for depassivation. The water to cement ratio, compressive strength, and cover thickness recommendations decrease transport properties, increase cracking strength, and in-

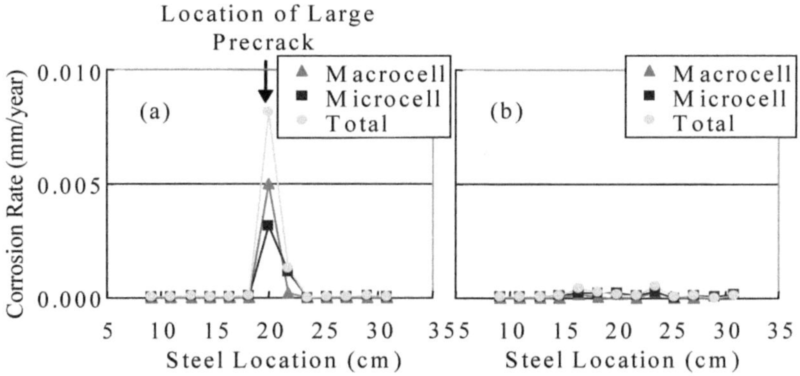

Fig. 3.1 Corrosion rate along rebar for (a) reinforced mortar and (b) R/SHCC (after Miyazato and Hiraishi, 2005).

crease ion transport distances, respectively. However, the formation of cracks due to mechanical overload and environmental conditions can negate these efforts.

In Section 2.5.3 the low chloride diffusivity in finely cracked SHCC was reported. Comparative tests on steel reinforced mortar (R/mortar) and steel reinforced SHCC (R/SHCC) beams were performed by Miyazato and Hiraishi (2005) to study the depth of chloride penetration and corrosion rate of the steel reinforcing bar. Beams of cross section 100 mm × 100 mm, reinforced by a single reinforcing bar place centrally and with 20 mm cover to the tensile surface, were subjected to three point bending with a span of 350 mm. All beams were loaded to 20 kN, causing a single crack in the R/mortar of width 300–400 μm, but several cracks in the R/SHCC beams of width below 100 μm. These beams, while kept under load, were subjected to accelerated chloride exposure conditions, with alternating wet and dry cycles. The results indicate chloride penetration to a depth through the total 100 mm depth of the R/mortar specimen, while it was restricted to 30 mm in the R/SHCC specimen. They also showed corrosion rate (Figure 3.1) differences. The dependence on the matrix type of the chloride penetration speed and arrest of the penetration depth remains to be verified. Whether this mechanism of durability impairment is also crack width dominated, remains to be studied.

Along with the ability of SHCC to reduce the transport of corrosives through the cover even after cracking, enhanced durability may be provided through the high ductility of the material itself. The presence of cracks increases the rate of deterioration of RC members, which is further increased after cover spalling. With a tensile ductility on the order of 3%-5%, the spalling of SHCC cover is highly unlikely (Lim, 1996; Kabele et al., 1999; Li and Stang, 2004). By preserving low transport properties after cracking, and eliminating spalling through high ductility, the ability of SHCC material to effectively protect reinforcement from corrosion significantly longer than concrete is expected. This protection is further supported by the work previously mentioned by Miyazato and Hiraishi (2005) in which SHCC material was effective in reducing the rate of corrosion of steel embedded in SHCC after cracking when compared to concrete. Sahmaran et al. (2008) present results of experimental investigation on steel-reinforced SHCC beams subjected to accelerated corrosion by an electrochemical method. An accelerated corrosion test method, which was carried out by imposing a constant potential, was used to induce different degrees of corrosion into the reinforcement embedded in SHCC prismatic specimens. Mortar specimens that have an equal compressive strength to the SHCC specimens were also used as reference specimens. After inducing different degrees of accelerated corrosion, the cracks and the residual flexural load capacity of the test specimens and the mass loss of reinforcing bars embedded in specimens were determined. From the results of this study, it was concluded that due to its high tensile strain capacity and microcracking behaviors, SHCC significantly prolonged the corrosion propagation period while enhancing the ability to maintain the load capacity of the beam.

3.2.2 Effects on Micromechanical Properties

The effects of chloride exposure on various micromechanical parameters of SHCC were investigated by Kabele et al. (2006b, 2007). Natural chloride attack was simulated in an accelerated manner by 10 cycles of 5-days immersion in a saturated solution of NaCl at 20 ^{o}C and 2-days drying in an oven at 50 ^{o}C. Reference samples were kept in room conditions. One of the microscale mechanisms that have a dominant influence on achieving the desirable mesomechanical behaviour such as multiple cracking is fibre-matrix interfacial bond. A series of tests was performed, in which a single PVA fibre was pulled out from cementitious matrix under displacement control. Both chemical and frictional bond were calculated from the measured load-displacement curves (Figure 3.2).

The tests revealed that cycles of exposure to chlorides and drying significantly reduced the chemical bond strength, while frictional bond showed a slight increase (Figure 3.3). Microscopic inspection of the pulled-out fibres showed that in the control specimens, fibres tended to rupture with little pull-out. On the other hand, fibres in samples exposed to a chloride environment and drying underwent more pull-out; in this process the fibre surface was damaged (scratched) which resulted in hardening response and subsequent rupture, however, at larger pull-out displacement (as also seen in Figure 3.2).

To gain a better understanding of the phenomena observed in the pull-out tests, nano-indentation of the fibre-matrix interfacial transition zone (ITZ) was carried out (Němeček et al., 2007; see also Section 3.3.1). As seen in Figure 3.4, in control specimens (O), the local elastic modulus increases as the distance from the fibre increases, before attaining a stable value at about 30 μm from the fibre. This can be attributed to higher porosity of the ITZ close to the fibre. This tendency is almost unaffected by chloride environment (S). The exposure to leaching environment was

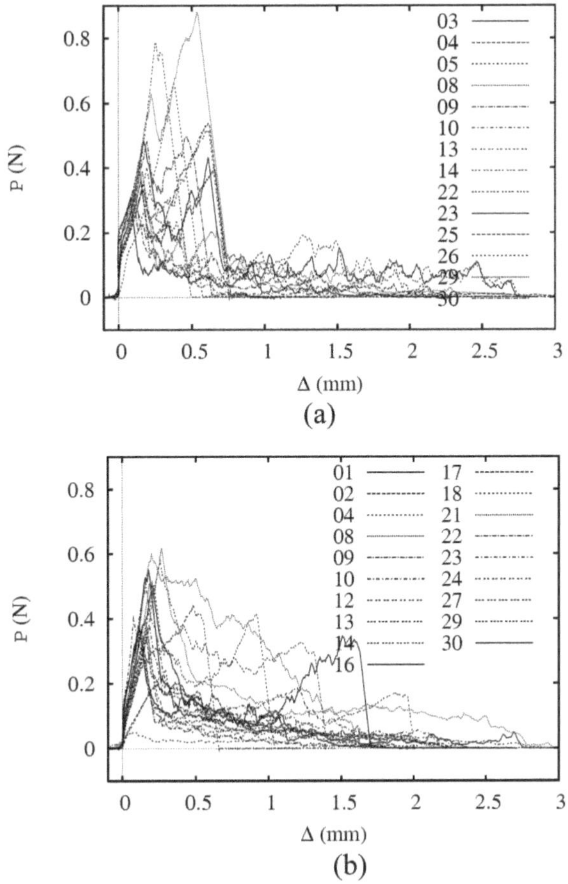

Fig. 3.2 Effects of accelerated deterioration conditions on the results of single-fibre pull-out tests (Kabele et al., 2006b). (a) Reference specimens kept in room conditions; (b) S-series: exposure to chloride exposure and drying.

accelerated by immersing samples for 70 days into 3 mol/l (N3-series) or 6 mol/l (N6-series) water solution of NH_4NO_3 at room temperature.

Matrix fracture toughness is another important micromechanical parameter, since it controls initiation of multiple cracks from matrix defects. Kabele et al. (2007) conducted fracture tests on small 3-point bending notched beams (150 × 20 × 12 mm) with notch size close to the largest intrinsic flaw (5 mm). The material was a cementitious composite with short PVA fibres. From the load at initiation of matrix crack propagation, the matrix fracture toughness was estimated. Figure 3.5 shows that the fracture toughness was almost unaffected by chloride treatment. From the peak loads attained in these tests, the modulus of rupture was calculated. Since the peak load is mostly determined by the cohesive traction acting between crack surfaces, this quantity can be interpreted as an indicator of the effectiveness of fibre

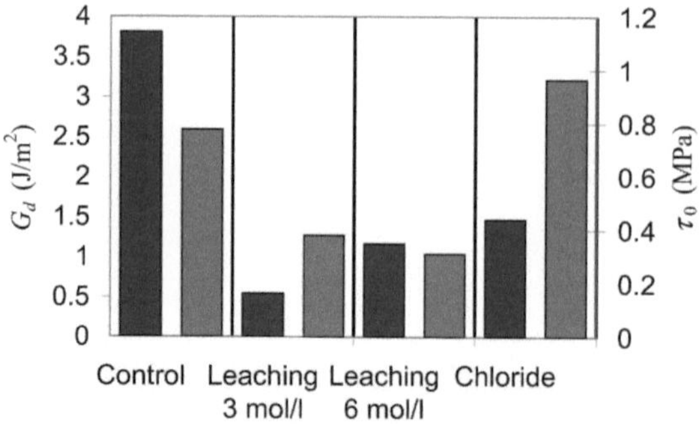

Fig. 3.3 Effects of chemical exposure on chemical bond (left columns) and frictional bond (right columns) (Kabele et al., 2007).

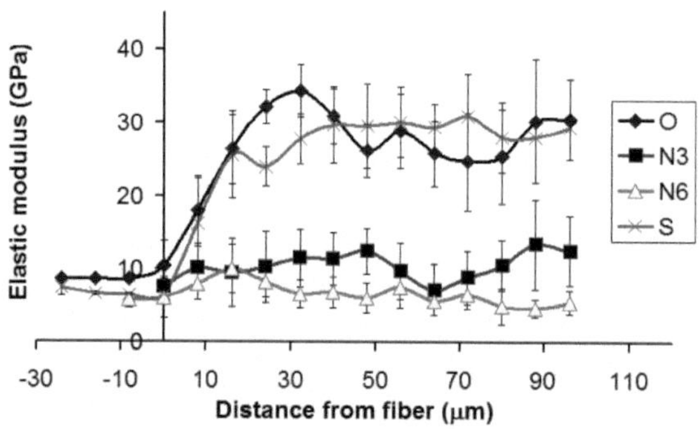

Fig. 3.4 Effect of chemical exposure on the local elastic modulus of fibre-matrix ITZ (Němeček et al., 2007).

bridging on a single crack. Figure 3.5 shows that chloride treatment causes some decrease in the fibre-bridging effectiveness.

3.2.3 Self-healing and Effects on Performance in Uniaxial Tension

After a brief introduction to self-healing of cracks in SHCC in Section 2.9, particular research about SHCC self-healing in chloride environment is reported here. Li et al. (2007) conducted an experimental research, which primarily targeted self-healing phenomena of SHCC materials in marine environment. Coupon specimens were first pre-loaded by uniaxial tension up to overall strain of 0.5, 1, and 1.5% to induce multiple cracking, then exposed to a chloride environment for 1, 2, and 3 months, and then loaded to failure. Self-healing of the induced microcracks was observed, which demonstrated itself not only by formation of a distinct deposit inside the cracks, but also by almost complete recovery of the pre-cracking stiffness.

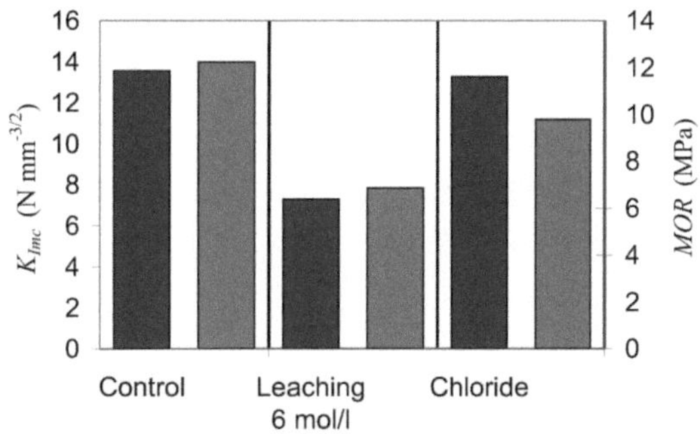

Fig. 3.5 Effect of chemical exposure on matrix fracture toughness K_{Imc} (left columns) and composite modulus of rupture (right columns) (Kabele et al., 2007).

Compared to control specimens treated at laboratory air, specimens stored in NaCl showed about 10% reduction of ultimate tensile strength, which was attributed to leaching of calcium hydroxide and damage on the fibre/matrix interface due to immersion in humid environment. The ultimate tensile strain capacity of the latter samples ranged between 2.4 and 3.8%, which was higher than for the air-cured specimens (2.5 to 2.8%). Also, the pieces exposed to chloride environment showed larger average crack width ($\sim$100 μm, as opposed to $\sim$45 μm for air-cured ones).

It should be noted that the observations by Li et al. (2007) are consistent with the earlier-mentioned study by Kabele et al. (2007): the reduction of chemical bond and improvement of frictional bond may lead to reduction of fibre rupture and enhancement of fibre pull-out, which may result in larger crack width and overall strain capacity.

Sahmaran and Li (2007) reported on the durability performance of non-air-entrained SHCC with different fly ash content when subjected to mechanical loading and freezing and thawing cycles in the presence of de-icing salt. Besides demonstrating good durability of SHCC in terms of scaling resistance and residual tensile behaviour after freeze-thaw cycles, it was also discovered that multiple micro-cracks due to mechanical loading would heal sufficiently under freezing and thawing cycles in the presence of salt solutions to restore nearly the original stiffness.

3.3 Hydrolysis and Leaching

3.3.1 Effects on the Fibre-matrix Interfacial Transition Zone

Cementitious composites and particularly their CSH phases are known to be sensitive to calcium leaching. Calcium leaching can be found in natural conditions in structures exposed to soft water (low ion concentrations) or to water containing sulphur or ammonium ions. In such water, cementitious matrix is decalcified and mechanical properties are degraded together with partial loss of chemical bonds and internal integrity of the material. Not only chemical composition but also mechanical properties are homogeneously degraded throughout the hydrated products as shown in Constantinides and Ulm (2004). Numerical results from sophisticated models of microstructure development also indicate a change in elastic modulus due to calcium leaching in ordinary cement pastes (Kamali et al., 2004).

The degradation processes caused by the calcium leaching on SHCC were studied by Němeček et al. (2005). Special attention was paid to the properties of interfacial transition zone (ITZ) between fibre and matrix. Němeček et al. (2005) prepared SHCC samples in the form of 20 mm thick plates and cured them for 28 days in water. The composition of test materials consisted of Portland cement, fly ash, fine sand and 12 mm long PVA fibres. The plates were cut into 5 mm slices and two types of specimens were prepared. The first series was left at room conditions without any treatment and the second series was put into the 1.4 mol (139.9 g/l) KNO_3 solution to induce accelerated leaching. The period of nitrate curing was 16 days. During this period, the specimens were partially decalcified. The leaching process dissolved Portlandite $Ca(OH)_2$ and decalcified CSH gels. The calcium Ca^{2+} ions were released from the specimens and bonded to OH^- ions resulting in Portlandite precipitation. The dissolution was measured by means of pH change. It showed that the nitrate ions were not chemically bonded to the matrix during the given period while calcium ions were dissolved out of the specimens.

Nano-indentation technique was employed to measure the change of material properties. Before the testing, the samples were mechanically finely-polished on a series of emery papers to achieve a flat surface suitable for indentation and ESEM analysis. After the selection of a suitable indentation area next to the fibre, the indenter was positioned. Indents formed a matrix having 6 rows and 15 columns. The distance between indents was 5 μm. Each indent was approximately 400 nm deep. The matrix of indents was perpendicular to the fibre and the first column of indents lay in the fibre. This configuration allowed observing the change of properties in the transition zone between fibre and the surrounding bulk materials

It can be seen from Figure 3.6 that the elastic modulus is progressively growing with an increase of distance from the fibre and stabilizes at the distance of 60 μm for the chemically non-treated sample. However, the results show only a very small increase in elastic modulus for chemically-treated samples, i.e., calcium leached ones, as shown in Figure 3.7. This means that the elastic properties were degraded in the farther distance from the fibre in the case of calcium leached material. The present findings proved the existence of transition zone around fibres and the potential degradation of micromechanical properties due to calcium leaching. Němeček et al. (2005) indicated that there was a considerable scatter in the evaluation of material properties, especially for SHCC materials due to high complexity in microstructure and porosity.

In a subsequent study (Němeček et al., 2007), the nano-indentation technique was used on a composite with matrix with lower w/c ratio. The accelerated leaching was induced by immersing samples for 70 days into 3 mol/l (N3-series) or 6 mol/l

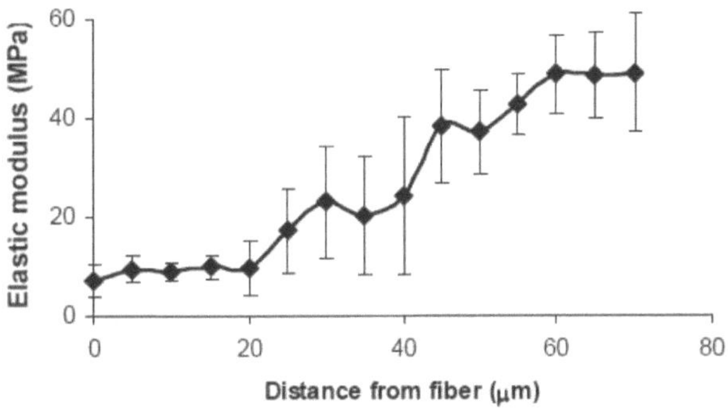

Fig. 3.6 Change of elastic modulus measured in perpendicular direction from the fibre on the chemically non-treated sample (Němeček et al., 2005).

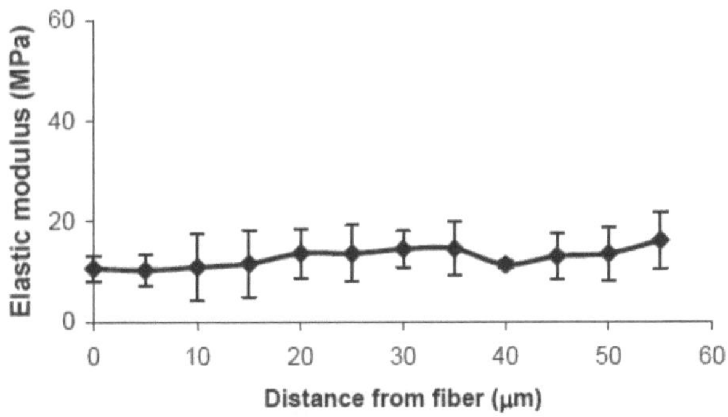

Fig. 3.7 Change of elastic modulus measured in perpendicular direction from the fibre on the chemically treated sample (Němeček et al., 2005).

(N6-series) water solution of NH_4NO_3 at room temperature. As seen in Figure 3.4, the study qualitatively confirms the earlier results of Němeček et al. (2005).

3.3.2 Effects on Micromechanical Properties

In the work by Kabele et al. (2006a) and as a part of the earlier-reported studies by Kabele et al. (2006b, 2007), the effects of calcium leaching on cementitious composites with short PVA fibres were investigated by the same methods as those reviewed in Section 3.2.1. In Kabele et al. (2006b, 2007) the exposure to leaching environment was accelerated in the same way as in Němeček et al. (2007), i.e. by immersing samples for 70 days into 3 mol/l (N3-series) or 6 mol/l (N6-series) water solution of NH_4NO_3 at room temperature.

Figure 3.8 shows that, compared to the control samples (Figure 3.2a), the ultimate forces measured in single-fibre pull-out tests were significantly lower for both leached series N3 and N6. As seen in Figure 3.3, both chemical and frictional bond strengths calculated from these pull-out curves show significant reduction against those of the control samples. Microscopic observations confirmed that fibres in the leached specimens usually did not rupture but were pulled out with very little damage to their surfaces. This, together with the nano-indentation results, indicates that leaching severely damages the interface on the matrix side.

Results from the small-scale fracture tests plotted in Figure 3.5 indicate that exposure to leaching environment caused almost 50% decrease of both matrix fracture toughness and single-crack ultimate bridging strength (expressed by MOR). These results are consistent with the findings from the finer-scale experiments (fibre pull-out, nano-indentation).

3.4 Hot and Humid Environments

The hot water immersion tests have been conducted to simulate hot and humid environments by Li et al. (2004). The hot water immersion was performed on individual fibres, single fibres embedded in SHCC matrix, and composite SHCC specimens. Specimens for individual fibre pull-out and composite SHCC were cured for 28 days at 60°C prior to hot water immersion for 26 weeks. After 26 weeks, little change was seen in fibre properties such as strength, modulus, and elongation. Interfacial properties, however, experienced significant changes, particularly between 13 and 26 weeks. Figure 3.9 shows the effect of hot water immersion on: (a) frictional bond; (b) chemical bond; and (c) apparent fibre strength, respectively. During this time, the chemical bonding between fibre and matrix strengthened, while the fibre apparent strength dropped. These two phenomena caused fibres within HPFRCC to delaminate and break under load after 26 weeks, rather than pull-out intact as seen in specimens immersed 13 weeks or less. Figure 3.10 shows the effect of hot water immersion on tensile stress-strain curve of composites with: (a) 0 weeks; (b) 4 weeks; (c) 13 weeks; and (d) 26 weeks of exposures. The change in interfacial properties resulted in a drop of strain capacity from 4.5% at early age to 2.75% after 26 weeks of immersion as seen in Figure 3.11, which shows the influence of hot and humid environmental loading on composite tensile strain capacity of SHCC.

While accelerated hot weather testing results in lower strain capacity, the 2.75% capacity, over 250 times greater than concrete, seen after 26 weeks of accelerated conditioning (equivalent to 70+ years of hot and humid exposure) is acceptable for nearly any application.

Figure 3.12 shows the result of acceleration test of PVA and AR glass fibre reinforced mortar (Horikoshi et al., 2005). Specimens were soaked into 60°C hot water at 28 days. PVA fibre reinforced mortar keeps its MOR, but AR glass fibre reinforced mortar gradually loses its MOR to 70% of the initial value.

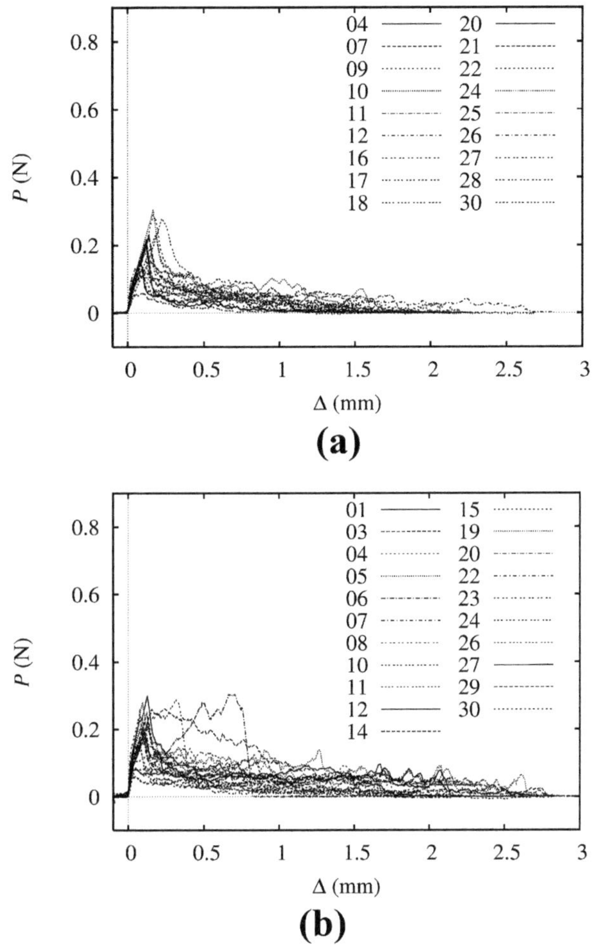

Fig. 3.8 Effect of accelerated deterioration conditions on the results of single-fibre pull-out tests (Kabele et al., 2006b). (a) N3-series: calcium leaching by immersing the samples for 70 days into 3 mol/l water solution of NH_4NO_3 at room temperature; (b) N6-series: ditto in 6 mol/l solution.

3.5 Alkali Environments

Some companies recognized over a decade ago the advantages of using PVA fibres for external roof and wall cladding. It is recognized that PVA fibres will not degrade in highly alkali cement. Studies show that even with 17% to 19% zirconium infused into the glass fibres, they still degrade over time in the highly alkaline environment. Figure 3.13 shows the result for acceleration test of PVA, polyester, alkali resistance AR glass and E glass fibres, respectively (Horikoshi et al., 2005). These fibres were soaked into hot (80°C) and high alkaline water. PVA fibre (KURALON) maintains

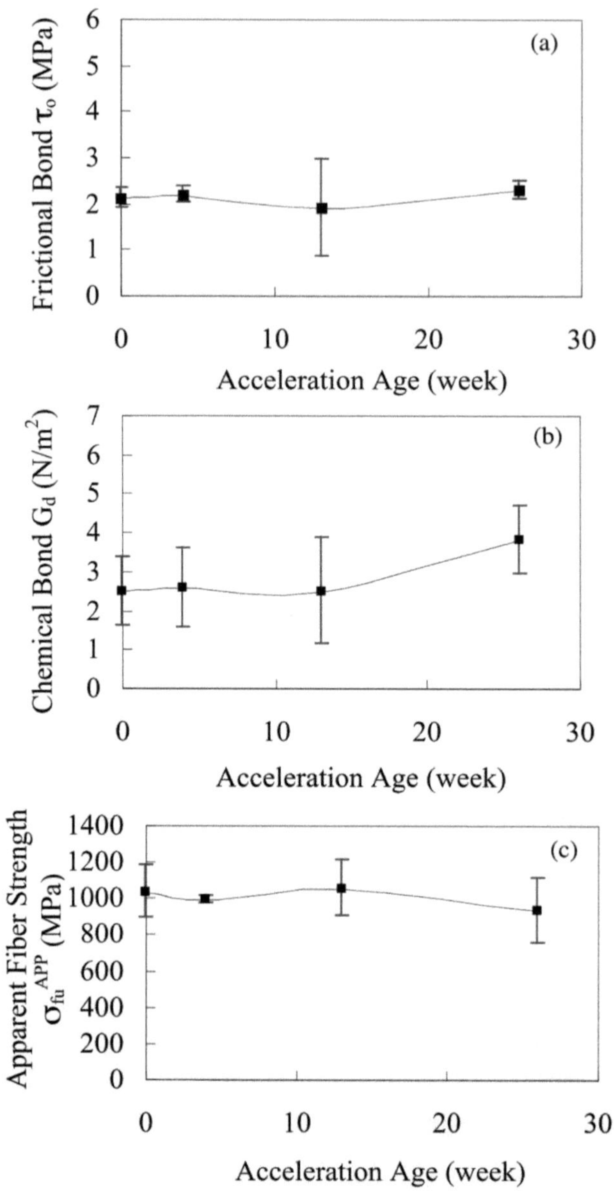

Fig. 3.9 Effect of hot water immersion on: (a) frictional bond; (b) chemical bond; and (c) apparent fibre strength (Li et al., 2004).

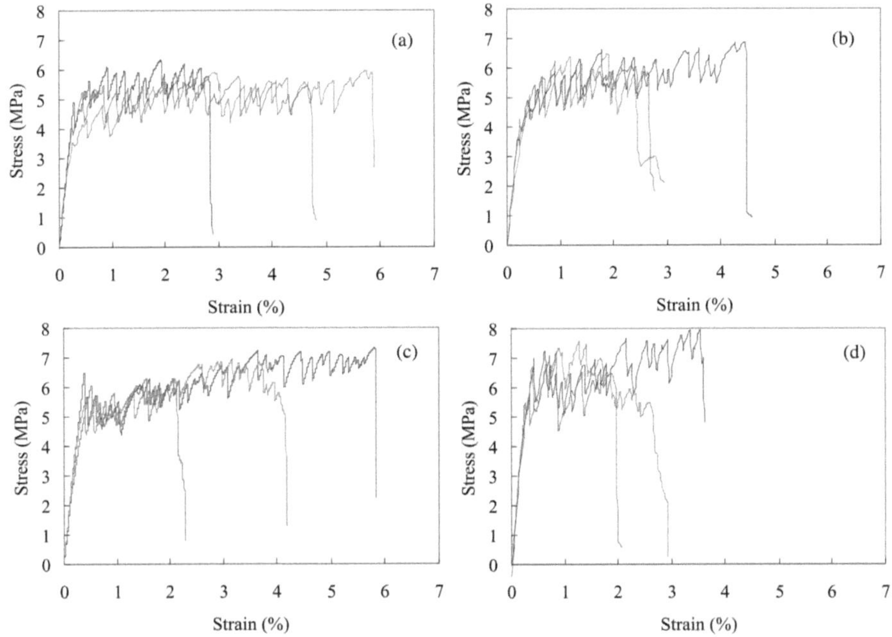

Fig. 3.10 Effect of hot water immersion on tensile stress-strain curve of composites with: (a) 0 weeks; (b) 4 weeks; (c) 13 weeks; and (d) 26 weeks of exposures (Li et al., 2004).

tensile strength even after 14 days soaking. However, the strengths of polyester, AR glass and E glass fibres were decreased by alkali attacks.

3.6 Resistance with Respect to Sulphate Attack

For structures contacting soil, specifically foundations and concrete piles, resistance to sulphate attack is essential (Lepech and Li, 2005). This is addressed in section 4.3 of ACI-318-02. Adequate resistance to sulphate attack is achieved through limiting the water-to-cement ratio within the concrete, requiring a minimum compressive strength, and using either Type II or Type V cement specially blended for sulphate resistance. Within ACI-318-02 (ACI 2002), appropriate preventative recommendations are given for the levels of sulphate exposure ranging from negligible to very severe. With limited C_3A content, Type II and V cements have proven very effective in minimizing the effect of sulphates on concrete. While no research has been done on the durability of SHCC in sulphate rich environments, the use of these cements should prove effective in maintaining durability. However, the effect of these cements on micromechanical properties of the matrix, fibres, and matrix/fibre interface will have to be investigated. The use of fly ash, especially low-lime fly ash, can

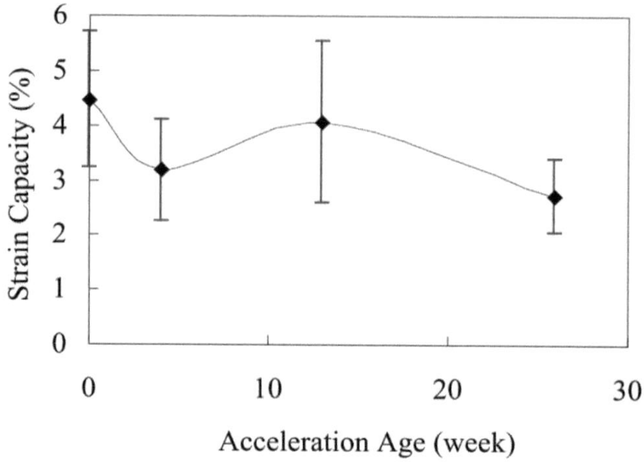

Fig. 3.11 Influence of hot and humid environments on composite tensile strain capacity (Li et al., 2004).

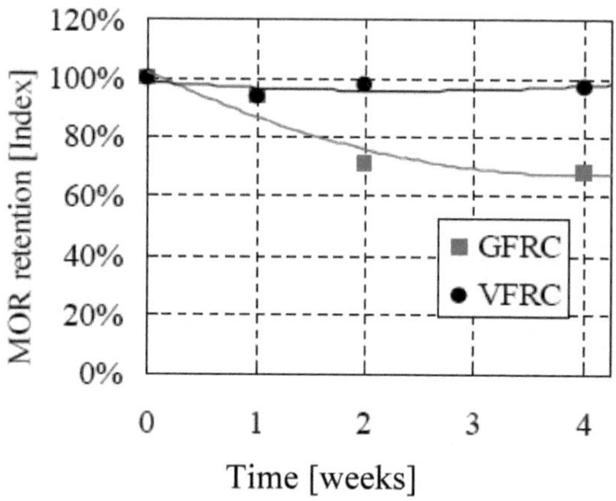

Fig. 3.12 Acceleration test for PVA and glass fibre reinforced composites (Horikoshi et al., 2005).

also be successfully used to prevent the deterioration due to sulphate attack. Fly ash is already the main component of many SHCCs.

3.7 Alkali-aggregate Reaction

The alkali-aggregate reaction (AAR) is caused by the use of reactive aggregates in inherently alkaline cementitious composites.

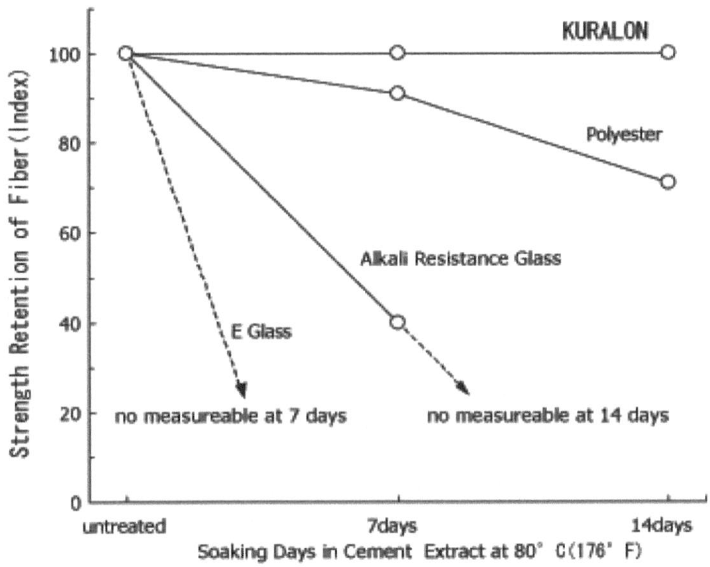

Fig. 3.13 Results of accelerated tests on various fibres for alkali resistance (Horikoshi et al., 2005).

Sahmaran and Li (2008) investigated the durability of SHCC under high alkaline environment. The performance of SHCC under high alkaline medium was tested according to ASTM C1260. The length change of the SHCC bars was measured up to 30 days. Figure 3.14 shows expansive behaviour of the SHCC. The classification ranges given from the ASTM C 1260 are illustrated graphically in Figure 3.14 by horizontal gridlines. The results obtained from accelerated mortar bar test indicated that SHCC did not show any expansion at the end of 30 days soaking period probably due to non-reactive silica sand. However, even if reactive silica sand and alkalis are present in SHCC, it cannot be expected to develop deleterious expansion due to alkali-silica reaction (ASR) because of the high volume fly ash content, small sand particle size and micro-fibres in SHCC. No further study is needed for the ASR performance of SHCC, if high volume fly ash is used in its production.

Even though no deleterious expansion has been observed due to alkali silica reaction (Sahmaran and Li, 2008), alkalis will penetrate through micro-cracks or even the uncracked matrix that could lead to modifications in the material microstructure and hence changes in the composite properties. For this reason, Sahmaran and Li (2008) evaluated the mechanical performance of both virgin and mechanically-loaded SHCC under high alkaline environments. Pre-loaded SHCC specimens with microcracks with width of about 50 μm induced by mechanical loading and then exposed to high alkaline solution at 38°C almost fully recovered their elastic stiffness when re-tested in direct tension. Moreover, self-healing of microcracks in SHCC specimens subjected to alkali solution is evident from the microstructural observations. On the other hand, alkali solution exposure at 38°C leads to a reduction of about 20% in the tensile strain at the end of the 90 days exposure period. Moreover,

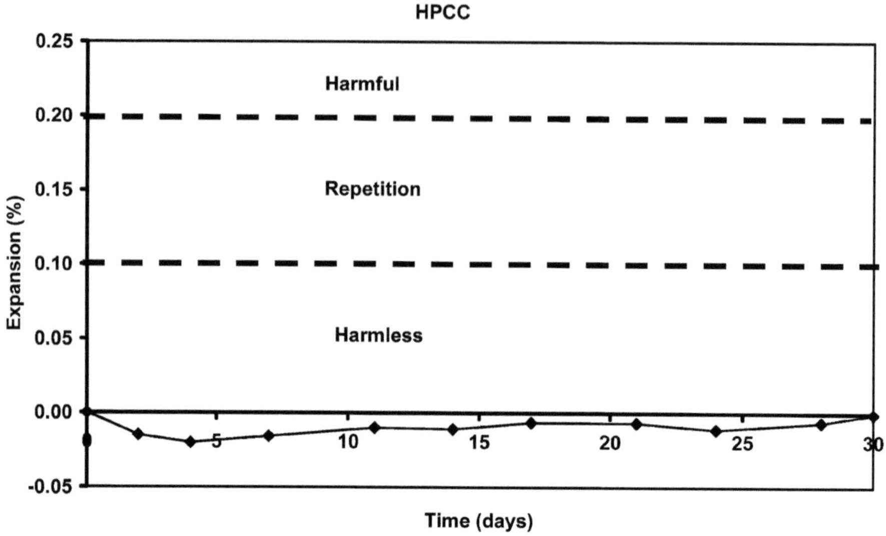

Fig. 3.14 Expansion time histories for SHCC (ASTM C1260-94).

the crack width increased to around 100 μm compared with 40 μm in air curing condition. This phenomenon suggests possible change in the fibre/matrix interface bond properties. Apart from the slight reductions in ultimate tensile strain capacity and higher residual crack width, the results presented in this study largely confirm the durability performance of SHCC material under high alkaline environment, even in cases where the material experiences mechanical loading that deforms it into the strain-hardening stage prior to exposure.

3.8 Conclusions

The most important advantage of strain-hardening cement-based composites (SHCC) is the capability of reducing crack width under applied loads. The finely-distributed microcracks may provide good resistance to penetration of deleterious substances even under higher strains and thus increase durability of the structures.

In this chapter, the durability characteristics of SHCC under chemical loads have been summarized including the effects of chloride attack, leaching, sulphate attack, and alkali-aggregate reaction.

The present study indicates that the SHCC materials exhibit much better performance under these aggressive environments. However, test data are very limited and thus further intensive studies are needed in various area of durability under chemical loads to generally come up with more solid conclusions, which can be used for the practical design of actual structures with SHCC materials.

Acknowledgments

Petr Kabele's activities in the technical committee 208-HFC, including preparation of the present report, have been financially supported by the Czech Ministry of Education, Youth and Sports Plan no. VZ 03 CEZ MSM 6840770003.

References

American Concrete Institute (2002). *Building Code Requirements for Structural Concrete, (ACI 318-02) and Commentary (ACI 318R-02)*, American Concrete Institute. Farmington Hills, MI.

Constantinides, G. and Ulm, F.J. (2004). The effect of two types of C-S-H on the elasticity of cement based materials: Results from nanoindentation and micromechanical modelling, *Cement and Concrete Research*, 34(1), pp. 67–80.

Horikoshi, T., Ogawa, A., Saito, T., and Hoshiro, H. (2005). Properties of poly vinyl alcohol fiber as reinforcing materials for cementitious composites, in *Proceedings of the Workshop on HP-FRCC in Structural Applications*, Honolulu, Hawaii, USA, May 23–26, 2005.

Kabele, P., Němeček, J., Novák, L., and Kopecký, L. (2006a). Effects of calcium leaching on interfacial properties of PVA fibers in cementitious matrix, *Engineering Mechanics*, 13(4), pp. 285–295.

Kabele, P., Novák, L., Němeček, J., and Kopecký, L. (2006b). Effects of chemical exposure on bond between synthetic fiber and cementitious matrix, in *Proceedings of ICTRC'2006 – 1st International RILEM Conference on Textile Reinforced Concrete*, Aachen, Germany, 6–7 September 2006, RILEM Publications, pp. 91–100.

Kabele, P., Novák, L., Němeček, J., and Pekař, J. (2007). Multiscale experimental investigation of deterioration of fiber-cementitious composites in aggressive environment, in *Proceedings of MHM 2007: Modeling of Heterogeneous Materials with Applications in Construction and Biomedical Engineering*, Prague, Czech Republic, 25–27 June 2007, pp. 270–271.

Kabele P., Takeuchi S., Inaba, K., and Horii, H. (1999). Performance of engineered cementitious composites in repair and retrofit: Analytical estimates, in *Proceedings of High Performance Fiber Reinforced Cementitious Composites (HPFRCC3)*, H.W. Reinhardt and A. Naaman (Eds.), RILEM Publications, pp. 617–627.

Kamali, S., Garbozzi , E., Prene, S., and Gerard, B. (2004). Hydrate dissolution influence on the Young's modulus of cement pastes, in *Fracture Mechanics of Concrete Structures, Vol. 2, Proceedings of FraMCoS International Conference*, Vail, Colorado, USA.

Lepech, M. and Li, V.C. (2005). Durability and long term performance of engineered cementitious composites, in *Proceedings of International Workshop on HPFRCC in Structural Applications*, Honolulu, Hawaii, USA, May 23–26, 2005.

Li, V.C. and Stang, H. (2004). Elevating FRC material ductility to infrastructure durability, in *Fiber-Reinforced Concretes, Proceedings BEFIB 2004*, M. di Prisco, R. Felicetti, and G.A. Plizzari (Eds.), pp. 171–186.

Li, V.C., Fischer, G., Kim, Y.Y., Lepech, M., Qian, S., Weimann, M., and Wang, S. (2003). *Durable Link Slabs for Jointless Bridge Decks Based on Strain-Hardening Cementitious Composites*, Report for Michigan Department of Transportation RC-1438, November.

Li, V.C., Horikoshi, T., Ogawa, A., Torigoe, S., and Saito, T. (2004). Micromechanics-based durability study of Polyvinyl Alcohol-Engineered Cementitious Composite. *ACI Materials Journal*, May/June, pp. 242–248.

Li, M., Sahmaran, M., and Li, V.C. (2007). Effect of cracking and healing on durability of engineered cementitious composites under marine environment, in *Proceedings High-Performance Fibre-Reinforced Cement Composites (HPFRCC5)*, Mainz, Germany, 10–13 July, 2007.

Lim, Y.M. (1996). Interface fracture behavior of rehabilitated concrete infrastructures using engineered cementitious composites, Ph.D. Thesis, The University of Michigan, Ann Arbor.

Miyazato, S. and Hiraishi, Y. (2005). Transport properties and steel corrosion in ductile fiber reinforced cement composites, in *Proceedings of ICF11*, Turin, Italy, Mar. 2005.

Němeček, J., Kabele, P., Kopecký, L., and Bittnar, Z. (2005). Micromechanical properties of calcium leached engineered cementitious composites, in *Proceedings of the International RILEM Workshop on High Performance Fiber Reinforced Cementitious Composites (HPFRCC) in Structural Applicatoins*, Honolulu, Hawaii, 23–26 May 2005, pp. 205–211.

Němeček, J., Kabele, P., Kopecký, L., and Bittnar, Z. (2007). Effect of chemical exposure on fiber reinforced cementitious matrix, in *Proceedings of SEMC 2007, the Third International Conference on Structural Engineering, Mechanics and Computation*, Cape Town, South Africa, 10–12 September 2007.

Oh, B.H. and Jang, B.S. (2003a). Chloride diffusion analysis of concrete structures considering the effects of reinforcements, *ACI Material Journal*, 100(2), March/April, pp. 143–149.

Oh, B.H. and Jang, S.Y. (2003b). Experimental investigation of the threshold chloride concentration for corrosion initiation in reinforced concrete structures, *Magazine of Concrete Research*, 55(2), pp. 117–124.

Oh, B.H. and Jang, S.Y. (2004). Prediction of diffusivity of concrete based on simple analytic equations, *Cement and Concrete Research*, 34(3), pp. 463–480.

Oh, B.H. and Shin, K.J. (2005). Cracking, ductility and durability characteristics of HPFRCC with various mixture proportions and fibers, in *Proceedings of International Workshop on HPFRCC in Structural Applications*, Honolulu, Hawaii, USA, May 23–26, 2005.

Oliver, W.C. and Pharr, G.M. (1992). An improved technique for determining hardness and elastic modulus using load and displacement sensing indentation experiment, *Journal of Material Research* 7, pp. 1564–1583.

Sahmaran, M. and Li, V.C. (2007). De-icing salt scaling resistance of mechanically loaded engineered cementitious composites, *J. Cement and Concrete Research*, 37, pp. 1035–1046.

Sahmaran, M. and Li, V.C. (2008). Durability of mechanically loaded engineered cementitious composites under high alkaline environment, *Cement and Concrete Composites*, 30(2), pp. 72–81.

Sahmaran, M., Li, V.C., and Andrade, C. (2008). Corrosion resistance performance of steel-reinforced engineered cementitious composite beams, *ACI Materials Journal*, 105(3), pp. 243–250.

Chapter 4
Durability under Thermal Loads

Romildo D. Toledo Filho, Eduardo M.R. Fairbairn, and Volker Slowik

Abstract Three main topics related to the durability of strain hardening cementitious composites (SHCC) under thermal loads are discussed: (i) high temperatures induced either by service loads or by fire possibly causing damage to the microstructure of the material; (ii) heat released during cement hydration that causes thermal gradients and may lead to cracking; and (iii) low temperatures which cause freezing and can degrade the durability of the structure.

Considering that at present only few results are available in the literature for the durability of SHCC under thermal loads, further research will be necessary to fully understand the behaviour of SHCC under these loading conditions. In concluding remarks, some recommendations for future investigations are given.

Key words: durability, thermal load, thermal gradient, hydration heat, freeze-thaw resistance, de-icing salt

4.1 Introduction

Concrete structures when exposed to thermal gradients or extreme temperatures (including fire and freeze-thaw cycles) may be subject to modifications of their properties. This might degrade their efficiency and consequently their durability. The mechanism of concrete deterioration due to thermal loads is characterized by the build-up of differential internal stresses which will promote the initiation of cracks. The latter tend to form fracture surfaces or a network of connections between the pores increasing the concrete permeability and making it more vulnerable to aggressive agents.

Romildo D. Toledo Filho · Eduardo M.R. Fairbairn
Civil Engineering Department, Universidade Federal do Rio de Janeiro, Brazil

Volker Slowik
Leipzig University of Applied Sciences, Leipzig, Germany

G.P.A.G. van Zijl and F.H. Wittmann (eds.), Durability of Strain-Hardening Fibre-Reinforced Cement-Based Composites (SHCC), DOI 10.1007/978-94-007-0338-4_4, 59–71.

The determination of thermal properties such as hydration heat, thermal conductivity, specific heat, coefficient of thermal expansion as well as of the resistance to high temperatures or freeze-thaw cycles is very important for predicting the behaviour of the structure when subjected to thermal loads. For SHCC, however, only few results are available in the literature.

This review will cover three main topics related to the durability of SHCC under thermal loads: (i) the behaviour under high temperatures induced either by service loads or by fire; (ii) the behaviour under thermal gradients resulting from hydration heat; (iii) the resistance to freeze-thaw cycles.

4.2 Behaviour at Elevated Temperatures

Two fundamental aspects should be considered when studying the behaviour of concrete subjected to high temperatures. The structure can be subjected to a more or less stable high temperature, reached in a gradual way, such as found in chimneys, industrial vats, etc; or it can be subjected to a great fluctuation of high temperatures within a short time, for example, when it is subjected to an accidental fire and thermal shocks of cooling when the fire is extinguished. In the first case, when the structure is already destined to operate under high temperatures it can behave in an acceptable way if properly designed. In the second case, when the structure is subjected accidentally to severe aggressive conditions, it can resist well or badly, according to its characteristics and the gravity of occurrence.

It is known that concrete undergoes significant chemical and micro-structural changes at temperatures beyond 105°C (Bažant and Kaplan, 1996), leading to loss of stiffness and strength due to dehydration. In the event of rapid heating, high pore pressure may arise and lead to spalling. One cannot find in the specialized literature reports of researches concerning SHCC at elevated temperatures. However, it is known that polypropylene fibres have a twofold effect regarding thermal loadings. On one hand, they can reduce the effects of spalling (Nishida and Yamazaki, 1995; Kalifa et al., 2000, 2001; Velasco et al., 2004) because when the polypropylene fibres are melted at about 170°C they create relief channels and also micro-cracks that allow the vapour to escape through the cement mass avoiding the spalling phenomenon that occurs between 190 and 250°C. On the other hand, it was verified that polypropylene fibres have a minimum or negative effect in the residual performance of heated concrete (Poon et al., 2004; Chan et al., 2000; Li et al., 2004). The property deterioration could be attributed to fibre melting or softening, dehydration of cement hydrates, and porosity increasing during the heating process (Li et al., 2004).

As far as fire temperatures are concerned, Yoshitake et al. (2006) used the setup shown in Figure 4.1 to compare the response of specimens made of plain concrete with the one of three types of fibre reinforced concrete (medium fibre content 0.5 to 0.75% by volume): steel, polypropylene and PVA fibre reinforcement. While it should be noted that these composites are unlikely to exhibit strain hardening tensile behaviour, an indication of fire heat resistance of SHCC is given by the test results

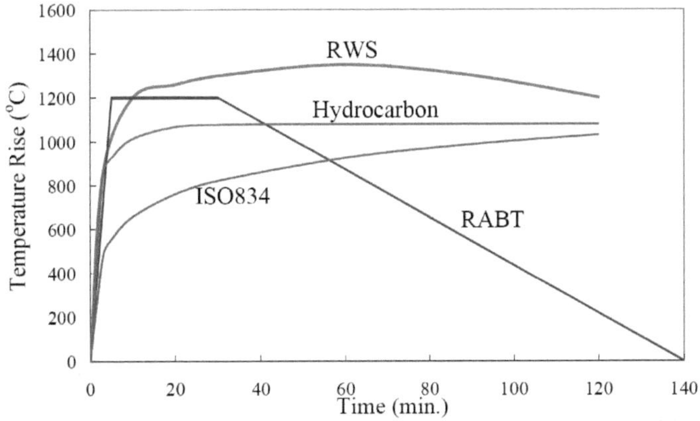

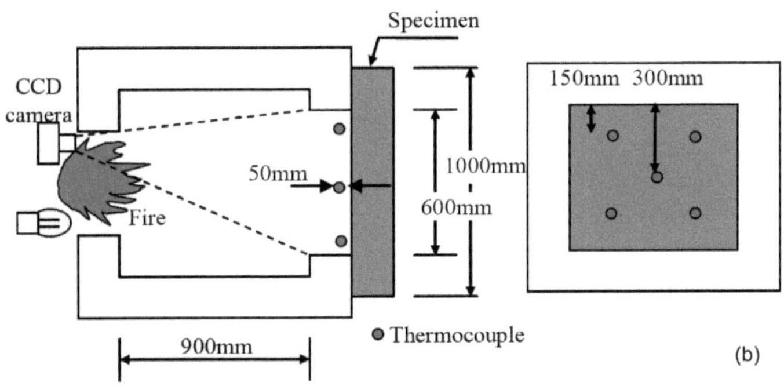

Fig. 4.1 (a) Temperature evolution curves from fire simulation and (b) experimental fire heating setup (Yoshitake et al., 2006).

shown in Figure 4.2. It can be observed that the surface temperature nearly instantly follows the heating, but the heating is delayed with increasing depths. With additional data concerning the temperature dependence of mechanical material parameters, the duration under fire loading before structural collapse may be estimated from such test results. An extreme situation will occur when the thermal decomposition temperature (for polypropylene 271°C and for PVA 263°C) of the fibre materials is reached at a significant depth in the structural element. Elaborate testing is required to confirm the retardation of heat evolution in the case of FRC containing polymeric fibres, as indicated by Figure 4.2.

A systematic study is required to verify whether these mechanisms act also in SHCC. In addition, fibre integrity at elevated temperature is a concern and must be verified through an investigation of the fibre's thermal stability. Research on the mechanical and physical properties of SHCC at elevated temperatures, on the residual mechanical and physical properties after the exposure to high temperatures, as well as on the gas permeability at high temperatures also needs to be performed.

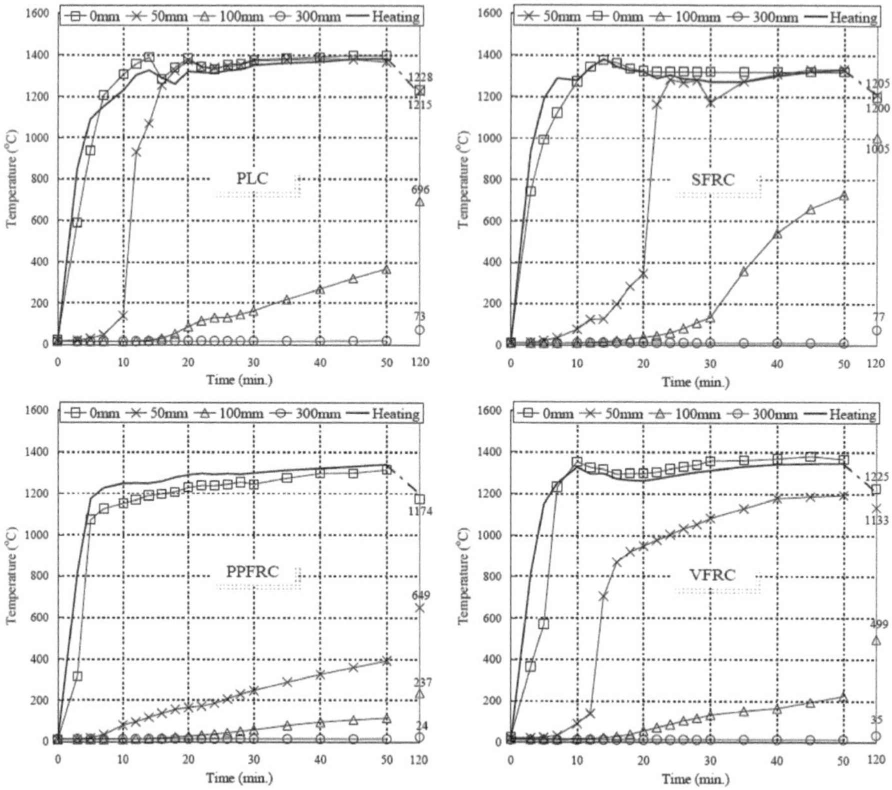

Fig. 4.2 Temperature evolution at various depths in plain concrete, SFRC, PPFRC and PVA-FRC specimens, subjected to (RWS) fire temperature simulation in Figure 4.1.

4.3 Thermal Cracking at Early Age

Cracking at early age is a problem that involves strains imposed by both thermal gradients and autogenous shrinkage. Both phenomena originate from the hydration reaction of the cement. This reaction is exothermic as well as thermally activated and the properties of the material (e.g., strength, Young's modulus, autogenous shrinkage and creep) are dependent on its extent. In what concerns the heat generation, thermal activation introduces a second-order effect, since the rate of heat generated by a unit mass at a given time depends on the extension of the reaction, which varies as a function of the thermal history of the structure (Fairbairn et al., 2004).

The properties of concrete that allow a good understanding of the early age material behaviour should be determined in a way that all the effects of hydration as well as of the mechanical and thermal material behaviour are considered (Fairbairn et al., 2006). This can be done experimentally by coupling an adiabatic calorimeter to a cure chamber which will receive the temperature signal from the calorimeter. An example of this experimental setup is shown in Figure 4.3.

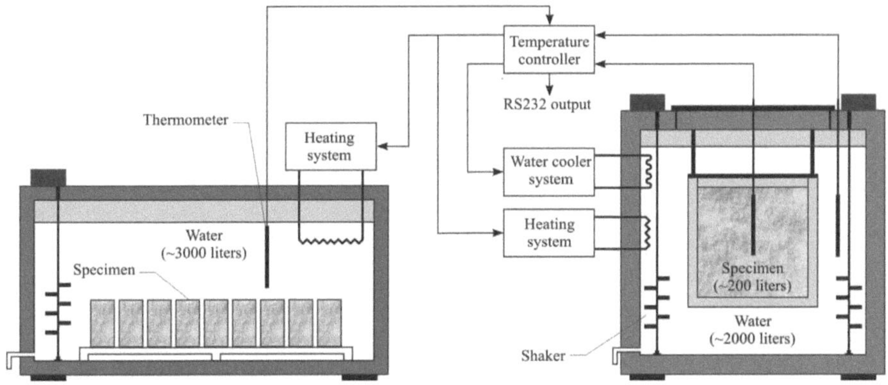

Fig. 4.3 Experimental setup to determine thermo-chemo-mechanical properties (Fairbairn et al., 2006).

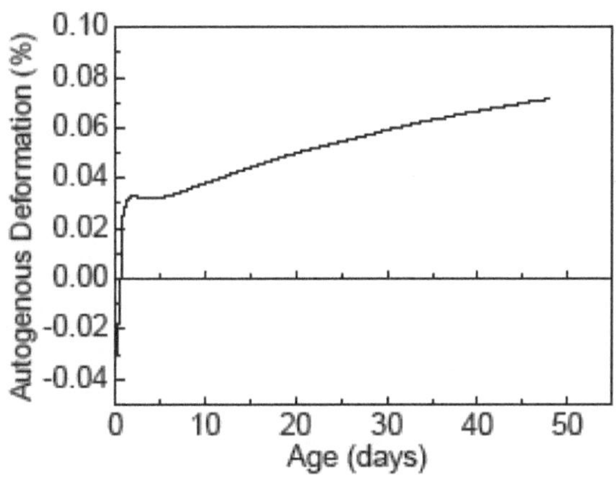

Fig. 4.4 Autogenous shrinkage (Wang and Li, 2005).

The following properties should be determined for SHCC as a function of the hydration degree: adiabatic temperature rise; autogenous shrinkage; coefficient of thermal expansion; specific heat; heat conductivity; creep; Young's modulus; compressive strength; tensile strength.

There are few references concerning the thermo-chemo-mechanical properties of SHCC. shows the autogenous deformation of SHCC immediately after casting up to an age of 47 days. Positive deformation means shrinkage. The zero deformation was defined at the moment of setting, which occurred about 11 hours after casting. Rapid autogenous shrinkage was recorded within the first two days, which may be attributed to the chemical reaction. Afterward, the development tends to exhibit a plateau (Wang and Li, 2005).

4.4 Frost Resistance and Action of De-icing Salts

Cyclic freezing and thawing is one of the most damaging environmental conditions for concrete. To combat the effects of freeze thaw cycles, ACI-318-02 (ACI 2002) stipulates in Section 4.2 both a minimum entrained air content and a maximum water to cement ratio. By adhering to these recommendations, along with proper placement and curing, very durable concrete can be cast. However, concrete durability remains very sensitive to the amount of air entrainment and to the curing conditions. Therefore, if this sensitivity can be overcome through the use of SHCC materials, the desired structural durability can be achieved.

There are indications that the stiffness (dynamic modulus of elasticity) and tensile ductility of SHCC are not significantly degraded by this mechanism (Li et al., 2003; Ogawa et al., 2005). This may be due to the relatively high air content of the SHCC because of fibre addition, which should be confirmed in systematic testing and characterization of the SHCC resistance to this potential degradation mechanism.

4.4.1 SHCC Freeze-thaw and De-icing Resistance as Tested According to ASTM

Freeze-thaw testing, in accordance with ASTM C666A, was performed by Li et al. (2003) with companion series of SHCC and normal concrete specimens (both without deliberate air entrainment). In addition to typical dynamic modulus testing of prism specimens outlined in C666A, a series of SHCC tensile specimens was also subjected to freeze-thaw cycles. The results of the tensile tests were compared to those with reference samples of identical age cured in water at 22°C. These tests allowed to evaluate the effect of freeze-thaw exposure on the composite strain capacity. Testing of SHCC and concrete prisms was conducted concurrently over 14 weeks. After 5 weeks (110 cycles), the concrete specimens had severely deteriorated, requiring removal from the test. However, all SHCC specimens survived 300 cycles with no degradation of dynamic modulus. This performance results in a durability factor of 10 for concrete compared to 100 for SHCC, as computed according to ASTM C666. It is noted that this high durability was achieved without deliberate air entrainment into the SHCC. In the uniaxial tension tests performed on wet cured and freeze-thaw exposed SHCC specimens, no significant drop in strain capacity was experienced after 300 cycles. Both sets of specimens exhibited a tensile strain capacity of roughly 3%, well above the capacity needed for most applications.

Salt scaling resistance of non-air-entrained sound (uncracked) and mechanically pre-loaded (cracked) SHCC specimens was evaluated in accordance with ASTM C672 by Sahmaran and Li (2007). Non-air-entrained mortar specimens with and without fly ash were also tested as reference specimens. The SHCC specimens contained approximately 2% PVA fibres by volume, with a fibre length of 8 mm and

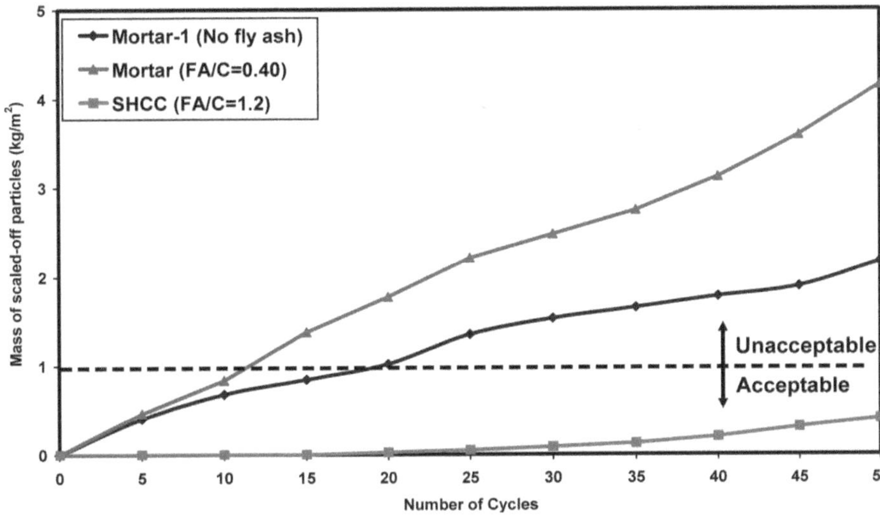

Fig. 4.5 Mass of scaled-off particles versus number of cycles for virgin mortar and virgin SHCC prisms (Sahmaran and Li, 2007).

a fibre diameter of 39 μm. The composition differed from those given in Table 2.1 also by the water to binder (w/b) ratio, which at $w/b = 0.27$ was significantly lower than those in Table 2.1. After 50 freezing and thawing cycles in the presence of de-icing salt, the surface condition, visual rating and total mass of the scaling residue for SHCC specimens, even for those with high volume fly ash content (fly ash (FA) – cement (C) ratio of up to 2.2), remained within acceptable limits according to ASTM C 672, see Figure 4.5. This level of durability holds true even for SHCC specimens pre-loaded to high deformation levels and exhibiting extensive microcracking. In comparison, reference mortar specimens under identical testing conditions deteriorated severely. Moreover, the replacement of fly ash with cement in the mortar further exacerbated deterioration due to freezing and thawing cycles in the presence of de-icing salt.

In a separate test, both pre-loaded (cracked) and sound SHCC specimens were exposed to freeze-thaw cycles in the presence of de-icing salt for 25 and 50 cycles in order to evaluate the residual tensile strength and the ductility of reloaded SHCC specimens (Sahmaran and Li, 2007). The reloaded specimens showed negligible loss of ductility and retained the multiple micro-cracking behaviour and a tensile strain capacity of more than 3%. It was also discovered that microcracks formed under mechanical loading will heal sufficiently under freeze-thaw cycles in the presence of salt solutions, restoring nearly the original stiffness. These results confirm that SHCC, both sound and micro-cracked, remains durable despite the exposure to freeze-thaw cycles in the presence of de-icing salts.

Table 4.1 Material composition.

Component	Content by mass
CEM I 32.5 R	1.0
Water	0.9
Fly ash	2.0
Fine sand (0.1–0.5 mm)	0.6
Plasticizer	0.02
Methyl cellulose	0.003

4.4.2 SHCC Freeze-thaw and De-icing Resistance as Tested with the RILEM TC-117 Procedure

The freeze-thaw and de-icing resistance of SHCC has been assessed in comparison to a reference mortar by using the test method proposed by RILEM TC 117 – FDC (Setzer et al., 1996). This so-called CDF test procedure (capillary suction of de-icing solution and freeze-thaw test) allows the determination of the material loss per unit surface area due to repeated well-defined freeze-thaw cycles in the presence of de-icing salt.

The composition of the SHCC test material is given in Table 4.1. PVA fibres "REC 15", Kuraray, length 8 mm, were used with a volume content of 2.2%. This SHCC appears to have a comparably high strain capacity. It was not primarily optimized for a high freeze-thaw resistance.

The reference mortar had the same composition, but no fibre reinforcement.

The specimens had the dimensions of 150 × 150 × 75 mm^3. A number of five samples was prepared and tested for each material, i.e. for the SHCC as well as for the reference mortar.

Specimen preparation and tests were undertaken according to the RILEM Recommendation (Setzer et al., 1996). The procedure started at the age of 7 days with 21 days of dry storage. Then, the specimens were subjected to a pre-saturation with the test liquid for 7 days. The test liquid consisted of demineralised water with 3% sodium chloride content by mass. Subsequently, twelve-hour freeze-thaw cycles with maximum and minimum temperatures of +20 and –20°C, respectively, were applied, see Figure 4.6. During the freeze-thaw cycles, the front faces of the specimens were in contact with the test liquid. Before pre-saturation, the side faces of the specimens had been sealed with an epoxy resin. The mass loss was determined after 8, 14, 21 and 28 freeze-thaw cycles and related to the surface area of the samples. In order to remove loosely adhering particles from the samples, an ultrasonic cleaning was undertaken according to Setzer et al. (1996).

The results are presented in Table 4.2 as well as in Figure 4.7. It may be seen that the mass loss of the reference mortar is significantly higher than the one of the SHCC. Figure 4.8 shows the samples after 28 freeze-thaw cycles and Figure 4.9 two representative specimen surfaces.

On the basis of the experimental results, the following conclusions may be drawn:

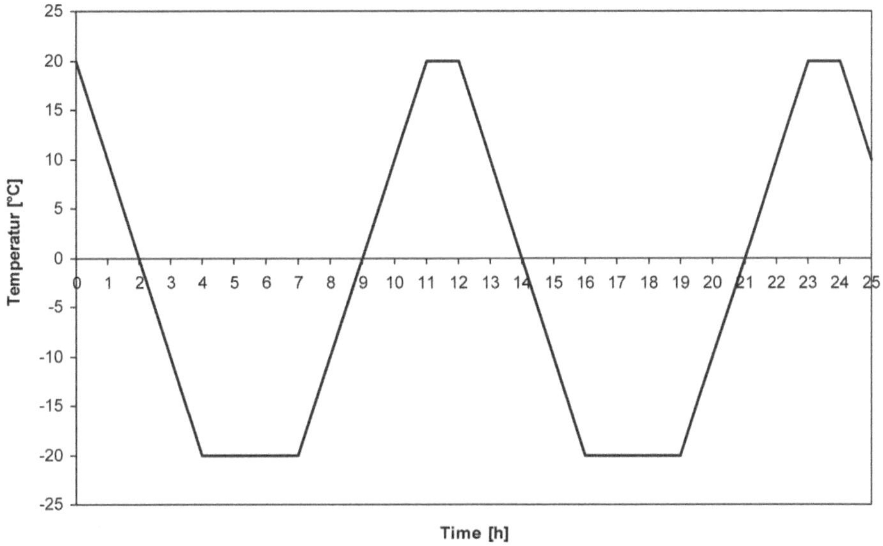

Fig. 4.6 Freeze-thaw cycles according to RILEM TC 117 – FDC (Setzer et al., 1996).

Table 4.2 Mass loss per unit surface area due to freeze-thaw cycles.

Number of cycles	Reference mortar specimens [kg/m^2]	SHCC specimens [kg/m^2]
8	2.1	0.3
14	4.1	0.7
21	7.5	1.4
28	10.9	2.2

1. The presence of the PVA fibres causes a significant reduction of the mass loss per unit surface area during the CDF test. At the first view, the SHCC appears to have a significantly higher freeze-thaw and de-icing resistance as compared to the reference mortar.
2. The mass loss of 2.2 kg/m^2 after 28 freeze-thaw cycles measured for the SHCC exceeds the generally accepted limit value of 1.5 kg/m^2 (Setzer and Auberg, 1995). Accordingly, the freeze-thaw and de-icing resistance appears to be insufficient when determined by this method.
3. The examination of the surfaces after the freeze-thaw cycles revealed distinct differences between the SHCC and reference mortar samples, see Figure 4.8. Whereas the surfaces of the reference mortar samples are comparably smooth, see Figure 4.9a, those of the SHCC samples appear to be rough and fissured, see Figure 4.9b. At the SHCC surfaces, some pieces of the material are almost completely separated from the sample. They are only lightly adhering to the surface by the help of the PVA fibres. On the basis of this observation, it is concluded

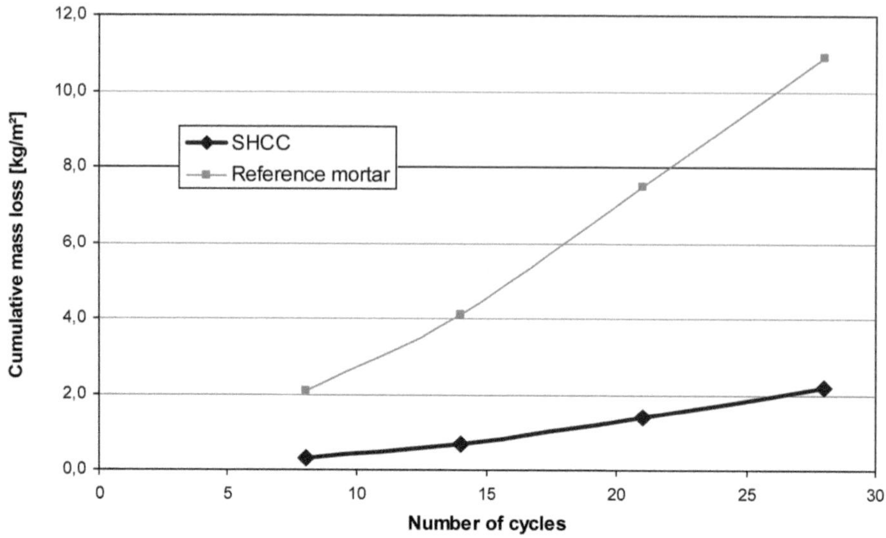

Fig. 4.7 Mass loss per unit surface area due to freeze-thaw cycles.

Fig. 4.8 Specimens after 28 freeze-thaw cycles, left side: SHCC specimens, right side: reference mortar specimens.

that by measuring the mass loss during the CDF test the actual damage caused by the freeze-thaw cycles might be underestimated.

It has to be taken into account that the investigated SHCC was not optimized for a high freeze-thaw and de-icing resistance.

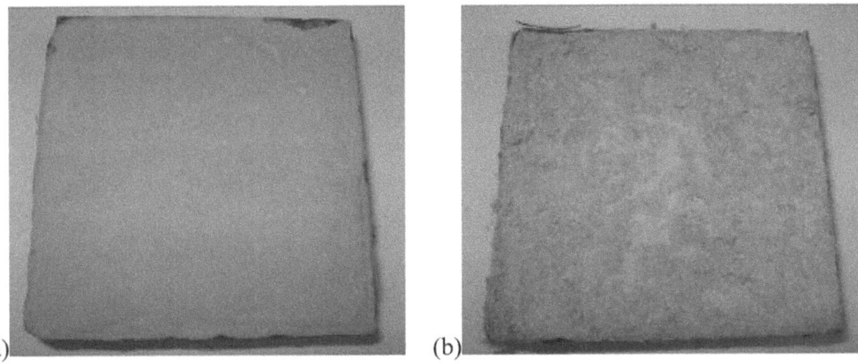

Fig. 4.9 Reference mortar (a) and SHCC (b) surface after 28 freeze-thaw cycles.

In a pilot application, the SHCC tested here has been used for repair layers on outdoor concrete surfaces in Germany. The repaired surfaces are about 3.5 years old now and have survived three cold seasons without any freeze-thaw damage.

Furthermore, experience in Ann Arbor shows no freeze-thaw damage on a bridge deck exposed to freeze-thaw cycles over five cold Michigan winters.

4.5 Concluding Remarks

Thermal loading is a very general concept that may include several aspects of the material and structural behaviour of a cement based composite implicating its durability. At present, few results are available concerning the durability of SHCC under thermal loads. Further investigations will be necessary to fully understand the damage processes taking place in the material under this type of loading. It is believed that several topics should be addressed including: (a) thermo-chemo-mechanical behaviour of SHCC (heat of hydration – kinetics and amplitude – using an adiabatic calorimeter; specific heat, thermal conductivity and coefficient of thermal expansion; autogenous shrinkage; mechanical properties of SHCC as a function of its degree of hydration and creep of SHCC as a function of temperature); (b) mechanical and physical properties of SHCC under high temperatures (mechanical behaviour at elevated temperatures; residual mechanical properties after exposure to high temperatures; residual physical properties after exposure to high temperatures; porosity and gas permeability at high temperatures for different crack widths); (c) behaviour of SHCC under thermal gradients (crack width measurement under thermal cycling as well as under thermal shock; thermal stability of PVA fibres and SHCC using thermo-analysis; spalling resistance of SHCC); and (d) behaviour under freeze-thaw cycles (comparison of the material behaviour under different standardised test conditions; influence of the SHCC air content; effect of air-entraining admixtures).

Acknowledgements

The first authors acknowledge the financial support of the research agencies ANEEL, CAPES and CNPq and FURNAS Hydropower Company.

References

American Concrete Institute (2002). *Building Code Requirements for Structural Concrete, (ACI 318-02) and Commentary (ACI 318R-02)*, American Concrete Institute. Farmington Hills, MI.

Bažant, Z.P. and Kaplan, M.F. (1996). *Concrete at High Temperatures, Material Properties and Mathematical Models*, Longman, Essex.

Chan, Y.N., Luo, X., and Sun, W. (2000). Compressive strength and pore structure of high-performance concrete after exposure to high temperature up to 800°C, *Cement and Concrete Research*, 30, pp. 247–251.

Fairbairn, E.M.R., Silvoso, M.M., Alves, J.L.D., Toledo Filho, R.D., and Ebecken, N.F.F. (2004). Optimization of mass concrete construction using genetic algorithms, *Computers & Structures*, 82, pp. 281–299.

Fairbairn, E.M.R., Toledo-Filho, R.D., Silvoso, M.M., Ribeiro, F.L.B., Evsukoff, A.G., Ferreira, I.A., Guerra, E. A., Andrade, M.A.S., Faria, E.F., and Andrade, W.P. (2006). A new comprehensive framework for the analysis of mass concrete: Thermo-chemo-mechanical, experimental, numerical and data modeling, in *Proceedings 22nd ICOLD Congress – International Symposium on Dams in the Societies of the XXI Century*, Barcelona.

Kalifa, P., Chene, G., and Galle, Ch. (2001). High-temperature behavior of HPC with polypropylene fibers from spalling to microstructure, *Cement and Concrete Research*, 31, pp. 1487–1499.

Kalifa, P., Menneteau, F.D., and Quenard, D. (2000). Spalling and pore pressure in HPC at high temperatures, *Cement and Concrete Research*, 30, pp. 1–13.

Li, V.C., Fisher, G., Kim, Y.Y., Lepech, M., Qian, S., Weimann, M., and Wang, S. (2003). Durable link slabs for jointless bridge decks based on strain-hardening cementitious composites, Report for Michigan Department of Transportation RC-1438, November.

Li, Z.; Zhou, X., Shen, B. (2004). Fiber-cement extrudates with perlite subjected to high temperatures, *Journal of Materials in Civil Engineering*, 16(3), May/June, pp. 221–229.

Nishida, A. and Yamazaki, N. (1995). Study on the properties of high strength concrete with short polypropylene fiber for spalling resistance, in *Proceedings of the International Conference on Concrete under Severe Conditions, CONSEC'95*, Sapporo, Japan, August, E&FN Spon, London, pp. 1141–1150.

Ogawa, A., Hitomi, Y., and Hoshiro, H. (2005). PVA-fibre reinforced high performance cement board, in *Proceedings of the International Workshop on HPFRCC in Structural Applications*, Honolulu, Hawaii, USA, May 23–26, 2005.

Poon, C.S., Shui, Z.H., and Lam, L. (2004). Compressive behavior of fiber reinforced high-performance concrete subjected to elevated temperatures, *Cement and Concrete Research*, 34, pp. 2215–2222.

Sahmaran, M. and Li, V.C. (2007). De-icing salt scaling resistance of mechanically loaded engineered cementitious composites, *Cement and Concrete Research*, 37(7), pp. 1035–1046.

Setzer, M.J. and Auberg, R. (1995). Freeze-thaw and deicing salt resistance of concrete testing by the CDF method – CDF resistance limit and evaluation of precision, *Materials and Structures*, 28(175), pp. 16–31.

Setzer, M.J., Fagerlund, G., and Jansen, D.J. (1996). CDF test – Test method for the freeze-thaw resistance of concrete – Tests with sodium chloride (CDF), RILEM Recommendation, TC 117-FDC: Freeze-thaw and deicing resistance of concrete, *Materials and Structures*, 29(193), pp. 523–528.

Velasco, R.V., Toledo Filho, R.D., Fairbairn, E.M.R., Lima, P.R.L. and Neumann, R. (2004). Spalling and stress-strain behaviour of polypropylene fibre reinforced HPC after exposure to high temperatures, in *Proceedings Sixth RILEM Symposium on Fibre Reinforced Concrete BEFIB2004*, Varenna, Vol. 1, pp. 699–708.

Wang, S. and Li, V.C. (2006). Polyvinyl alcohol fiber reinforced engineered cementitious composites: Material design and performances, in *Proceedings of the International Workshop on HPFRCC in Structural Applications*, Honolulu, Hawaii, USA, May 23–26, 2005.

Yoshitake, I., Baba, K., Ito, T., and Nakagawa, K. (2006). Behavior of fiber reinforced concrete under fire temperature, in *Proceedings of the International Workshop on HPFRCC in Structural Applications*, Honolulu, Hawaii, USA, May 23–26.

Chapter 5
Durability under Combined Loads

Folker H. Wittmann

Abstract So far deterioration of cement-based materials has been studied in most cases under single actions. In reality, however, materials are exposed to mechanical and environmental load combinations. Actions of combined loads on building materials can be subdivided into simultaneous actions and successive actions. Chloride penetration into SHCC under sustained load is an example for simultaneous actions and carbonation after frost damage is an example for successive actions. On ordinary concrete aggravating synergetic effects of combined loads could be observed. Chloride penetration for instance is accelerated if the material is simultaneously under tensile stress. The influence of combined loads on durability of cement-based materials is of particular significance if the service life of a structural element is to be predicted. Service life is overestimated in general, if design is based on a single selected environmental load as for instance carbonation or chloride penetration. So far few results of investigations into the behaviour of SHCC under combined loads are available. It is suggested to set up a coordinated research program in order to identify most serious combined loads as soon as possible.

Key words: combined loads, durability, service life

5.1 Introduction

The new class of cement-based materials with pronounced strain hardening has interesting mechanical properties for a series of applications. But it is likely that the durability of SHCC will be even more important for future applications. Service life of concrete structures is often limited by crack formation in the rather brittle concrete cover. It should be noted here that the "skin" of concrete is particularly brittle. So far durability of concrete and other cement-based materials has been considered

Folker H. Wittmann
Aedificat Institute Freiburg, Germany

G.P.A.G. van Zijl and F.H. Wittmann (eds.), Durability of Strain-Hardening Fibre-Reinforced Cement-Based Composites (SHCC), DOI 10.1007/978-94-007-0338-4_5, 73–79.

under one or several isolated actions such as carbonation, chloride penetration or frost action most often. In reality, however, materials are usually exposed to a combination of mechanical and environmental loads and hence durability of a structural member depends essentially on the specific combination of loads in its environment. It has been shown, that service life of concrete structures under the influence of combined loads can be considerably shorter than under the influence of individual loads (Zhao et al., 2005a; Wittmann et al., 2006b). Few results are available so far from tests on durability of concrete under combined loads and even fewer on durability of SHCC under these complex conditions. For this reason this chapter must be considered to be a preliminary first step with the major aim to point out the practical relevance of durability under combined actions and to initiate more research in this specific field.

If the influence of combined loads on durability of cement-based materials is to be studied, two different situations have to be distinguished at least:

1. Simultaneous actions: a typical example is the combination of mechanically imposed sustained strain and simultaneous carbonation or chloride penetration.
2. Successive actions: a typical example is damage induced by frost action followed by carbonation or chloride penetration.

This subdivision may be useful for a better understanding of the processes involved but in reality we may often be confronted with a mixed situation. Then, of course, the situation becomes even more complex. In any case simplifying assumptions have to be introduced if service life of a reinforced construction is to be estimated on the basis of laboratory test results.

We can take full advantage of the enormous ductility of SHCC only under strain-controlled conditions but not under stress-controlled conditions. In practice a series of different strains may be imposed on cement-based structural elements. Non-mechanical strains lead to stresses if a structural element is fixed at both ends or if strain gradients are generated (Alvaredo and Wittmann, 1995; Wittmann, 2002). Some possibly imposed strains and their typical origin are listed in Table 5.1. Let us have a quick look into the order of magnitude of different strains. The ultimate tensile strain capacity of unreinforced cement-based materials is approximately 0.015%. In comparison hygral strain alone (shrinkage) can be easily 0.08% and thermal strain may reach up to 0.04% under usual climatic conditions. A combination of thermal and hygral strains is frequently much higher than the ultimate tensile strain capacity of unreinforced cement-based materials. This is the reason why crack formation due to imposed strains often limits the service life of reinforced concrete structures. SHCC, however, can absorb a usual combination of strains by multiple micro-crack formation, and this type of micro-cracks should have no influence on durability if the material is optimised. In addition Lepech and Li (2005) and Yang et al. (2005) found that micro-cracks in SHCC under moist conditions are closed again by self-healing. Both mechanical properties and permeability are re-established in this way.

Some synergetic effects of combined actions are obvious, others are not. In Table 5.2 some examples for actions, which may damage the composite structure

Table 5.1 Major imposed strains and their typical origin.

Imposed strain	Typical origin
Mechanical	Dead weight, service load, accidental load
Hygral	Drying shrinkage, wetting swelling, autogenous drying
Thermal	Heat of hydration, climatic temperature changes, fire
Chemical	Carbonation shrinkage, ettringite and delayed ettringite formation, AAR

Table 5.2 Examples for synergetic effects of combined actions. Damage may be induced by various actions, which lead to acceleration of deteriorating processes.

Damage induced by	Acceleration of deteriorating processes
Mechanical load; compressive, tensile, or dynamic	Carbonation
Frost action	Chloride penetration
Chemical reactions; hydrolysis, AAR, or sulphate attack	Sulphate ammonia penetration

of cement-based materials are compiled. If a compressive load higher than 60% of the ultimate load is applied, additional micro-cracks are formed and the bulk volume increases. Under tensile stress the same happens at even lower stress levels. Damage can also be induced by frost action. In this case the pore space is increased. $Ca(OH)_2$ in the concrete structure can be dissolved if the surface of concrete is in contact with pure water or carbonic acid. Again new pore space is created.

We can expect that these actions will accelerate all deteriorating processes, which depend on diffusion or migration, such as carbonation or chloride penetration. In reality the interactions are more complex, however. Each of the three actions mentioned in Table 5.2 has an influence on the other two. That means it will take us some time to find out what are the most critical load combinations.

5.2 Imposed Strain and Penetration of Aggressive Compounds

Let us briefly consider the combination of an imposed strain and the simultaneous penetration of an aggressive agent such as chloride. If the stress in SHCC reaches the tensile stress of the cement-based matrix multiple micro-cracks are formed as the imposed strain increases. This crack formation obviously means damage of the composite material. This damage can be observed by measuring the elastic modulus for instance. It has been shown, however, that the permeability of the material with respect to chloride penetration is not increased by crack formation if the maximum crack width remains below a critical value. In Figure 5.1 experimental results obtained by Takewaka et al. (2003) are shown. Several authors have reported similar results in the meantime.

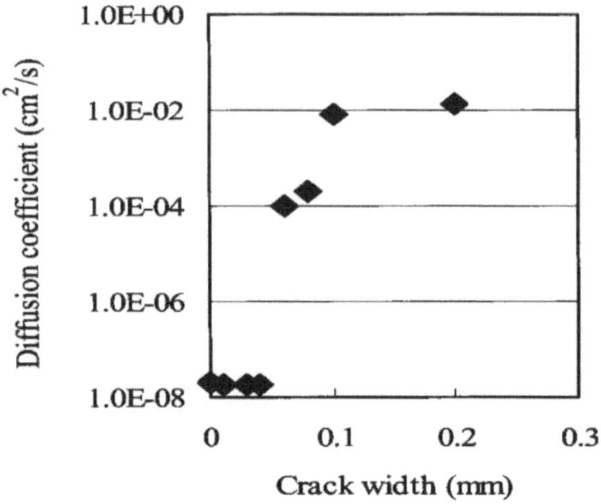

Fig. 5.1 Diffusion coefficient as function of crack width according to Takewaka et al. (2003).

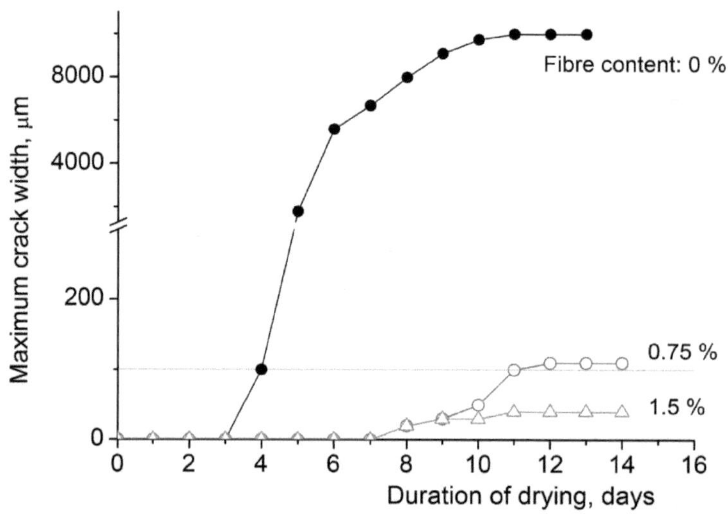

Fig. 5.2 Maximum crack width as observed by means of a ring test on the SHCC matrix (0%) and on SHCC with 0.75 and 1.5% of PVA fibres added. If 1.5% of PVA fibres are added, the maximum crack width remains below 0.05 mm (Wittmann et al., 2006a; Zhao et al., 2005b).

If we succeed to optimise SHCC to such a degree that no cracks wider than 0.05 mm are being formed in the strain hardening range, chloride penetration will not be accelerated. In Figure 5.2 results of ring tests with SHCC matrix (0%) and with SHCC containing 0.75 and 1.5% of PVA fibres are shown. With the mortar matrix used in these test series, 1.5% of PVA fibres are sufficient to reduce the maximum crack width to a value below 0.05 mm. As a consequence, this material should be able to absorb all strains imposed by combined environmental loads without negative influence on durability. Further studies will be necessary to elucidate these results completely.

5.3 Frost Action and Permeability

Mechanisms of frost action in porous materials such as concrete have been studied for a long time and they are reasonably well understood by now (Setzer, 2000, 2005). Damage induced by frost action into concrete coarsens the pore structure and as a consequence rate of carbonation and of chloride penetration can be considerably accelerated (Wittmann et al., 2006b). It has become obvious that service life of a reinforced concrete structure can be considerably shortened by combined frost action and chloride attack.

Lepech and Li (2006) have tested frost resistance of SHCC. They could not observe any measurable damage during their tests. The high ductility probably prevents damage of the composite structure up to 300 freeze-thaw cycles. Exact limits of the safe region of combined frost action and chloride penetration are still to be investigated carefully.

5.4 Hydrolysis and Ultimate Strain Capacity

It is well known that cement-based materials have limited durability in contact with water (Wittmann and Gerdes, 1996; Wittmann et al., 2000). The degradation by hydrolysis can actually be considerably accelerated by certain aqueous solutions and by an electric field.

Nemecek et al. (2006) have observed by nano-indentation technique that the interface between PVA fibres and the cement-based matrix can be substantially weakened by hydrolysis and in presence of a chloride containing solution. In this way the ultimate tensile strain of the composite material will be reduced. Most probably the width of micro-cracks will grow under combined mechanical load and hydrolysis. The significance of these complex interactions for long-term durability of SHC will have to be clarified in detail by further studies.

5.5 Mechanical Load and Alkaline Environment

SHCC is primarily of interest because of its extraordinary strain capacity. But to which extent can this strain capacity really be used without jeopardizing durability and service life?

Sahmaran and Li (2009) have investigated the effect of combined mechanical and chemical loads on the performance of SHCC. They determined the complete stress strain diagram under strain controlled conditions. Some specimens were pre-strained up to 1 and 2% respectively. Then they were exposed to 1N Na(OH) aqueous solution for 30 respectively 90 days. It turned out that the strain capacity had decreased by about 20% and the crack width increased from 40 to about 100 μm. But this reduction in performance was nearly independent on the extent of pre-straining. Partial self-healing of the induced cracks has also been observed. The authors explain their findings by a damaging effect of the high alkalinity on the interface between PVA fibres and the cement-based matrix.

5.6 Conclusions

There is evidence that some loads lead to synergetic effects when acting in combination. Then damage under combined actions is more severe than the sum of damage if acting separately.

This aggravating effect of combined loads has to be taken into consideration if service life is to be estimated in a realistic way.

At present we are at the beginning of studying service life under combined actions only. Serious efforts will be necessary to fully understand the significance of damage under combined actions for the service life prediction of SHCC structural members.

References

Alvaredo, A.M. and Wittmann, F.H. (1995). Shrinkage and cracking of normal and high performance concrete, in *High Performance Concrete: Material Properties and Design*, F.H. Wittmann and P. Schwesinger (Eds.), Aedificatio Publishers, Freiburg, pp. 91–110.

Lepech, M.D. and Li, V.C. (2005). Water permeability of cracked cementitious composites, in *Proceedings of ICF11*, Turin, Italy, March 2005, pp. 20–25.

Lepech, M.D. and Li, V.C. (2006). Long term durability performance of engineered cementitious composites, *Int. J. Restoration of Buildings and Monuments*, **12**, pp. 119–132.

Nemecek, J., Kabele, P., Kopecky, L., and Bittnar, Z. (2006). Micro-mechanical properties of calcium leached engineered cementitious composites, in *Proceedings Rilem International Workshop on High Performance Fiber Reinforced Cement-Based Composites (HPFRCC) in Structural Applications*, Honolulu, Hawaii, May 22–27, 2005.

Sahmaran, M. and Li, V.C. (2009). Durability of mechanically loaded engineered cementitious composites under highly alkaline environments, *Cement and Concrete Composites* (accepted).

Setzer, M. (Ed.) (2000). *Pore Solution in Hardened Cement Paste*, Aedificatio Publishers, Freiburg.

Setzer, M. (2005). Mechanisms of frost action, in *Proceedings International Workshop on Durability of Reinforced Concrete under Combined Mechanical and Climatic Loads*, T. Zhao, F.H. Wittmann, and T. Ueda (Eds.), Aedificatio Publishers, Freiburg, pp. 263–274.

Takewaka, K., Yamaguchi, T., and Maeda, S. (2003). Simulation model for deterioration of concrete structures due to chloride attack, *J. of Adv. Concr. Techn.* 1(2), pp. 139–146.

Wittmann, F.H. (2002). Crack formation and fracture energy of normal and high strength concrete, *Sadhana (India)*, 27, Part 4, pp. 413–423.

Wittmann, F.H. (2005). Shrinkage and shrinkage cracking of high performance fibre reinforced cement-based composites, in *Proceedings of Creep, Shrinkage and Durability of Concrete and Concrete Structures, Concreep-7*, G. Pijaudier-Cabot, B. Gérard, and P. Acker (Eds.), Hermes Science Publishing, pp. 574–578.

Wittmann, F.H. and Gerdes, A. (1996). Korrosion zementgebundener Werkstoffe unter dem Einfluss eines elektrischen Feldes, *Int. J. Restoration of Buildings and Monuments*, 2, pp. 455–480.

Wittmann, F.H., Sadouki, H., and Gerdes, A. (2000). Ionentransport und Beständigkeit zementgebundener Werkstoffe im Kontakt mit Wasser, *Int. J. Restoration of Buildings and Monuments*, 6, pp. 385–400.

Wittmann, F.H., Furtwängler, K., and Mao, X. (2006a). Optimising material properties by means of the instrumented ring test, in *Proceedings Rilem International Workshop on High Performance Fiber Reinforced Cement-Based Composites (HPFRCC) in Structural Applications*, Honolulu, Hawaii, May 22–27 2005.

Wittmann, F.H., Zhang, P., and Zhao, T. (2006b). Influence of combined environmental loads on durability of reinforced concrete structures, *Int. J. Restoration of Buildings and Monuments*, 12 (to appear).

Yang, Y.M., Lepech, M.D., and Li, V.C. (2005). Self-healing of engineered cementitious composites under cyclic wetting and drying, in *Proceedings International Workshop on Durability of Reinforced Concrete under Combined Mechanical and Climatic Loads*, T. Zhao, F.H. Wittmann, and T. Ueda (Eds.), Aedificatio Publishers, Freiburg, pp. 231–242.

Zhao, T., Wittmann, F., and Ueda, T. (Eds.) (2005a). *Durability of Reinforced Concrete under Combined Mechanical and Climatic Loads*, Aedificatio Publishers, Freiburg.

Zhao, T., Mao, X., Furtwängler, K., and Wittmann, F.H. (2005b). Engineered cement-based composites (ECC) – New ultra ductile materials for more durable construction and repair, *Restoration of Buildings and Monuments*, 11, pp. 183–188.

Chapter 6
Durability of Fibres

Atsuhisa Ogawa and Hideki Hoshiro

Abstract Whereas previous chapters have reported on durability of SHCC composite as a whole, this chapter addresses the durability of the fibres. In particular, the durability of the fibres in the alkaline paste environment, at elevated temperature and exposed to various chemical substances is considered here. It is noted that various fibre types can be used to produce SHCC. However, due to limited test results on fibre durability in SHCC, the discussion here is limited to a few fibre types, notably Polyvinyl Alcohol (PVA) fibre.

Key words: accelerated aging, alkaline exposure, tensile strength retention, fibre bond aging

6.1 Introduction

Polyvinyl Alcohol (PVA) has a relatively simple chemical structure with a pendant hydroxyl group shown in Figure 6.1. PVA is produced by the polymerization of vinyl acetate to polyvinyl acetate (PVAc), followed by hydrolysis of PVAc to PVA. In 1939, Sakurada's research group at Kyoto Imperial University in Japan developed PVA fibre, and in 1950 Kuraray Corp commenced the manufacture and sale of the PVA fibre. PVA fibres have been widely used for industrial, agricultural, fishing applications, seaweed farming nets, ropes, hoses, belts, tire codes, paper making felts, but also as reinforcement in cement-based construction material.

PVA fibre has suitable characteristics as reinforcing materials for cementitious composites. In this chapter, typical characterizations of PVA fibre are reviewed on the basis of comparison with other fibres used for cement reinforcing material.

Atsuhisa Ogawa · Hideki Hoshiro
Fibres and Textiles Company, Kuraray Co., Ltd., Japan

G.P.A.G. van Zijl and F.H. Wittmann (eds.), Durability of Strain-Hardening Fibre-Reinforced Cement-Based Composites (SHCC), DOI 10.1007/978-94-007-0338-4_6, 81–88.

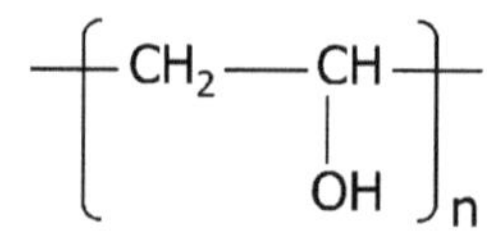

Fig. 6.1 Typical chemical structure of PVA macromolecule.

Table 6.1 Properties of fibres for use in cement-based construction materials.

	Tensile strength (N/mm^2)	Young's modulus (kN/mm^2)	Elongation Capacity (%)	Density (g/cm^3)
PVA fibre	880–1600	25–40	6–10	1.30
Polypropylene fibre	600	5	25	0.91
Polyamide fibre	750–900	3.4–4.9	13–25	1.10
Polyethylene fibre	250–700	1.4–2.2	10–15	0.95
High performance polyethylene fibre	2700	120	5	0.97
Steel fibre	1200	200	3–4	7.85
AR glass fibre	2200	80	0–4	2.78
Asbestos fibre	620	160	–	2.55

6.2 Typical Properties of Fibres

Table 6.1 shows typical mechanical properties of fibres used in construction materials. Like steel and glass fibres, PVA fibres have a relatively high Young's modulus, equal to or greater than that of normal concrete. Through this mechanical property, and the fibre strength, PVA fibre holds particular potential for effective crack bridging in cement-based construction materials.

There are several types of PVA fibres as shown in Table 6.2. Finer type of PVA fibre "RM182" has been used for cement board roofing as asbestos fibre replacement. Coarser fibres have been widely used in civil engineering applications, including tunnel lining, industrial floors, road overlays and various kinds of shotcrete. Recently, new types of PVA fibres, the REC series, have been developed. REC15, one of the new types of PVA fibre, has been designed for SHCC based on micromechanics theory, resulting in surface treatment for bond control (Kanda and Li, 1998, 1999). This fibre is currently used widely in SHCC applications.

6.3 Durability of PVA Fibre

6.3.1 Accelerated Test in Alkaline Environment

Accelerated durability testing on PVA fibre in cementitious alkaline environment has been performed by Hoshiro et al. (2006). PVA fibre tenacity change and the

Table 6.2 Properties of Kuralon PVA fibres.

Types	Product Name (mm)	Diameter (MPa)	Tensile strength (GPa)	Young's modulus (%)	Elongation capacity	Main application
Standard	RM182	0.014	1500	36	7	Cement Board, Mortar
	RSC15	0.040	1400	36	6.5	Mortar, Concrete
	RF400	0.20	975	27	9	Mortar, Concrete
	RF1000	0.31	975	26	6	Mortar, Concrete
	RF4000	0.67	900	23	9	Concrete
Ductile	RECS7	0.027	1560	39	6.5	Cement Board, Mortar
	REC15	0.040	1600	41	6.5	Mortar
	RECS100	0.10	1200	28	12.5	Mortar, Concrete

oxidation mechanism have been observed during the accelerated test, which entailed soaking of fibres in cement extracted alkaline water at various temperatures.

The experimental study was done with PVA fibre filament. The filament yarn was twisted 80 turns per meter to prevent feazing. The twisted yarn was wound on a stainless steel frame. The wound PVA filaments were subsequently soaked in the cement extracted alkaline water at various temperatures. The results are shown in Figure 6.3 and suggest a threshold temperature of 50°C. Below 50°C full strength is retained, but beyond this threshold, strength loss is evident in Figure 6.3.

Hot alkaline conditions reduce the viscosity and discolor PVA. On the other hand, under nitrogen, it does neither. With regard to the viscosity change and discoloration of PVA, Shiraishi et al. (1962) pointed out the chemical reaction shown in Figure 6.3. The generation of the -CO-C=C- group, the circled group in Figure 6.2, causes discoloration and can be measured by UV absorption at 235 nm (Yamaguchi et al., 1959).

From the experimental study Hoshiro et al. (2006) suggested a method of estimating tensile strength retention of PVA fibre after accelerated degradation in hot alkaline water by estimating the relation between tensile strength change and UV absorption. Figure 6.4 shows the relation between tensile strength retention and the UV absorption.

This b-linear relation can be approximated by the following equation:

$$\text{Tensile strength retention (\%)} = \begin{cases} -505(\text{UVabs.}) + 143 & \text{for UV abs.} > 0.085 \\ 100 & \text{for UV abs.} \leq 0.085 \end{cases} \tag{6.1}$$

Considering the relation between tensile strength retention and soaking time (h in hours), they obtained following equation:

$$\text{Tensile strength retention (\%)} = \begin{cases} -1.3\text{E} - 05h + 111.2 & \text{for } h \geq 8.58\text{E5} \\ 100 & \text{for } h < 8.58\text{E5} \end{cases} \tag{6.2}$$

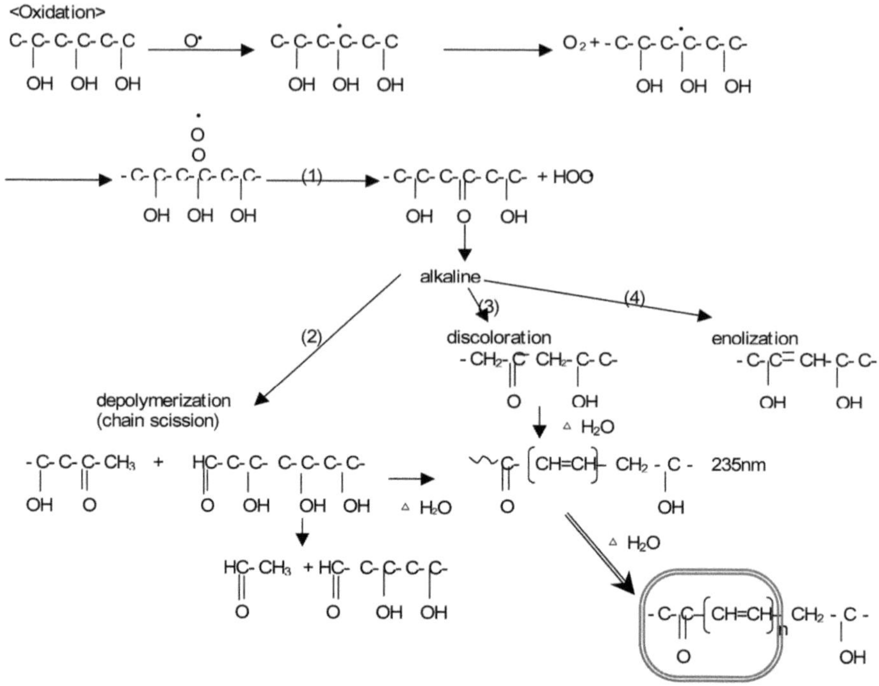

Fig. 6.2 Oxidation reaction of PVA molecule under alkaline condition.

From equation (6.2) the estimated tensile strength retention after 60, 100 and 120 years can be calculated to be 100, 99.8 and 97.5%, respectively. Based on this accelerated test, the long-term durability of PVA fibres is evident.

Figure 3.13 (Section 3.5) shows another result of accelerated testing of PVA, polyester, alkali resistance AR glass and E glass fibre. These fibres were soaked in hot (80°C) and high alkaline water. PVA fibre maintains its tensile strength even after 14 days of soaking.

6.3.2 Accelerated Tests in Chemical Exposure

The chemical stability of PVA fibre was studied in similar way as above, with the results shown in Figure 6.5. PVA filament was also applied for this study. The PVA filament yarn was wound with 80 turns per meter of twist on a stainless steel frame. Subsequently the wound PVA filaments were soaked in various chemicals at various temperatures. Especially in dilute acid solution case, strength retentions are marginally decreasing, however chemical stability of PVA fibre is demonstrated in these results.

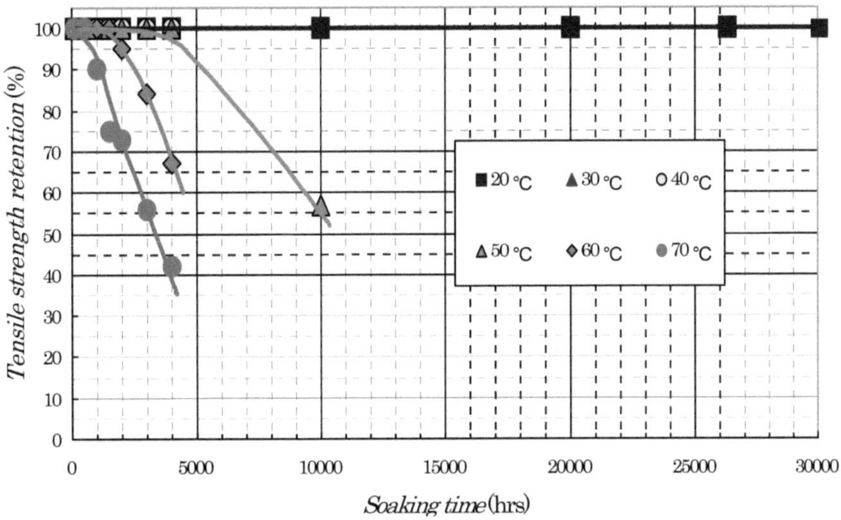

Fig. 6.3 Effect of soaking time on tensile strength.

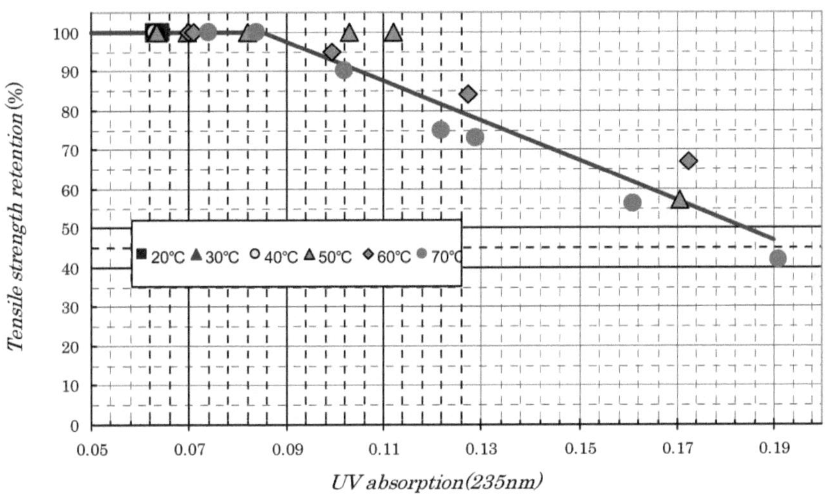

Fig. 6.4 Effect of soaking time on tensile strength.

6.4 Durability of PVA Fibre-reinforced Cement-based Composites

For over 20 years, PVA fibre has been successfully used in various parts of the world. The use and shipping of PVA fibre reinforced cement board products for roofing started in 1983. The long experience in the field has provided excellent data on the

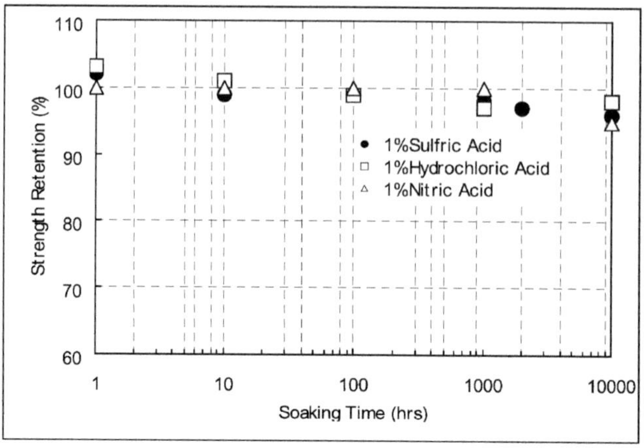

a) Acid Solutions

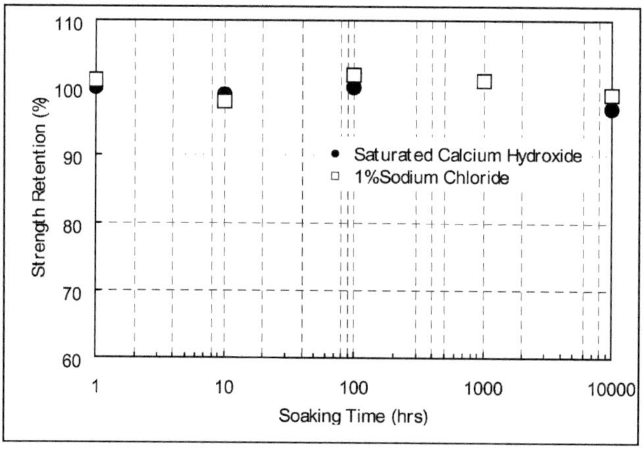

b) Alkaline Solutions

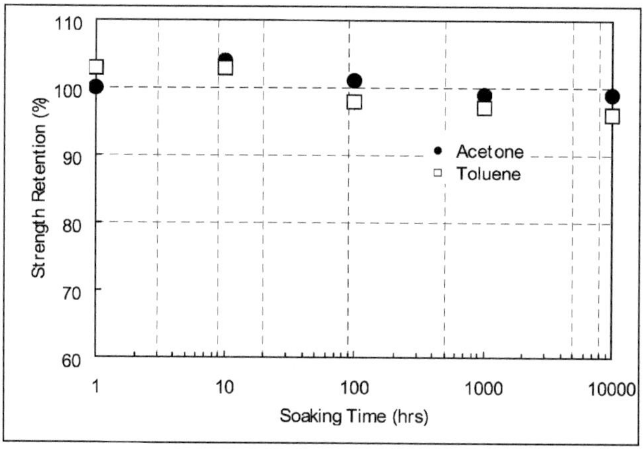

c) Organic Solvents

Fig. 6.5 Chemical stability test results.

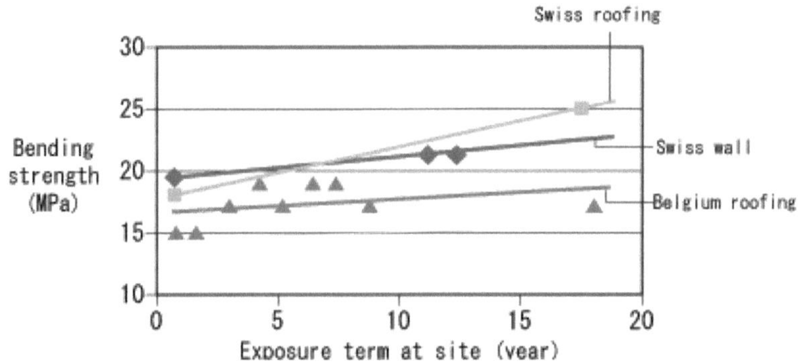

Fig. 6.6 Flexural strength evolution of cement board during outdoor exposure in Belgium and Switzerland.

longevity of PVA fibres and their suitability as an asbestos replacement (Lhoneux et al., 2002). Figure 6.6 shows fibre-cement strength evolution during natural weathering in Belgium and Switzerland. It was found that PVA fibre-reinforced cement slates maintain their strength or develop increased strength than before aging. Also it is found that from tensile strength, crystalline and molecular weight determinations, no sign of degradation could be observed on the fibres, which were extracted from fibre cement sheet exposed to outdoor weathering. For many years PVA fibres have also been used by international manufacturers of curtain walls, and for external roof and wall cladding.

The test results in Figure 3.12 (Section 3.4) also reflect the durability of SHCC composite, when subjected to accelerated testing. There it is shown that the immersion of PVA and AR glass fibre reinforced mortar in 60°C hot cement extracted alkaline water for 28 days leads to no reduction in MOR in PVA fibre-reinforced mortar. However, AR glass fibre reinforced mortar gradually loses its MOR to 70% of the initial value.

Tests were also performed on PVA SHCC to determine the influence of accelerated aging on model parameters of the micromechanics-based models proposed by Li et al. (2004). The accelerated aging test here entailed immersion of SHCC specimens in 60°C hot water. Both single fibre pull-out tests and single fibre tensile tests were performed. In this study, REC15, SHCC suitable surface-treated PVA fibre, was applied. The results are shown in Figure 3.9 (Section 3.4) in terms of frictional and chemical bond, as well as apparent fibre strength. Twenty-six (26) weeks of hot water immersion, corresponding to over 70 years of natural weathering, lead to a reduction of the tensile strain capacity by the change of interfacial parameters. However it retained a tensile strain capacity of 2.7% on average, see Figure 3.11. All these results suggest that PVA-SHCC composites are durable under long-term hot and humid environmental loading as long as this long-term value of strain capacity is used in structural design.

6.5 Conclusions

PVA fibre itself has good durability under ordinary chemical environment. From accelerated aging tests in cementitious alkaline water environment, the PVA fibre tensile strength is predicted to be maintained at more than 95% over 100 years. Accelerated aging tests on the composite indicate that the interface bond properties of appropriately coated PVA fibre in SHCC are maintained.

On the other hand, PVA fibre-reinforced cement-based composites have been applied in various civil/architectural structures, some of which are already more than two decades old, demonstrating the durability practically.

References

de Lhoneux, B. Akers, S., Alderweireldt, L., Amiya, S., Carmeliet, J., Hikasa, J., Saenen, W., Studinka, J., Tomka, I., and Van den Bosch, M. (2002). Durability study of PVA fibres in fibre-cement products, in *Proceedings of the 4th International Symposium of Concrete for a Sustainable Agriculture*, Agro-, Aqua- and Community Applications, Ghent, Belgium, 21–24 April, 2002, pp. 275–284.

Hoshiro, H., Nishiyama M., and Yamamoto, R. (2006). Long-term Durability of Kuralon (PVA fiber) in alkaline condition, in *Proceedings 10th International Inorganic-bonded Fiber Composite Conference*, November 2006.

Kanda, T. and Li, V.C. (1998). Interfacial property and apparent fiber strength of high strength hydrophilic fiber in cement matrix, *J. Materials in Civil Engineering, ASCE*, 10(1), pp. 5–13.

Kanda, T. and Li, V.C. (1999). A new micromechanics design theory for pseudo-strain hardening cementitious composite, *J. Engineering Mechanics, ASCE*, 125(4), pp. 373–381.

Li, V.C., Horikoshi, T., Ogawa, A., Torigoe, S., and Saito, T. (2004). Micromechanics-based durability study of polyvinyl alcohol-engineered cementitious composite, *ACI Materials Journal*, May/June, pp. 243–248.

Magalhães, M.S., Toledo Filho, R.D., and Fairbairn, E.M.R. (2010). Physical and mechanical properties of strain-hardening cement-based composites (SHCC) after exposure to elevated temperatures, in *Advances in Cement-Based Composites*, Leiden, 17–19 November 2009, CRC Press, pp. 203–207.

Shiraishi, M. and Matsumoto, S. (1962). Viscosity drop of PVA in an alkaline solution, *Kobunshi Kagaku*, 19(212), pp. 722–727.

Yamaguchi, K., Tenjiku, M., Kinumaki, S. and Takahashi, T. (1959). Study of the mechanism of PVA discoloration during heat treatment by UV absorption, *Kobunshi Kagaku*, 16(174), pp. 571–578.

Chapter 7
Durability of Structural Elements and Structures

Viktor Mechtcherine and Frank Altmann

Abstract Strain-hardening cement-based composites (SHCC) have a great potential for the application in structures exposed to severe mechanical or environmental loading. This chapter summarises the current knowledge on the durability of the composite components as well as steel reinforcement when used in combination with SHCC.

Based on those considerations, the transport properties in the cracked state, the long-term strain capacity and the resistance in aggressive environments are identified as critical parameters. Current knowledge indicates that SHCC shows a high long-term strain capacity and favourable transport properties in the cracked state. The composite also exhibits superior resistance to aggressive environments compared to ordinary concrete. However, there is little information available on the effects of aggressive environments on the mechanical properties of the material.

A selection of field applications is presented, showing that the superior laboratory performance can be replicated in the field. However, since SHCC is a new material, there is no information available on its long-term field performance. To be able to fully utilise the superior qualities of this new material, it will be necessary to develop a realistic and reliable performance based durability design concept for SHCC structures.

Key words: strain-hardening cement-based composites (SHCC), structural elements, steel-reinforced SHCC, durability, service life

7.1 General Remarks

Most current applications of SHCC are non-structural. Fibre reinforcement is primarily used in controlling shrinkage cracks as well as cracks induced by tem-

Viktor Mechtcherine · Frank Altmann
Institute of Construction Materials, Faculty of Civil Engineering, TU Dresden, Germany

G.P.A.G. van Zijl and F.H. Wittmann (eds.), Durability of Strain-Hardening Fibre-Reinforced Cement-Based Composites (SHCC), DOI 10.1007/978-94-007-0338-4_7, 89–111.

perature changes. However, considerable laboratory research has been performed in the last few years on the behaviour of structural members made of SHCC, and the number of structural applications is increasing. Based on these first insights, some major tendencies may be deduced already.

From the current point of view, fibre reinforcement will be combined with conventional steel reinforcement in the majority of structural elements made of SHCC (R/SHCC). Thus the protection of steel from corrosion must be considered with regard to durability of such structures. This also holds true for the repair of reinforced concrete structures using SHCC. According to Li (2003), at least three broad classes of target applications can be discerned based on the observed characteristics of R/SHCC structural elements:

1. Structures requiring collapse resistance under severe mechanical loading.
2. Structures requiring durability even when subjected to harsh environmental loading.
3. Structures in which the application of SHCC is expected to support enhanced construction productivity.

Even this general classification indicates that durability requirements for different structures made of SHCC may vary significantly. To best meet these requirements, the material composition may also vary considerably. This implies that only a general framework for dealing with the problem of durability of such structural elements and structures can be provided in this chapter.

7.2 Characteristic Mechanical, Environmental, and Combined Loads

The wide variety of potential applications for SHCC means, that the range of mechanical and environmental loads as well as their possible combinations may be very broad. Table 7.1 gives a general classification of perspective structural applications of SHCC according to the loading mode and the performance modification by using SHCC.

Particular performance requirements may vary even for different parts of one structural member, as was shown by Inaguma et al. (2006) for the repair of a viaduct using SHCC, see Figure 7.1.

Considering the durability of structures, the mechanical loads are of particular interest with regard to the cracking, since cracks dramatically increase the transport of fluids and gases in concrete and consequently the corrosion process. Apart from the mode of loading (e.g. tension, shear, bending), which affects crack pattern and crack widths, the loading type should be considered, since for instance single overloading, fatigue loading or high sustainable loads can affect the cracking behaviour of SHCC (crack width and crack distribution).

However, crack formation and propagation often begin before any crack inducing mechanical loads are applied. Cracks resulting from thermal movements, re-

Table 7.1 Perspective structural applications of SHCC according to Li (2002).

Structural member/load	Example application	Performance modification by using SHCC
Flexural members	Tunnel linings, beams, slabs	Bending strength, pre-peak and post-peak ductility
Shear members	Bridge decks, corbels, keys in segmental construction, steel anchors in concrete members	Shear capacity, post-cracking safety
Torsional members	Poles, bridge decks	Torsional capacity, post-cracking safety
Uniaxial tension members	Pavements	Expand joint spacing
Beam-column connections	Building frames	Seismic resistance, reduce reinforcement and congestion
Column	Building columns, bridge	Seismic resistance, reduce spalling and enhance steel reinforcement

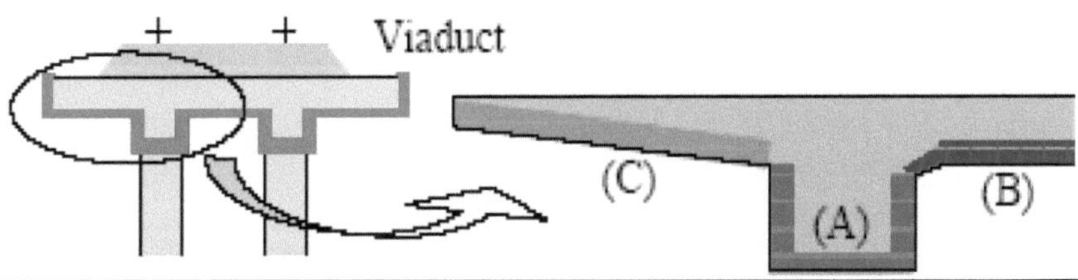

Part name	Member characteristic	Required performance of the surface coating
(A) Beam	Mainly support train loading	Crack-bridging ability
(B) Centre slab	Thin and easily affected by water from above	Water permeability
(C) Overhang slab	Often located above roads	Prevention of falling concrete fragments

Fig. 7.1 Required performance of SHCC repair for individual parts of a viaduct, according to Inaguma et al. (2006).

strained drying shrinkage, or autogenous shrinkage can be eventually exacerbated, for example by fatigue loading. A number of typical examples for combinations of mechanical and environmental loads is given in Chapter 5. These load combinations for R/SHCC structures are generally the same as for steel reinforced concrete structures.

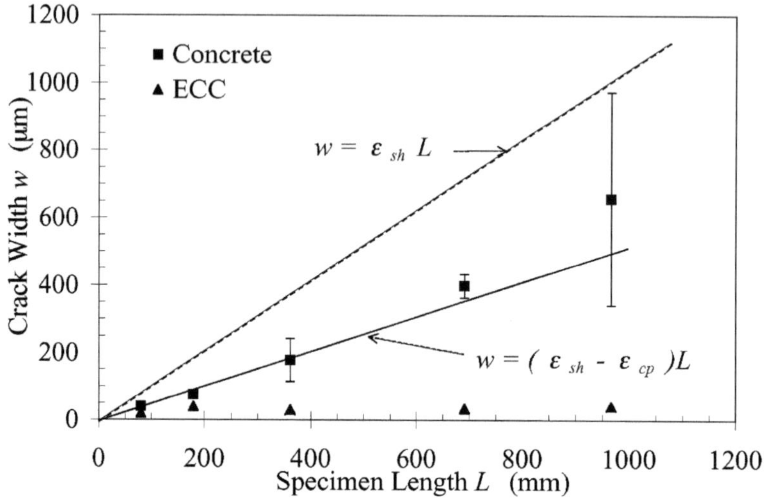

Fig. 7.2 Crack width as a function of specimen dimension for concrete and SHCC, according to Li and Stang (2004).

Restrained drying shrinkage might be the main cause of tensile stresses and cracking of SHCC prior to any mechanical loading. Li and Stang (2004) theoretically demonstrated that the restrained shrinkage crack width w depends on the cracking potential $p = \varepsilon_{sh} - (\varepsilon_e + \varepsilon_{cp})$ and characteristic material length l_{ch} according to Hilleborg et al. (1976), with ε_{sh} being the shrinkage strain, ε_e the elastic strain, and ε_{cp} the tensile creep strain. Due to its ductile behaviour and subsequently very high values of l_{ch}, SHCC possesses a high material resistance to the widening of cracks. As long as p remains negative, the microcrack width is an intrinsic material property, and will not depend on the structural dimension. This independence of the crack widths from the member size for SHCC applications was also confirmed experimentally through a series of simple restrained drying shrinkage tests, see Figure 7.2.

In most cases, cracking is inevitable in concrete structures and generally essential for an effective usage of reinforcement, both by steel bars and fibres. A great advantage of SHCC is that this material displays a self-controlled crack width, which is very small in comparison to conventionally reinforced structures. This enables, at least theoretically, full decoupling of steel reinforcement from the crack control. Steel reinforcement is used only for ensuring adequate load capacity, while SHCC controls the cracking behaviour. This constellation opens new opportunities for structural design, allowing a more effective use of both types of reinforcement. An example of where this decoupling has been taken advantage of, is an SHCC link-slab connecting between two bridge deck spans (Kim et al., 2004).

In this chapter the "mechanical part" of the design will not be directly addressed (this is the task of the SC 3), while the mechanical performance of SHCC will be considered with regard to the durability of SHCC structures.

7.3 Basics for the Durability Design

7.3.1 General Remarks

While discussing basics of the durability design for SHCC structures, reference will be made to existing durability design rules for steel reinforced concrete structures. The descriptive design rules of current standards are unlikely to be suitable for taking full advantage of the new class of materials discussed in this report. A performance-based durability design approach will likely be much more appropriate. While such an approach exists for crack-free ordinary concrete (DuraCrete 2000, fib bulletin 34, 2006; Schießl and Gehlen, 2005), significant efforts will be required to develop a similar approach suitable for cracked and crack-free SHCC. Recently Altmann et al. (2008) took a first step towards such a design concept by developing a fuzzy-probabilistic approach to forecast chloride ingress in SHCC. This approach allows the quantification of parameters based on limited data and expert knowledge. More research will be required to further develop and expand this approach until it allows a reliable durability design for cracked and crack-free SHCC under environmental loads. Only then it will be possible to fully utilise the inherent durability of SHCC for the construction of more sustainable structures.

In order to ensure structure durability, the durability of the applied materials should first be assured. Since a combination of steel reinforcement and SHCC seems to be most promising for most structural applications, the following requirements arise with regard to the durability of individual system components and consequently of the system as a whole:

1. Protection of steel reinforcement from corrosion.
2. Durability of the SHCC matrix.
3. Fibre durability.
4. Durability of fibre-matrix bond properties.

7.3.2 Protection of Steel Reinforcement from Corrosion

Ordinary steel reinforcement requires protection against corrosion, which the alkaline environment of the cementitious matrix provides. If aggressive agents such as chloride or carbon dioxide ingress into the matrix and reach the reinforcement, however, the steel may corrode. This chapter provides an overview of how the fundamental differences between ordinary concrete and SHCC may affect the protection of embedded steel reinforcement, while details regarding the current knowledge on individual transport properties of SHCC are covered in Section 7.4.

In the established codes and regulations (e.g. Eurocode 2, DIN 1045), three measures are demanded to protect steel reinforcement: limitation of the maximum crack width, sufficient concrete cover, and appropriate concrete quality defined by corresponding threshold values (minimum compression strength, maximum water-cement ratio, minimum cement content). In principle, these requirements also hold true for R/SHCC structures; however, the weighting and the thresholds values change (see also Section 1.3).

Li and Stang (2004) suggested two levels of protection of the structural element with regard to the steel corrosion. The first level relies on the tight crack width control of SHCC (< 100 μm), which delays the penetration of aggressive agents from reaching the steel reinforcement. Hiraishi et al. (2003) showed that the corrosion rate in an R/SHCC beam is significantly lower than that of a reference ordinary reinforced concrete (RC) beam preloaded to the same level. The second level of protection afforded by SHCC is the prevention of radial crack formation even if the steel rebar corrodes and expands. This anti-spall ability of SHCC has been demonstrated in experiments (Kanda et al., 2003).

Comparing this approach with the existing codes, the following considerations can be made:

- Intrinsically small crack widths in R/SHCC structures are much smaller than threshold values allowed by codes for RC structures. The question arises if adjustments should be made concerning the other two protection measures of the steel reinforcement, namely thickness of the concrete cover, and concrete quality.
- The requirement of a particular minimum value of concrete cover is based on numerous considerations including the carbonation of concrete, transport of aggressive agents through the concrete layer to steel reinforcement, as well as the concrete resistance against spalling. For ordinary concrete, the spalling resistance increases with increasing thickness of the concrete layer (Müller et al., 2003). In the case of SHCC, a much higher spalling resistance than that of ordinary concrete can be achieved with only a very thin overlay.
- The lack of coarse aggregates means that there are no vast aggregate-matrix interfaces with higher porosity than aggregate-free hardened cement paste, which might serve as “highways” for the transport of fluids and gases. However, due to a higher binder content, the overall porosity of SHCC is higher than that of ordinary concrete. To which extent the presence of fibres influences the transport properties must still be investigated in more detail.
- SHCC usually possesses higher binder content than ordinary concrete. The associated higher ability to bind aggressive substances such as chlorides and carbon dioxide is advantageous with regard to preventing steel corrosion.

In conclusion, it can be stated that for the same exposure classes (e.g. XC carbonation, XD de-icing salt or XS seawater according to CEN EN 206-1) the threshold values for SHCC would probably differ significantly from the corresponding values for ordinary concrete, if the established approach for durability design was applied to R/SHCC structures.

7.3.3 Durability of the SHCC Matrix

Frost attack, chemical attack by aggressive substances, as well as abrasion in some cases must all be considered with regard to the durability of the SHCC matrix. Basic effects of matrix composition on concrete resistance against these exposures are reasonably well known for ordinary concrete. However, they can not be transferred to predict the behaviour of SHCC because of its very particular mixture composition: absence of coarse aggregates, high binder content and presence of fibres. The fine, well distributed fibres might lower the deterioration of the composite even if the matrix is severely loaded.

The first results on the durability of SHCC under frost and chemical attack (the details are given in previous chapters of this report) display a sufficient resistance of the matrix, if it has an appropriate composition, especially concerning the water-binder ratio and the binder type. With regard to abrasion, the results of laboratory experiments are contradictory, with the suitability of the matrix and thus the composite SHCC for heavy roadway traffic depending not only on the mixture composition but also on the test method (see Chapter 2.8). Nonetheless, the results in field applications are encouraging. Further, it was found that the mechanical performance of SHCC remained practically unaltered (Li and Lepech, 2005) upon being exposed to frost attack. However, a chemical attack might very well affect the mechanical properties of the matrix, which would then lead to a change in SHCC strength and particularly its ductility. A substantial amount of research is still required to investigate the material behaviour under further exposures as well as statistically ensure observed characteristic material performance.

Another issue is the aging process and associated hydration, altering the mechanical performance of SHCC by changing the composition of the hardened binder paste phases as well as the microstructure and the properties of the bond between matrix and fibres (refer to Section 7.3.5).

7.3.4 Fibre Durability

In principle, different types of fibre can be used for the production of SHCC. As of yet, the best results have been obtained by using polyethylene (PE) and polyvinyl alcohol (PVA) fibres. Since PE fibre is very expensive, PVA fibre has been used in many research works on SHCC as well as for most applications.

Eternit Corp. began delivering PVA fibre reinforced roofing slates in 1983. This experience has provided reliable data on the longevity of PVA fibres (De Lhoneux 2002). Furthermore, it was discovered that from tensile strength, crystallinity and molecular weight determinations, no sign of degradation could be observed among the fibres, which were extracted from fibre cement sheets exposed to outdoors weathering (Horikoshi et al., 2006).

The effects of environmental exposure have also been examined using hot water immersion (see Section 3.4 and Li et al., 2004). For an equivalent of 70 years of natural weathering, little change has been observed in fibre properties such as strength, elastic modulus and elongation.

Apart from investigations on the behaviour in highly alkaline environments (see Section 3.5), no results on the chemical resistance of PVA fibre in aggressive environments are known. However, PVA groups of materials are generally considered to be resistant against chemical attacks.

7.3.5 Fibre-matrix Bond Durability

Like for the fibre, the effects of aging (see Section 2.3) and environmental exposure to hot and humid environments on interfacial properties have been examined using hot water immersion (see Section 3.4). It was found that the chemical fibre-matrix bond increased while the apparent fibre strength decreased. This reduces the overall strain capacity of the composite, which nonetheless generally remains at a level high enough to ensure the desired performance.

There is little specific information on the changes of the bond properties under chemical attack. As outlined in Sections 3.4 and 3.5, both chloride attack and calcium leaching reduce the fibre-matrix bond. Kabele et al. (2006) found that the case of calcium leaching this reduction may be so severe that multiple cracking of the material can no longer be guaranteed. It should be noted, however, that those experiments were carried out on specimens with high water-cement ratios. According to Sahmaran and Li (2008) a highly alkaline environment may lead to changes in the fibre-matrix bond, resulting in reduced tensile strain and – to a lesser degree – tensile strength (see Section 5.5). Other forms of chemical attack may very well affect the mechanical properties of the fibre-matrix bond as well. There is great need for further research on the changes of fibre-matrix bond properties due to chemical attack.

7.4 Characteristic Material Properties to Predict Long-term Durability and Service Life

7.4.1 General Remarks

Based on the considerations regarding the durability of individual components outlined in Section 7.3, the following characteristic properties of the composite material seem to be decisive with regard to long-term durability and service life of R/SHCC structures:

- Transport properties of SHCC material in a cracked state.
- Strain capacity of SHCC.
- Resistance of SHCC in aggressive environments.

On the material level these issues are discussed in detail in previous chapters. The following sections provide a brief overview as well as special considerations for elements and structures made of SHCC.

7.4.2 Transport Properties

The key question is what effect a considerable number of fine, distributed cracks have on the transport properties of SHCC (see Section 2.5). Average crack width has been used routinely as a reference parameter. However, for SHCC with multiple cracks of self-limiting width an approach using the cumulative crack length seems to be more appropriate (Mechtcherine et al., 2007). Where this is not practical, the average strain may serve as a useful reference. It can however be assumed that the fine fibres in combination with a fine grain matrix also affect the condition of crack profiles and the continuity of the entire crack system, which of course influences the transport of fluids and gases through the material. There is significant need for research into reliable and practical methods to describe the crack system in SHCC both in the laboratory as well as in field applications.

7.4.2.1 Air Permeability

There is very little information available on the air permeability of cracked SHCC, but it seems that the air permeability of uncracked SHCC is well within the range of typical values for ordinary concrete. For material strained to up to 1%, an increase of almost two orders of magnitude has been observed (Mechtcherine et al., 2007). While this may no longer be comparable to sound concrete, it should be noted that the specimens were tested at an age of 45 to 50 days and the mix had a high content of fly ash. Thus it can be expected, that in field applications with similar mixes ongoing hydration and self-healing will have a mitigating influence over time.

7.4.2.2 Water Transport Properties

As outlined in Section 2.5, the water transport properties of various cracked cementitious materials have been studied by a number of researchers. These investigations demonstrated the significance of the crack width w and the cumulative crack length in controlling the permeability and water absorption of cracked SHCC. A comparison with values for ordinary concrete (Adam, 2006) shows, that for strain levels up to 0.5% the water absorption of SHCC is comparable to that of sound concrete. It should be noted, however, that the reported crack widths in SHCC are typically between 50 and 100 μm. While capillaries of this width may not transport water very far into the material, the process is rather fast. In conjunction with the natural porosity of SHCC and sub-microcracks (Wittmann et al., 2007), the water may be transported deep into the material over time. Further research in this area is required.

7.4.2.3 Chloride Permeability

So far, very little information is available on the chloride permeability of SHCC. Miyazato and Hiraishi (2005) observed no macro-cell corrosion in cracked R/SHCC specimens with steel corrosion due to chloride penetration and a penetration depth that was significantly lower than for cracked reinforced mortar specimens (refer to Sections 2.5 and 3.2).

More recently Sahmaran et al. (2007) conducted immersion and ponding tests on SHCC and reinforced mortar specimens. The observed chloride penetration depth and diffusion coefficient both in cracked and uncracked SHCC specimens was much lower than that of the mortar specimens. The authors found the chloride diffusion coefficient to be proportional to the square of the crack width and linearly proportional to the number of cracks in the case of multiple cracking. The observed higher resistance of cracked and uncracked SHCC against the ingress of chloride ions can be attributed to a higher content of cementitious materials, a low w/c-ratio, the self-limiting crack width and, as a result of this, self-healing of the cracks (refer to Sections 2.9 and 3.2). While this is promising, more research is required.

7.4.2.4 Other Transport Properties

For sound ordinary concrete, numerous correlations were experimentally and in part also theoretically derived between different transport mechanisms (diffusion, permeation, absorption) and for different transport media (e.g. water, air, CO_2) (Hilsdorf et al., 1997; Lawrence, 1986). For cracked concrete, however, such comparisons have not yet been performed, as is the case for SHCC. The knowledge of possible correlations is essential for the prediction of the SHCC durability for different applications, if it is based on the results of just one or two particular test methods. There is a great need for research in this area.

7.4.3 Strain Capacity of SHCC

7.4.3.1 Long-term Strain Capacity and Aging Behaviour

Since a high strain capacity is a decisive property with regard to the durability of SHCC, this material and members or structures made of it, can only be considered as truly durable if their strain capacities do not negatively alter at a substantial rate over time.

In laboratory experiments SHCC long term strain capacities of 3% compared to initial ultimate strain levels of 5% were observed (see Section 2.3). While both values are far above the deformation demand imposed by many applications, average strain capacities in large scale SHCC production outside the laboratory are likely to be significantly lower. Kanda (2005) reported values between 1.18 and 3.80%, depending on the test method. Furthermore, the binder composition, the type of cement and the cement replacing materials as well as hygral and thermal ambient conditions should be considered (see Section 2.3). More research is required in order to be able to predict the long term mechanical performance of SHCC.

7.4.3.2 Cyclic Loading and Fatigue

As outlined in Section 2.6 the available information on the behaviour of SHCC under cyclic loading indicates that cracking behaviour is comparable to the behaviour under monotonic loading. The material stiffness decreases significantly with an increasing number of load cycles, but there is no evident influence of cyclic loading on the ultimate strain level (the details may be found in Jun and Mechtcherine, 2007, as well as in Mechtcherine and Jun, 2007).

There is little information available on the fatigue behaviour of SHCC in field applications. Zhang and Li (2002) investigated SHCC in high cycle fatigue scenarios, such as highway repairs. Both SHCC/concrete and concrete/concrete overlay specimens were tested in flexural fatigue. The tests showed that the load capacity of SHCC/concrete specimens was twice that of concrete/concrete specimens, the deformability of SHCC/concrete specimens was significantly higher, and the fatigue life was extended by several orders of magnitude. It should be noted, however, that under certain fatigue load conditions ordinary FRC may yield better durability results. Kunieda and Rokugo (2006) found, that while SHCC has a longer fatigue live than ordinary FRC at higher fatigue stress levels, its fatigue life at lower stress levels is shorter. This can be attributed to the fact that for low stress levels only a few cracks can propagate in the specimen. Thus the cracking state under fatigue load is an important factor for fatigue resistance of SHCC.

7.4.3.3 Behaviour under Sustained Loads

As described in Section 2.6, creep of SHCC consists of matrix creep, time-dependant crack development accompanied gradual delamination of fibres from the matrix and subsequent pull-out. As is the case with ordinary concrete, high sustained loads will lead to time-dependant failure (Jun and Mechtcherine, 2007).

There is little information on the creep behaviour of SHCC in field applications. Rokugo et al. (2005a) have reported increasing crack widths of up to 0.12 mm after 24 months for the patch repair of a concrete retaining wall suffering from ASR. However, it is unclear if this is due to increasing crack widths in the substrate, relaxation in the SHCC or both.

7.4.4 Resistance of SHCC in Aggressive Environments

The composite resistance of SHCC when exposed to aggressive environments is a function of the durability of matrix, fibre and fibre-matrix bond as well as their possible combinations. The durability of the individual phases is briefly summarised in Section 7.3, while the current knowledge on the effects of combined loads on the composite is presented in Chapter 5.

SHCC generally exhibits an equal or superior resistance in aggressive environments compared to ordinary concrete. However, little to no information is available on the effects of chemical attack on the mechanical properties of SHCC or the long-term behaviour in real-life applications with their complex load combinations.

7.4.5 Size Effect

There is only little and contradictory information available on the size effect in SHCC. Lepech and Li (2003a, 2003b) conducted three-point bend tests on SHCC and R/SHCC beams with lengths from 175 to 2800 mm. All specimens had a length to height relationship of seven; they were 75 mm wide and tested at an age of approximately 10 days. The material composition and the mechanical properties in direct tension are given in Table 7.2. The authors reported flexural tensile strengths from 11.28 to 15.13 MPa for 175 mm long specimens and from 10.18 to 15.19 MPa for 2800 mm long specimens. They concluded that there is negligible size effect for structural members made of SHCC or R/SHCC compared to RC members.

Mechtcherine and Schulze (2005) investigated the size effect in uniaxial tension on two batches of dumbbell-shaped specimens cast at different times and with cross-sections of 60 mm × 100 mm and 24 mm × 40 mm. They also conducted three- and four-point bending tests on prisms with the dimensions 450 mm × 100 mm × 100 mm and 160 mm × 40 mm × 40 mm. In both cases the SHCC was placed horizontally in steel moulds and the specimens were either sealed (bending and uniaxial tension tests) or stored in water (uniaxial tension tests) until being tested at an age of 28 to 35 days.

In case of the uniaxial tension tests the authors found no pronounced size effect for tensile strength and stress at first crack. The average ultimate strain, however, was found to be significantly lower for the larger specimens (see Table 7.3). In the second test series the authors recorded significantly higher stresses at first crack and tensile strength, with the tensile strength measured for the small specimens being larger than that of the large specimens. The differences in ultimate strain were smaller than in the first series but exhibited the same tendency. In contrast to Lepech and Li (2003a, 2003b) the authors found flexural strength to be significantly influenced by specimen size. In four-point bend tests it decreased from 19.4 to 11.3 MPa, in three-point bend tests from 17.6 to 12.7 MPa with increasing specimen size.

In a further test series using SHCC made of Kajima Co. premix, Mechtcherine (2007) performed tensile tests using the same geometries of dumbbell-specimens as

Table 7.2 SHCC compositions and mechanical properties in direct tension.

	Lepech and Li (2003a)	Mechtcherine and Schulze (2005)	
Composition			
	[weight proportions]	[kg/m^3]	[weight proportions]
Cement	1.0	320	1.0
Fly ash	0.1	750	2.34
Quartz sand	1.0	535	1.67
Water	0.45	335	1.05
SP	0.02	16.1	0.05
VA	0.0015	3.2	0.01
PVA fibres	0.02*	29.3	0.022*
Mechanical properties in direct tension			
		First batch	
Stress at first crack [MPa]	2.8	2.30–2.79**	
Ultimate tensile strength [MPa]	4.0	2.57–3.47**	
Ultimate compressive strength [MPa]	60	30	
E-Modulus [MPa]		16,000	
Ultimate strain [%]	4.9	1.92–4.75**	

*Percent by volume, **Depending on specimen size and curing conditions.

Table 7.3 Results of displacement controlled uniaxial tension tests with non-rotational loading plates, average values of the first test series by Mechtcherine and Schulze (2005).

Curing conditions	Specimen size	Stress at first crack [MPa]	Tensile strength [MPa]	Ultimate strain [%]
Sealed	small	2.41	3.45	4.75
	large	2.60	3.47	1.96
Stored in water	small	2.30	2.57	2.57
	large	2.79	2.84	1.92
		COV = 20%	COV = 10%	COV = 25%

explained above. In this case nearly no change was observed with increasing specimen size with regard to the average values of the stress at first cracking (small specimens: 3.6 MPa, large specimens: 3.5 MPa) and the ultimate strain (small specimens: 2.1%, large specimens: 2.0%). However, a considerable decrease of the tensile strength was measured (small specimens: 5.0 MPa, large specimens: 4.0 MPa).

The contradictory results of Lepech and Li (2003a, 2003b) and Mechtcherine and Schulze (2005), Mechtcherine (2007) indicate the need for systematic research in this area to clarify the mechanisms that cause size effect in SHCC, and its implications for structural design using SHCC. In light of the findings by Mechtcherine and Schulze (2005) a careful statistical interpretation of test data, especially with regards to repeatability and reproducibility, will be necessary. Parameters that may influence size effect include the skin effect, composition and rheology, mixing and casting procedure, curing, ageing, load regime. Furthermore, the behaviour of full-scale SHCC members should be investigated to confirm any findings made for smaller-scale specimens.

7.5 Examples

7.5.1 General Remarks

In Sections 7.1 and 7.2 possible applications for SHCC and R/SHCC members and structures were outlined. While by far not all of these have been realised in full-scale projects, there has been a number of SHCC field application in recent years (see Table 7.4).

In the following, two well-published examples of structures under severe mechanical or environmental loading are presented. They may be instructive for both researchers and practitioners by drawing attention to the complexity of load combinations in field applications and the remarkable performance of SHCC in those conditions.

7.5.2 Patch Repair of Bridge Deck; Michigan, USA

To verify the durability of SHCC in field applications, in 2002 a section of a deteriorated bridge deck in Michigan was repaired using SHCC (Lepech and Li, 2006). To facilitate a comparison with the durability of ordinary repair products, parts of the bridge deck section in question were also repaired with the commercial concrete patching material commonly used by the local authorities.

After five years including harsh winter cycles of freezing and thawing in addition to live loads it was found that the crack width in the SHCC was limited to 50 μm, and no significant abrasion could be observed. In contrast to that, the cracks in the ordinary repair material had widened to up to 2 mm after two years and after three years it had to be partly replaced (Li, 2007).

In Altenburg, Germany, similar positive experiences were made with patch repairs of the concrete slab of a petrol station exposed to freeze-thawing cycles as well as heavy, chained traffic: The observed cracks were much smaller than in the PCC-mortar used as reference material and no significant abrasion could be observed after 1.5 years (Slowik, 2007; Wagner, 2008).

Table 7.4 Overview of realized SHCC applications (Source: ECC Technology Network, 2009).

Application	Location	Year	Comments
Patch repair of bridge deck	Michigan, USA	2002	See Section 7.5.2
Repair of Mitaka Dam with sprayable SHCC	Japan	2003	A 30 mm layer of SHCC was applied over an area of 500 m^2 to improve the dam's resistance against water ingress (Kunieda and Rokugo, 2006)
Surface repair of retaining wall	Gifu, Japan	2003	See Section 7.5.3
Mihara bridge	Hokkaido, Japan	2004	Steel/SHCC composite bridge deck. The 40 mm thick SHCC layer increases the load bearing capacity, stiffness and fatigue resistance of the structure (Kunieda and Rokugo, 2006)
R/SHCC coupling beams in high-rise residential building	Tokyo, Japan	2004	While not addressing durability as discussed in this chapter, the R/SHCC members increase the fatigue and earthquake resistance of the structure, thus increasing its service life
Patch repair of waterways	Shiga and Toyama, Japan	2005	Deteriorated and cracked concrete surfaces were repaired with SHCC layers, which were between 6 mm (walls) and 10 mm (bottom slab) thick. In conventional and ultra high-strength polymer cement mortar repair layers applied for comparison, cracks were observed one month after application, whereas none were found in the SHCC (Kunieda and Rokugo, 2006)
Surface repair of railway viaduct	Shizuoka, Japan	2005	A 10 mm layer of SHCC was applied to increase the structure's resistance against carbonation (Kunieda and Rokugo, 2006)
SHCC link slab retrofit for bridge deck	Michigan, USA	2005	Expansion joints of a highway bridge were replaced by an SHCC link slab, which is expected to have a much longer service life (Lepech and Li, 2005)

(a)

(b)

Fig. 7.3 Patch repair in 2002 (a) and 2007 (b) (Li, 2007).

7.5.3 Surface Repair of Retaining Wall; Japan

In 2003 a gravity concrete retaining wall in the Gifu Prefecture, Japan was repaired with sprayed SHCC to restore a satisfactory visual appearance. Constructed in the 1970s, the 18 m long and 5 m high wall exhibited cracking due to alkali-silica reaction (ASR). A previous rehabilitation in 1994 had been unsuccessful, with cracks re-occurring after only a few years (Rokugo et al., 2005a).

To study the performance of SHCC, two types of this material as well as a conventional repair mortar were applied with a thickness of 50 to 70 mm in combination with different types of crack pre-treatment as well as reinforcement. For this purpose, the wall was divided into 1.8 m wide and 5 m high sections. The specific rehabilitation method for each block is given in Table 7.5 (Rokugo et al., 2005a).

Fig. 7.4 Self-consolidating casting of SHCC patch (ECC Technology Network, 2009).

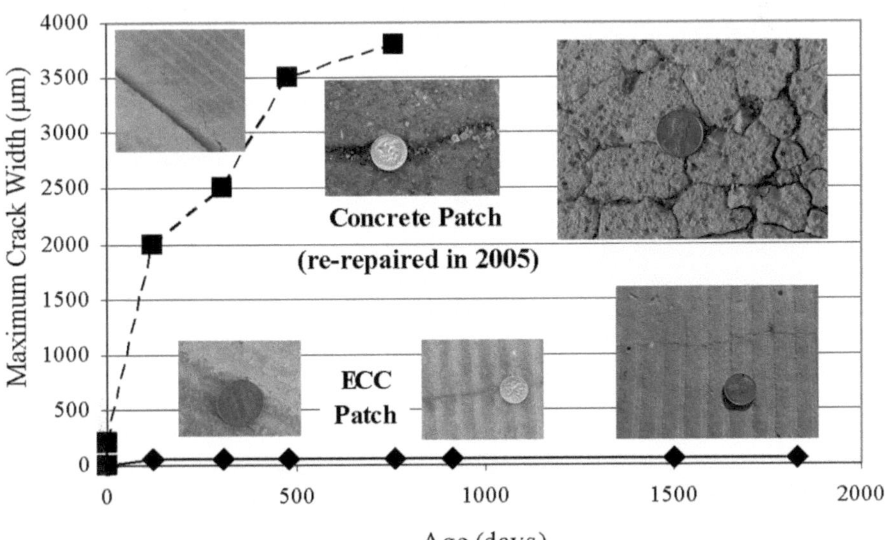

Fig. 7.5 Maximum crack width development over time (Li, 2007).

In two instances (blocks 4 and 8) the existing cracks were sealed with a polyurethane sealant to prevent bonding between the SHCC and the substrate over a width of 30 mm, see Figure 7.6. Additionally, the surface of all blocks up to a height of 2 m from the bottom was coated with an acrylic paint to prevent water ingress (Rokugo et al., 2005a).

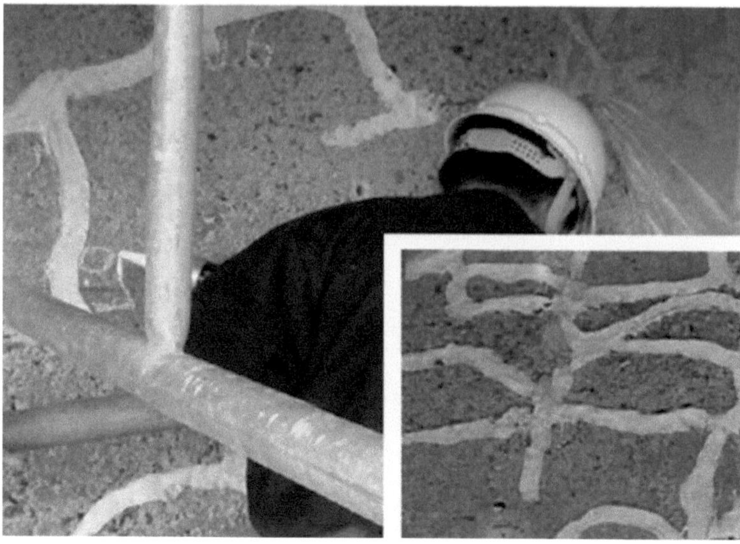

Fig. 7.6 Existing cracks are being sealed with a polyurethane sealant to prevent bonding with the SHCC and the substrate over a width of 30 mm (Rokugo et al., 2005b).

Fig. 7.7 Surface repair of retaining wall. Counter-clockwise: appearance before rehabilitation, surface preparation with high-pressure water-jet, application of SHCC, after rehabilitation (Rokugo, 2005).

Table 7.5 Repair methods for the different wall sections (Rokugo et al., 2005a).

Repair materials	Block No.	Reinforcement	Unbonded region at crack
Repair material A	1	Welded bar mesh	No
Fibre: 1.5% (by vol.) high-strength PE	2	Expanded metal	No
Matrix: Premixed polymer cement mortar	3	None	No
	4	None	Yes
Repair material B	5	Welded bar mesh	No
Fibre: 2.1% (by col.) high-strength PVA	6	Expanded metal	No
Matrix: Premixed cement mortar	7	None	No
	8	None	Yes
Repair material C Fibre: None Matrix: Premixed cement mortar	9	Welded bar mesh	No
No repair	10	None	No

In the following two years a fine mesh of cracks developed at the surface of the SHCC layer with the crack widths growing from 50 μm after 10 months to up to 120 μm after two years. In the ordinary repair mortar the cracks grew much faster and up to a width of 300 μm after two years (Kunieda and Rokugo, 2006).

Figure 7.8 shows the crack pattern 12 months after repair from 1 m below to 1 m above the boundary between coated and uncoated repair material. It was found that cracks were randomly distributed for blocks without reinforcement or with expanded mesh. However, where welded bars were used, the crack patterns resembled the mesh geometry irrespective of the repair material. Furthermore, little cracking could be observed for a combination of SHCC and acrylic surface paint (Rokugo et al., 2005a).

7.6 Summary and Conclusions

There is great potential for the application of SHCC in structural elements and structures exposed to severe mechanical or environmental loading. Current knowledge indicates that SHCC shows a high long-term strain capacity and favourable transport properties in the cracked state. On top of that, the composite exhibits superior resistance to aggressive environments compared to ordinary concrete. However, with the exception of exposure to alternating freezing and thawing, which does not alter the mechanical properties significantly, there is no information available on the effects of aggressive environments on the mechanical properties of the material.

Since SHCC is a new material, there is no information available on the long-term field performance of SHCC elements. However, the experiences outlined in Section 7.5 indicate, that the superior performance in a laboratory environment as

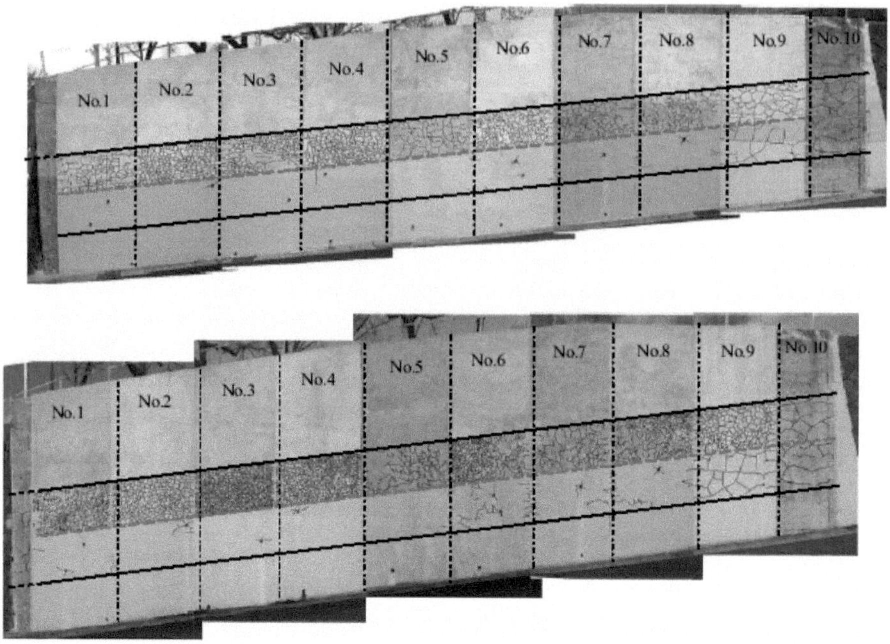

Fig. 7.8 Crack patterns 12 (top) and 24 (bottom) months after repair (Kunieda and Rokugo, 2006).

discussed in previous chapters and summarised above, does indeed translate to superior field performance.

There is significant research need to understand the long-term behaviour of SHCC and R/SHCC elements under complex combined loads as encountered in field applications. To be able to fully utilise the superior qualities of this new material, it will be necessary to develop a realistic and reliable performance based durability design concept for SHCC structures.

References

Adam, T. (2006). Ein Modell zur Beschreibung der Hydratation von Beton in Abhängigkeit vom Feuchtegehalt, PhD Thesis, TU Darmstadt, Germany [in German].

Altmann, F., Mechtcherine, V., and Reuter, U. (2008). A novel durability design approach for new cementitious materials: Modelling chloride ingress in strain-hardening cement-based composites, in *Proceedings of the 2nd International Conference on Concrete Repair, Rehabilitation and Retrofitting (ICCRRR 2008)*, Cape Town, South Africa (accepted for publication).

De Lhoneux, B. (2002). Durability study of PVA fibres in fibre-cement products, in *Proceedings of the IVth Int'l Symposium on Concrete for a Sustainable Agriculture. Agro-, Aqua- and Community Applications*, Ghent, Belgium, N. De Belie and B. Sonck, B. (Eds.), Ghent University, pp. 275–284.

DuraCrete Final Technical Report (2000). Probabilistic Performance Based Durability Design of Concrete Structures. Document BE95-1347/R17, European Brite-Euram Programm.

ECC Technology Network (2009). Ann Arbor, Michigan, USA, viewed 9 March 2009, http://www.engineeredcomposites.com.

fib bulletin 34 (2006). Model code for Service Life Design. International Federation for Structural Concrete (fib), Lausanne, Switzerland.

Hillerborg, A., Modéer, M., and Petersson, P.-E. (1976). Analysis of crack formation and crack growth in concrete by means of fracture mechanics and finite elements, *Cement and Concrete Research*, 6, pp. 773–782.

Hilsdorf, H.K., Schönlin, K., and Tauscher, F. (1997). *Dauerhaftigkeit von Betonen*. Beton-Verlag GmbH, Düsseldorf, Germany [in German].

Hiraishi, Y., Honma, T., Hakoyama, M., and Miyazato, S. (2003). Steel corrosion at bending cracks in ductile fiber reinforced cementitious composites, in *Proceedings of the JCI Symposium on Ductile Fiber Reinforced Cementitious Composites (DFRCC)*, Tokyo, Japan, Japan Concrete Institute [in Japanese].

Horikoshi, T., Ogawa, A., Saito, T., and Hoshiro, H. (2006). Properties of polyvinylalcohol fibre as reinforcing materials for cementitious composites, in *Proceedings of International Workshop on HPFRCC in Structural Applications*, Honolulu, Hawaii, USA, G. Fischer and V.C. Li (Eds.), Rilem Publications, PRO 49, pp. 145–153.

Inaguma, H., Seki, M., Suda, K., and Rokugo, K. (2006). Experimental study on crack-bridging ability of ECC for repair under train loading, in *Proceedings of International Workshop on HPFRCC in Structural Applications*, Honolulu, Hawaii, USA, G. Fischer and V.C. Li (Eds.), Rilem Publications, PRO 49, pp. 499–508.

Jun, P. and Mechtcherine, V. (2007). Behaviour of strain hardening cement-based composites (SHCC) under repeated tensile loading, in *Proceedings of Rilem Symposium on High-Performance Fibre Reinforced Cementitious Composites HPFRCC5*, H.-W. Reinhardt and A. Naaman (Eds.), Rilem Publications, PRO 53, pp. 97–104.

Kabele, P., Novák, L., Němeček, J., and Kopecký, L. (2006). Effects of chemical exposure on bond between synthetic fiber and cementitious matrix, in *Proceedings of ICTRC2006 – 1st International Rilem Conference on Textile Reinforced Concrete*, Aachen, Germany, J. Hegger, W. Brameshuber, and N. Will (Eds.), Rilem Publications, PRO 50, pp. 91–99.

Kanda, T., Saito, T., and Sakata, N. (2003). Tensile and anti-spalling properties of direct sprayed ECC, *J. of Advanced Concrete Technology*, 1(3), pp. 269–282.

Kanda, T. (2005). Tensile properties of ECC in full-scale production, in *Proceedings of FRAMCOS-5*, Vail, Colorado, USA, V.C. Li, K.Y. Leung, K.J. William, and S.L. Billington (Eds.), Ia-FraMCoS, pp. 1013–1020.

Kim, Y.Y., Fischer, G., and Li, V.C. (2004). Performance of bridge deck link slabs designed with ductile ECC, *ACI Structural J.*, 101(6), pp. 792–801.

Kunieda, M. and Rokugo, K. (2006). Recent progress on HPFRCC in Japan, *Journal of Advanced Concrete Technology*, 4(1), pp. 19–33.

Lawrence, C.D. (1986). Measurements of permeability, in *Proceedings of 8th International Congress on the Chemistry of Cement*, Rio de Janeiro, Brazil, FINEP, Vol. V, pp. 29–34.

Lepech, M. and Li, V.C. (2003a). Preliminary findings on size effect in ECC structural members in flexure, in *Proceedings International Symposium Brittle Matrix Composites 7*, Warsaw, Poland, A.M. Brandt, V.C. Li, and I.H. Marshall (Eds.), Ztureki RSI and Woodhead Publ., pp. 57–66.

Lepech, M. and Li, V.C. (2003b). Size effect in ECC structural members in flexure, in *Proceedings of FRAMCOS-5,* Vail, Colorado, USA, V.C. Li, K.Y. Leung, K.J. William, and S.L. Billington (Eds.), Ia-FraMCoS, pp. 1059–1066.

Lepech, M. and Li, V.C. (2005). Design and field demonstration of ECC link slabs for jointless bridge decks, in *Proceedings of ConMat'05*, Vancouver, Canada.

Lepech, M. and Li, V.C. (2006). Long term durability performance of engineered cementitious composites, *Restoration of Buildings and Monuments*, 12(2), pp. 119–132.

Li, V.C. (2002). Large volume, high-performance applications of fibers in civil engineering, *Journal of Applied Polymer Science*, 83(2), pp. 660–686.

Li, V.C. (2003). On engineered cementitious composites (ECC): A review of the material and its applications, *J. Advanced Concrete Technology*, 1(3), pp. 215–230.

Li, V.C. (2007). Personal communication.

Li, V.C. and Lepech, M. (2005). Engineered cementitious composites: Design, performance and applications, in *Ultra-ductile Concrete with Short Fibres – Development, Testing, Applications*, V. Mechtcherine (Ed.), ibidem Verlag, Stuttgart, Germany, pp. 99–120.

Li, V.C. and Stang, H. (2004). Elevating FRC material ductility to infrastructure durability, in *Proceedings of BEFIB'2004*, Varenna, Italy, M. di Prisco, R. Felicetti, and G.A. Plizzari (Eds.), Rilem Publications, PRO 39, pp. 171–186.

Li, V.C., Horikoshi, T., Ogawa, A., Torigoe, S., and Saito, T. (2004). Micromechanics-based durability study of polyvinyl alcohol-engineered cementitious composite (PVA-ECC), *ACI Materials J.*, 101(3), pp. 242–248.

Mechtcherine, V. (2007). Results of a parameter study on testing SHCC in tension. Internal Report at the Institute of Construcion Materials, TU Dresden.

Mechtcherine, V. and Jun, P. (2007). Stress-strain behaviour of strain-hardening cement-based composites (SHCC) under repeated tensile loading, in *Fracture Mechanics of Concrete Structures*, A. Carpinteri et al. (Eds.), Taylor and Francis, London, pp. 1441–1448.

Mechtcherine, V. and Schulze, J. (2005). Ultra-ductile concrete – Material design and testing, in *Ultra-ductile Concrete with Short Fibres – Development, Testing, Applications*, V. Mechtcherine (Ed.), ibidem-Verlag, Stuttgart, Germany, pp. 11–36 [in German].

Mechtcherine, V., Lieboldt, M., and Altmann, F. (2007). Preliminary tests on air-permeability and water absorption of cracked and uncracked strain hardening cement-based composites, in *Proceedings of the International RILEM Workshop on Transport Mechanisms in Cracked Concrete*, Ghent, Belgium, K. Audenaert, L. Marsavina, and G. De Schutter (Eds.), pp. 55–66.

Miyazato, S. and Hiraishi, Y. (2005). Transport properties and steel corrosion in ductile fiber reinforced cement composites, Paper 4484 of Compendium of Papers CD-ROM, ICF 11, Torino, Italy, Carpinteri, A. (Ed.), Politecnico di Torino.

Müller, H.S., Mechtcherine, V., Geis, M., and Hewener, A. (2003). Concrete degradation due to corrosion of steel reeinforcement – numerical investigations, in *Proceedings of 15th International Conference on Building Materials Research (ibausil)*, Weimar, Germany, F.A. Finger-Institut für Baustoffkunde, Bauhaus-Universität Weimar, pp. 1457–1467.

Rokugo, K. (2005). Applications of strain hardening cementitious composites with multiple cracks in Japan, in *Ultra-ductile Concrete With Short Fibres – Development, Testing, Applications*, V. Mechtcherine (Ed.), ibidem Verlag, Stuttgart, Germany, pp. 121–133.

Rokugo, K., Kunieda, M., and Lim, S.C. (2005a). Patching repair with ECC on cracked concrete surface, in *Proceedings of ConMat'05 (CD-ROM)*, Vancouver, Canada, University of British Columbia.

Rokugo, K., Kunieda, M., and Lim, S.C. (2005b). Patching repair with ECC on cracked concrete surface, Presentation at ConMat'05, Vancouver, Canada, http://www.engineeredcomposites.com, viewed 17 August 2007.

Sahmaran, M., Li, M., and Li, V.C. (2007). Transport properties of engineered cementitious composites under chloride exposure, *ACI Materials J.*, 104(6), pp. 303–310.

Sahmaran, M., Li, M., and Li, V.C. (2008). Durability of mechanically loaded engineered cementitious composites under highly alkaline environments, *Cement and Concrete Composites*, 30(2), pp. 72–81.

Schießl, P. and Gehlen, Ch. (2005). New approach of service life design for concrete structures, in *Proceedings of International Workshop on Combined Mechanical and Climatic Loads (CMCL)*, Qindao, China, T. Zhao, F.H. Wittmann, and T. Ueda (Eds.), Aedificatio Publishers, pp. 3–14.

Slowik, V. (2007). Abrasion resistance of SHCC. Unpublished paper.

Wagner, Ch., Slowik, V., and Waldenburger, K. (2008). Dehnungsverfestigendes zementgebundenes Material für die Sanierung gerissener Betonflächen, *Bautechnik*, 85(1), pp. 49–56 [in German].

Wittmann, F.H., Wilhelm, T., Beltzung, F., and Grübl, P. (2007). Multi-crack formation in strain hardening cement-based composites, in *Proceedings of Fifth International Workshop on High Performance Fiber Reinforced Cement Composites (HPFRCC5)*, Mainz, Germany, H.W. Reinhardt and A.E. Naaman (Eds.), Rilem Publications, PRO 53, pp. 125–134.

Zhang, J. and Li, V.C. (2002). Monotonic and fatigue performance in bending of fiber reinforced engineered cementitious composite in overlay system, *J. of Cement and Concrete Res.*, 32(3), pp. 415–423.

Chapter 8
Durability, Economical, Ecological, and Social Aspects: Life-cycle Considerations

Michael D. Lepech

Abstract Concerns over global climate change, nonrenewable resource consumption, energy depletion, and sustainable development are increasingly coming to the forefront of large infrastructure and building projects worldwide. The ability to design materials, structures, and building systems that improve the sustainability of built environments is becoming an essential tool for engineers. This chapter frames the challenge of a sustainable built environment, highlights the role of SHCC materials in meeting that challenge, and details specific design approaches for the incorporation of green SHCC materials in sustainable infrastructure.

Specifically, the use of SHCC bridge elements to replace failing expansion joints in the USA results in a one third reduction in bridge life-cycle energy consumption when compared to a traditional bridge. Total economic costs are reduced by 15% as a result of less maintenance, lower construction traffic congestion, and fewer environmental impacts. Similarly, using SHCC rigid pavement overlays (rather than concrete or asphalt) to rehabilitate existing rigid pavements can reduce total greenhouse gas emissions by nearly one third. The incorporation of life cycle assessment with design to measure sustainability can greatly improve the sustainability of built environments. Accordingly, SHCC materials can play a significant role in improving the sustainability of these environments and systems.

Key words: strain-hardening cement-based composites (SHCC), sustainability, life-cycle assessment (LCA), life-cycle cost (LCC), durability

8.1 Introduction

As global natural resource stockpiles shrink, population grows, and concerns over environmental damage and global climate change increase, sustainable design con-

---

Michael D. Lepech
Stanford University, USA

G.P.A.G. van Zijl and F.H. Wittmann (eds.), Durability of Strain-Hardening Fibre-Reinforced Cement-Based Composites (SHCC), DOI 10.1007/978-94-007-0338-4_8, 113–139.

cepts within the civil engineering and infrastructure design community are becoming increasingly important. As a highly versatile material with greater durability than concrete, SHCC can play a large role in the development of sustainable construction and operation of society's infrastructure and other built environments.

To begin designing SHCC materials for sustainable infrastructure and building systems, a common definition of sustainability must be established for use by the SHCC community. In 1987 a commonly used global definition for sustainable development was formulated within the report by the World Commission on Environment and Development (WCED, 1987):

> *Sustainable development* is development that meets the needs of the present without compromising the ability of future generations to meet their own needs.

In 1989 this report was debated in the United Nations General Assembly and formed the foundation for the United Nations Conference on Environment and Development. As a worldwide definition for sustainability, this definition can be adopted to guide sustainable design, construction, operation, and demolition of civil infrastructures.

In addition to this broad definition for global sustainability, numerous working definitions which are narrower in scope have been used to direct sustainable initiatives globally. For concrete specifically, the Nordic Network (2003) suggests:

> A sustainable concrete structure is a structure that is constructed so the total environmental impact during the entire life cycle, including use of the structure, is reduced to a minimum. This means that the structure shall be designed and produced in a manner which is tailor-made for the use, i.e. to the specified lifetime, loads, environmental impact, maintenance strategy, heating needs, etc. This shall be achieved by utilizing the inherently environmentally beneficial properties of concrete, e.g. the high strength, good durability, and high thermal capacity. Furthermore, the concrete and its constituents shall be extracted and produced in an environmentally sound manner.

While this definition may be used narrowly for concrete materials and structures, often when referring to the complex infrastructure and building systems in which concrete is used, sustainability generally encompasses three broad main issues; minimization of environmental cost, economic cost, and social cost (Keoleian et al., 1994). Environmental costs, such as depletion of nonrenewable raw materials, are issues typically associated with sustainable environmental practices. Economic costs, such as financial resources saved by taking total life cycle cost into consideration, are also important. Finally, social costs, such as reduced levels of public health as a result of increased pollution, are the least tangible of the costs yet may likely encompass the greatest immediate impacts to an individual. As a whole, these three sets of indicators serve as a comprehensive measure of the overall sustainability of many complex societal systems.

Based on this "triple bottom line" of economic, environmental, and social costs, development of more sustainable infrastructure and built environments using SHCC materials can be accomplished. Such design requires a holistic approach toward infrastructure design along with integration among numerous design disciplines.

8.2 Life-cycle Impacts and Costs versus Initial Costs and Impacts of Construction

Using indicators of economic, environmental, and social cost to determine the overall sustainability of an infrastructure system, it is essential to assess these costs over the entire life-cycle of the structure or system. This includes natural resource extraction, construction material processing, construction of infrastructure facilities, operation and maintenance of the structure, and end of life considerations. Without accounting for each phase of service life, incomplete and likely misleading conclusions may be drawn with regard to the full cost burden on infrastructure owners and society in general.

Early efforts to standardize life cycle costing were first introduced in the United States in 1971 by the United States Department of Defence for purchase of large defence systems (US DOD, 1971). Similar concepts were taking root globally during the same period due to the global energy crisis of the 1970s. Currently, environmental sustainability metrics, reporting, and standards are codified globally through ISO 14000 and 15000 series standards. Within ISO are international standards in the field of environmental management (ISO 14000), environmental life cycle assessment (ISO 14040), environmental declaration (ISO 14025) and international standards on service life planning (ISO 15686 series).

Apart from these environmental sustainability standards, a number of researchers have examined the life-cycle economic costs of infrastructure and building systems. These have included Grivas and Rivala (1995), who looked at determining life cycle costs for highway management and included traditional agency costs, such as construction and traffic control, as well as user delays (costs incurred by those waiting in construction traffic). Ehlen has undertaken several studies that expand the definition to include costs due to environmental effects and those imposed upon business affected by construction (Ehlen, 1997, 1999).

Recently the European Commission has undertaken an effort to incorporate life cycle costing into planning for building refurbishment (LCC-REFURB). This project is aimed at making use of existing life cycle cost (LCC) knowledge for building and construction applications. Within this project, the costing of life cycle of building structures is captured in Figure 8.1 from initial construction, through operations, reconstruction, and ultimately end of life (Caccavelli et al., 2005).

Still, many of these life cycle costing models fail to account for external or social costs. The extraction, processing, use, and disposal of concrete materials in infrastructure has been shown to lead to global climate change, ecosystem degradation, diminished water quality, and other environmental effects (Langer, 1999, 2001). While difficult to quantify, these costs should be incorporated to allow decision makers to achieve more socially efficient and responsible outcomes.

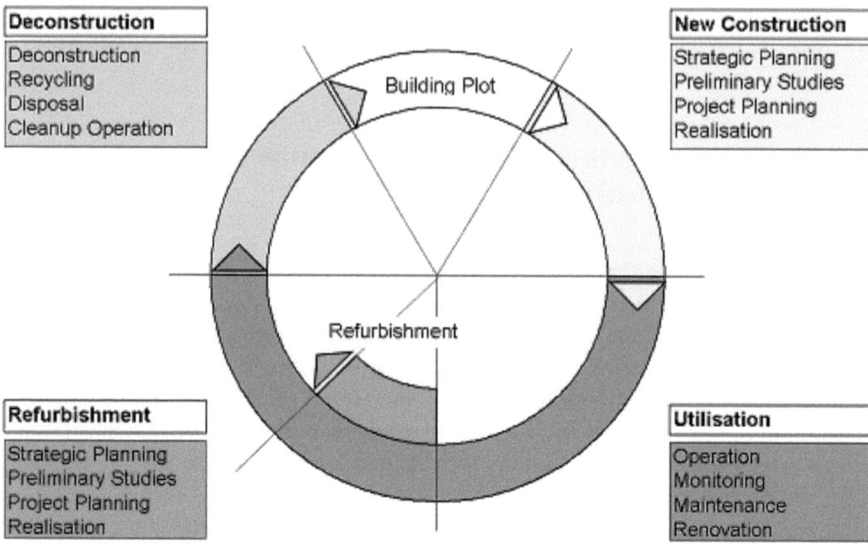

Fig. 8.1 Life-cycle of building and infrastructure systems.

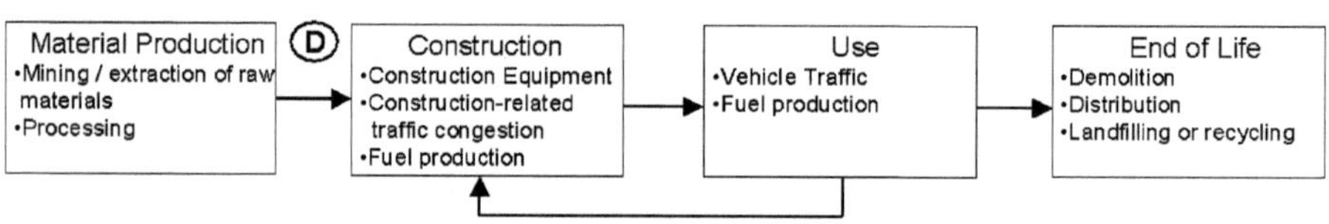

Fig. 8.2 Bridge deck life cycle phases (D = distribution).

To account for the full range of economic, environmental, and social costs Keoleian et al. (2005a) have proposed a life cycle cost model that examines the cost of infrastructure systems and built environments through each phase of the life cycle. In this case the model is shown for a bridge deck which transports automobile traffic during the "use" phase. This framework is shown in Figure 8.2.

This simple model is expanded to account for economic costs placed upon the agency or owner (i.e. department or ministry of transportation) for construction and maintenance, societal costs associated with traffic delays, traffic noise, and decreased public health, and environmental costs stemming from natural resource depletion, energy use, and global warming potential. Each cost is accounted throughout each service life phase as shown in Figure 8.3.

While life cycle cost models have been developed for many infrastructure systems, existing models may be difficult to use when evaluating SHCC systems. This is primarily due to the lack of knowledge regarding service life performance of new SHCC materials. Innately connected with durability and deterioration of these new materials, the ability to accurately predict end of service life and rehabilitation events for SHCC structures is critical. Yet without predictive modeling which ac-

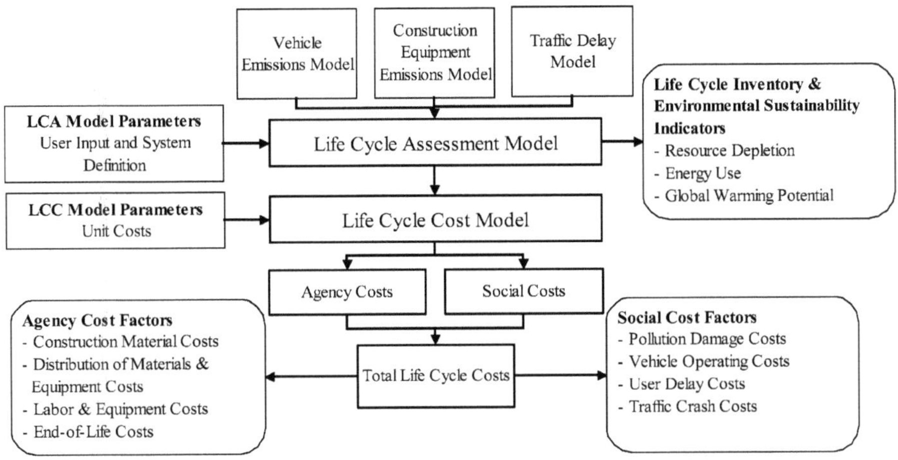

Fig. 8.3 Integrated LCA-LCC Model Flow Diagram (Keoleian et al., 2005b).

counts for the greater durability and highly ductile nature of SHCC materials, life cycle cost analysis becomes an educated guess at best. Detailed models of SHCC material deterioration are needed for this purpose. With development of such models, life cycle assessment and costing can be more widely practiced. Such deterioration modelling is addressed in Chapter 5 of this book.

8.3 Raw Material Recycling

Currently, there are a number of academic, industrial, and government initiatives worldwide which are working to improve the overall sustainability of built environments. Individually, these focus on various forms of green building materials development and procurement, promotion of low energy intensity building products, architectural designs for low energy demand, and construction methods which produce less waste, use fewer resources, and require less energy (USGBC, 2005; GBC-A, 2005; JSBC, 2005).

Recycled material is quite common in concrete materials. Two widespread approaches toward greening concrete materials, which have undergone significant laboratory development and met general industry acceptance, are the use of fly ash (Siddique, 2004; Su and Miao, 2003) and blast furnace slag (Manso et al., 2004; Mindess and Young, 1981) as supplementary cementitious materials. But, as will be seen in Section 8.4, the simple replacement of virgin materials with waste products does not necessarily translate to increased sustainability.

Unlike concrete however, the incorporation of industrial waste materials into SHCC materials has been limited. Due to their high performance and exceptional raw material requirements (i.e. higher cement content, special fibre requirements,

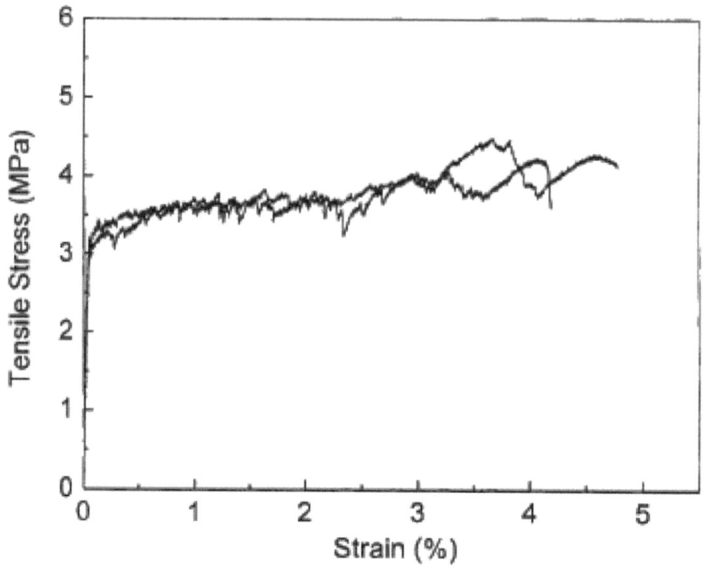

Fig. 8.4 Tensile behaviour of SHCC with high volume fly ash content (FA/C = 2.2).

Table 8.1 Mixing proportions for concrete, PE-ECC, and high volume fly ash ECC.

Material	Cement (kg/m^3)	Aggregate (kg/m^3)	Fly ash (kg/m^3)	Water (kg/m^3)	HPMC (kg/m^3)	SP (kg/m^3)	Fiber (kg/m^3)
Concrete	390	1717	–	166	–	–	–
PE-ECC	1205	603	–	314	0.6	12	17
ECC (FA/C = 2.2)	318	701	701	289	0.24	19	26

small particle sizes, etc.), the incorporation of waste materials is difficult in many SHCC composites. Therefore, SHCC materials must be carefully designed for incorporation of recycled waste streams as not to degrade their exceptional performance.

Wang (2005) has successfully incorporated high volumes of fly ash in polyvinyl-alcohol SHCC materials for the purpose of materials tailoring. Micromechanics tools were used to guide the design for maximized tensile strain capacity. The resulting composite with a fly ash to cement ratio of 2.2 to 1 demonstrated robust tensile strain capacity at 3–4% (Figure 8.4) and tensile strength above 4.5 MPa while lowering harmful environmental indicators as compared to SHCC materials (polyethylene fibres) without fly ash. Mix designs are shown in Table 8.1 while material sustainability indicators are shown in Table 8.2. In Table 8.2, fly ash is counted as negative solid waste since it would be landfilled otherwise.

Kim et al. (2005) has successfully incorporated ground granulated blast furnace slag into SHCC materials. The mix proportions for this SHCC material are shown in Table 8.3 along with uniaxial tensile response in Figure 8.5.

Table 8.2 Material sustainability indicators for concrete, PE-ECC, and high fly ash ECC.

Material	Total energy (MJ/L)	Solid waste (kg/L)	Carbon Dioxide (g/L)	Chemically polluted water (L/L)
Concrete	2.46	0.2	373	0.0126
ECC	7.55	0.361	870	0.0243
ECC (FA/C = 2.2)	4.58	–0.541	390	0.0099

Table 8.3 Mix proportions of ordinary concrete, FRC, and SHCC by weight (fibre by volume) and corresponding material compressive strength.

Material	C	W	S	G	HRW	HPMC	V_f (%)	f_c' (MPa)
Concrete	1.0	0.69	2.5	3.8	0	0	0	24
FRC	1.0	0.69	0.8	0	0.02	0.001	1	25
ECC	1.0	0.69	0.8	0	0.02	0.001	2	25

(C: Type I Portland cement; W: water; S: silica sands for SHCC, regular sand for concrete; G: coarse aggregate with a maximum size of 15 mm; Slag: ground granulated blast furnace slag; V_f: fibre volume fraction; f_c': compressive strength)

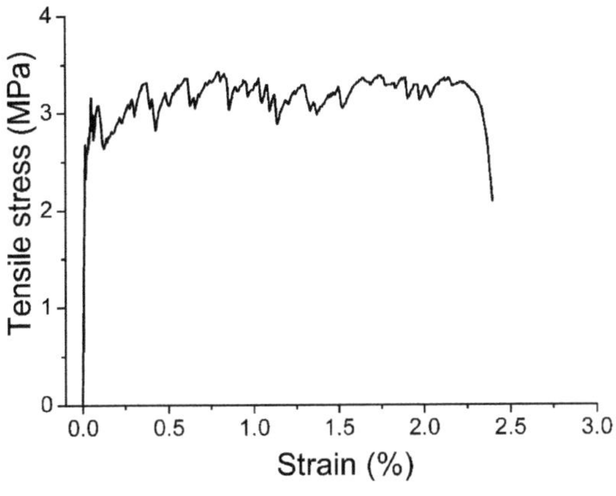

Fig. 8.5 Tensile stress versus strain curve of SHCC with ground granulated blast furnace slag.

In order to incorporate numerous waste streams into SHCC materials, Lepech et al. (2008) have proposed a methodology that allows for incorporation into SHCC composites. This is shown in Figure 8.6.

This methodology begins with a large pool of potential waste materials and eliminates candidate materials through a series of preliminary tests including grain size distributions and chemical analysis. Material design (i.e. microstructural tailoring and optimization design) is then completed to appropriately incorporate the waste material into the composite without sacrificing exceptional SHCC material properties (i.e. tensile ductility). This methodology has been used in the incorporation of waste foundry sand into SHCC composites (Lepech et al., 2008).

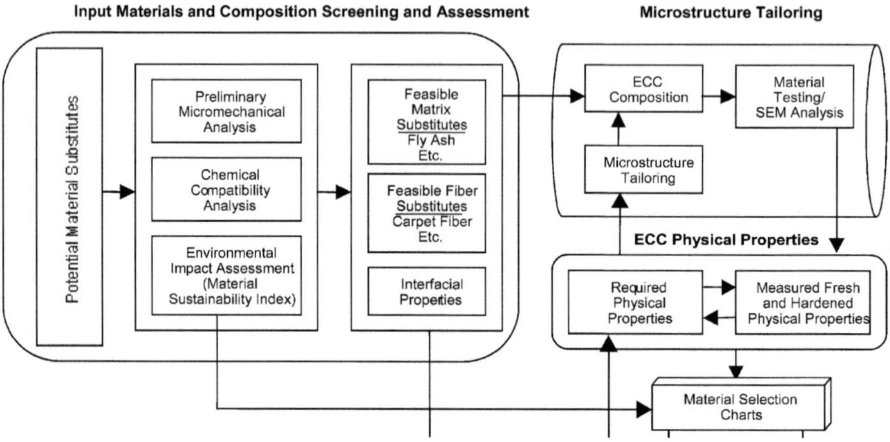

Fig. 8.6 Materials development approach for recycled waste streams in SHCC materials.

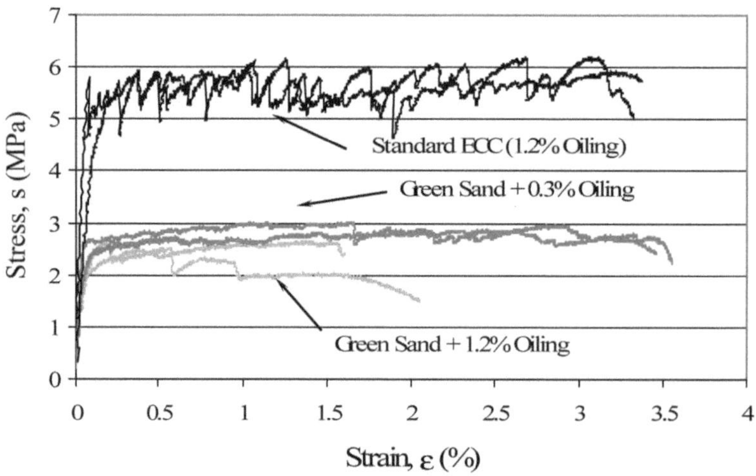

Fig. 8.7 Effect of excess carbon and oiling content on tensile strain capacity.

Demonstrating this work, after passing the predefined set of preliminary material requirements, foundry waste sand (commonly called green sand) was tested as a replacement for natural sand typically used in SHCC materials. When tested, the composite (M45-Green) showed a large loss of tensile strain capacity over the conventional SHCC mixture (Figure 8.7). After further micromechanical investigation, this was found to be due to residue on the green sand particles.

To be used in the casting process, virgin sand is coated with finely ground coal to produce a smoother casting finish. However, when mixed into SHCC material, the excess carbon on the sand surface accumulates on the fibres, as shown in Figure 8.8. This excess carbon effectively acts as a sleeve, preventing the necessary bond between fibre and matrix from forming.

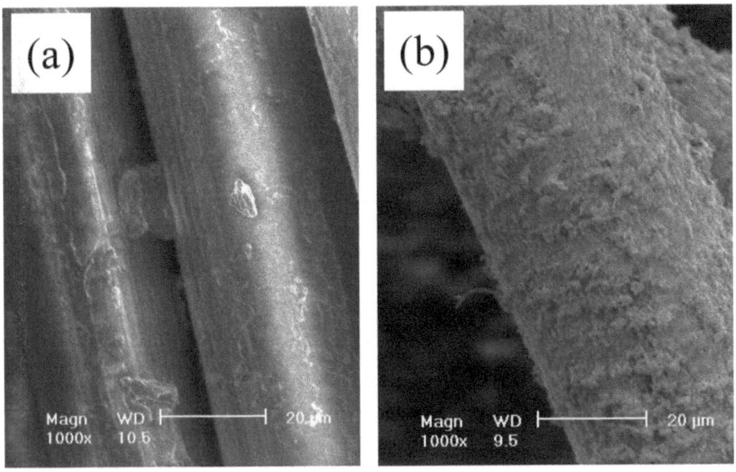

Fig. 8.8 (a) Virgin PVA fibre and (b) PVA with carbon residue coating.

During the original development of SHCC material, it was discovered that the strong bond between PVA fibres and the cement matrix was preventing strain hardening (Li et al., 2002). Therefore, the fibre surface was oiled to decrease the bond and improve the tensile response. Using the oiled fibres along with the foundry sand, the bond is too weak. Currently, PVA fibres used in SHCC have 1.2% (by volume) oiling content on the fibre surface. By reducing this to 0.3%, and thereby restoring the proper bond, the green SHCC material utilizing the waste sand shows ductility performance equivalent to standard SHCC (Figure 8.7). The substantial loss of tensile strength is due to lower matrix toughness as a result of incorporating the carbon coated sand particles. Only tensile strain capacity was considered in this work.

Following the methodology for incorporation of high volumes of fly ash, ground granulated blast furnace slag, and waste foundry sand, there exist countless opportunities for introduction of waste materials into SHCC materials. Due to the unique performance of these materials, this incorporation should be done while retaining large material performance advantages over concrete or other FRC materials.

8.4 Sustainability

While the sustainability of cement products and concrete materials, along with concrete and other infrastructure have received significant research attention recently, little work has been undertaken to specifically evaluate the sustainability performance of SHCC materials or SHCC structures. As emerging sciences, both SHCC materials themselves and the industrial ecology and life cycle analysis tools needed to evaluate the sustainability of SHCC structures are still in the developmental phase.

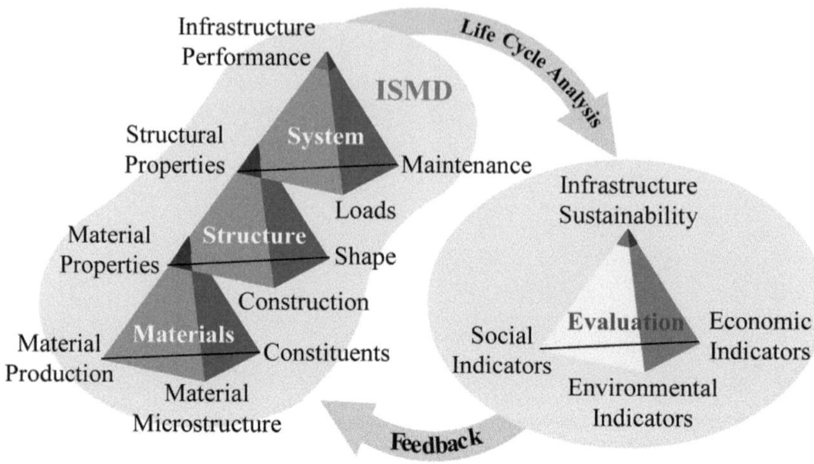

Fig. 8.9 Integrated materials design framework for sustainable infrastructure.

Most prominent among these are a set of environmentally friendly or "green" SHCC composites and the service life prediction models needed to complete a full life cycle analysis of SHCC structures. Built from these tools, Lepech (2006) and Keoleian et al. (2005a) proposed a framework for the design of sustainable infrastructure using SHCC materials. This framework is shown graphically in Figure 8.9.

The civil engineering portion of this framework is embodied in the Integrated Structures and Design Philosophy (ISMD) first proposed by Li and Fisher (2002). This multi-scale design philosophy links materials engineering, structural engineering, and infrastructure system operations through common design parameters thereby enabling engineers a greater flexibility in meeting overall infrastructure system performance requirements.

At its base, this design concept is rooted in materials science and engineering through the combination of various constituent materials, processing techniques, and microstructure formations to develop SHCC materials which display a designed set of material properties which can range from minimum strength to stiffness to water permeability. Structural engineers then use these materials properties, in conjunction with a particular structural shape and construction technique to design a particular structural property such as minimum load carrying capacity, deflection, or length of time until corrosion begins. Finally, system operators or owners account for structural properties in combination with the loads placed on the system and operational considerations to achieve a desired infrastructure performance level. This performance level is typically a multi-objective function depending upon numerous factors.

Taking advantage of this systematic approach toward SHCC structural design and management, Keoleian et al. (2005b), have expanded this theory by integrating efforts specifically aimed at increasing sustainability at each level of design and

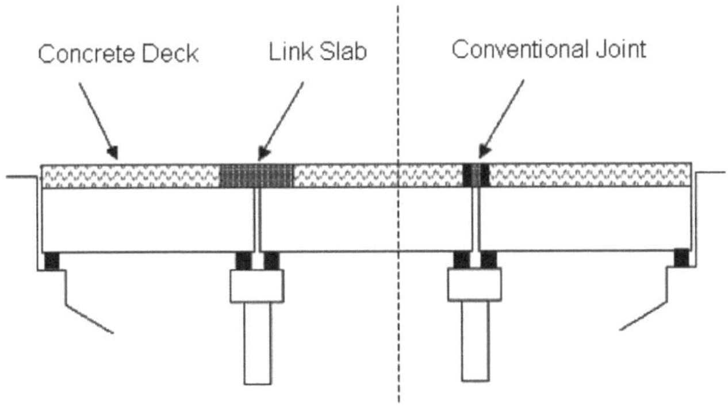

Fig. 8.10 Bridge deck schematic showing SHCC link slab and conventional expansion joints.

operation. This is accomplished using standardized life cycle analysis techniques to produce a set of sustainability indicators for the infrastructure system which accounts for contributions by each *material*, *structure*, and *system* design choice. This set of sustainability metrics, made up of social, economic, and environmental indicators, are ultimately used as feedback into the design process for iterative increases in overall infrastructure sustainability.

A unique bridge deck system was chosen by Keoleian et al. (2005a) to calculate the impacts SHCC materials may have on the sustainability of an infrastructure system. The bridge system studied incorporated SHCC link slab elements to eliminate problematic expansion joints on multi-span vehicle bridges. Using a green version of SHCC similar to those discussed in Section 8.3, a bridge was designed with SHCC link slabs replacing conventional joints (Figure 8.10). Critical within this design was the linking of material properties, particularly tensile strain capacity, with structural demands due to thermal expansion and contraction. This system is further described by Lepech and Li (2005).

Using the material proportions provided for green SHCC and an assumed service timeline for both conventionally jointed bridges and SHCC link slab bridges, the sustainability of the two systems was compared. The assumed timelines are shown in Figure 8.11. Within this timeline, the performance of SHCC link slabs was assumed to be double that of conventional joints. Durability testing is ongoing to verify these assumptions.

Results from Keoleian et al. (2005a) show that PVA-SHCC material is significantly less sustainable than conventional steel reinforced concrete (1% reinforcement ratio) material per litre. This is due to the higher cement content of SHCC material along with the energy associated with production of polymeric fibres. The energy consumption by material component is shown in Figure 8.12.

When considering the entire structure life cycle rather than material consumed during material production however, SHCC link slab bridges far outperform the conventional bridge deck. This is shown in Figure 8.13.

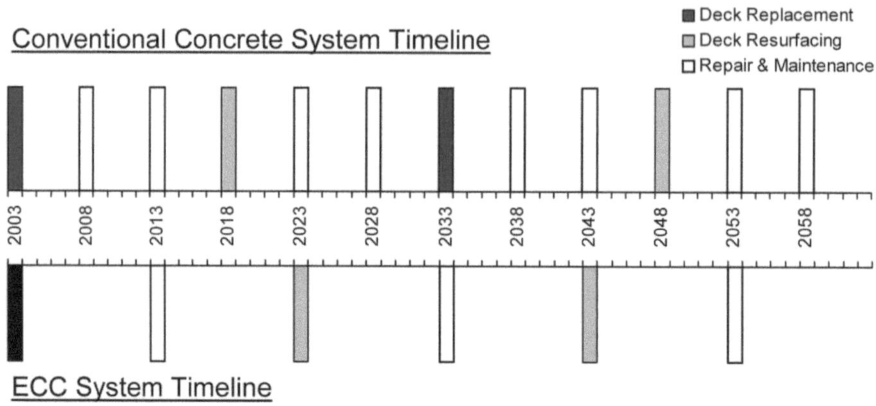

Fig. 8.11 Timeline of construction events for conventionally jointed bridge and SHCC link slab bridge.

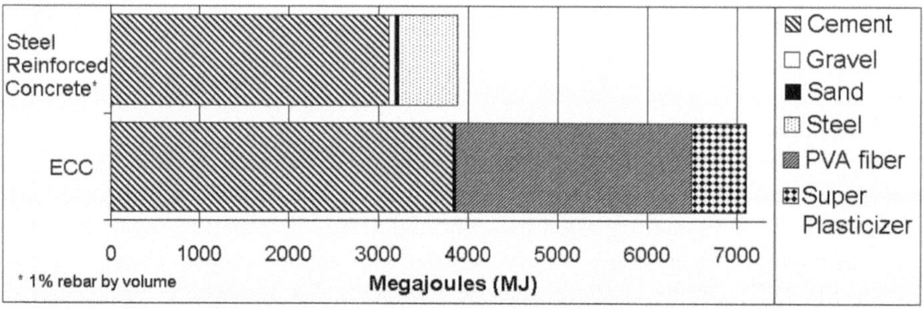

Fig. 8.12 Energy consumption per cubic meter of conventional steel-reinforced concrete and SHCC.

Due to the reduction in construction events over the entire life cycle of the bridge, significant energy is saved over the 60 year bridge timeline. As seen in Figure 8.13 the majority of these savings are in the "traffic" portion of the energy consumed. This is due to the elimination of traffic congestion as a result of construction bridge closures. With fewer construction events, less fuel is consumed over the entire service life by vehicles in cue.

Keoleian et al. (2005b) also found substantial economic savings associated with the SHCC link slab bridge in comparison with the conventionally jointed bridge. This is summarized in Table 8.4.

Key conclusions from Keoleian et al. (2005b) associated with the use of SHCC materials for improvement of sustainability were:

- Life cycle modelling is critical to enhance the sustainability of infrastructure systems.
- Construction related traffic (use phase) was dominant in determining the environmental performance of conventional and SHCC infrastructure systems.

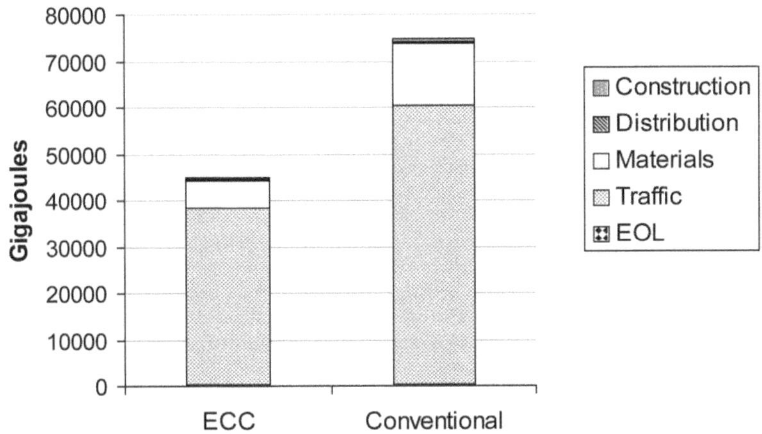

Fig. 8.13 Total primary energy consumption by life cycle stage for and SHCC link slab bridge and conventional jointed bridge.

Table 8.4 Total life cycle costs.

	Conventional system	ECC linkslab system	ECC cost advantage
Agency cost	\$640,000	\$500,000	22%
User cost	\$21,300,00	\$18,200,00	14%
Environmental costs	\$34,000	\$26,000	22%
Total costs	\$22,000,000	\$19,000,000	15%

- Accurate prediction of maintenance schedules and end of service life is critical in evaluating the performance of SHCC materials.

Similar findings were recently published from the 2003 Nordic Network "Concrete for the Environment" conference such that life cycle analysis is critical to the design of sustainable concrete structures, the use of highly durable concretes are needed to increase service life, and concrete materials must be designed and produced in ways which are tailor-made for the intended use for a specified lifetime, loads, environmental impact, and maintenance strategy (Glavind et al., 2006).

As a follow up to this bridge deck link slab study, Qian (2007) and Zhang et al. (2007) have investigated the use of SHCC materials for more durable, smoother, and therefore more sustainable, rigid pavement overlays. To evaluate the sustainability of rigid pavement overlay designs, Zhang et al. developed an integrated life cycle assessment and life cycle cost analysis model to calculate the environmental impacts and costs of overlay systems resulting from material production and distribution, overlay construction and maintenance, construction-related traffic congestion, overlay usage, and end of life management. An unbonded concrete overlay system, a hot mixed asphalt overlay system, and an alternative engineered cementitious composite (SHCC) overlay system were examined.

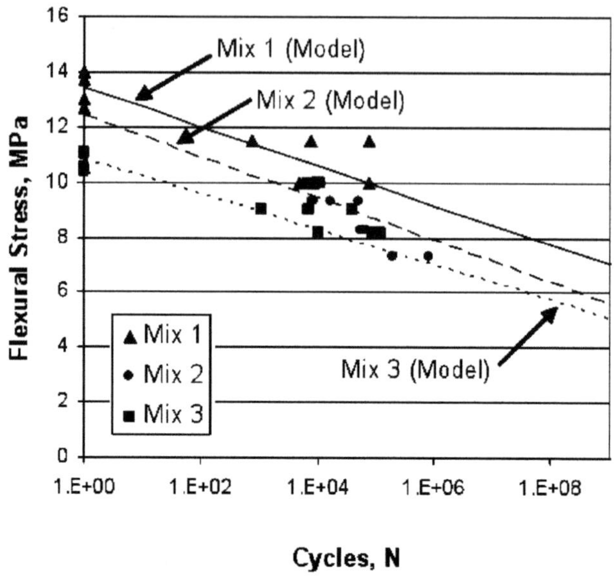

Fig. 8.14 Fatigue performance of three SHCC mix designs (flexural strength versus number of flexural load cycles).

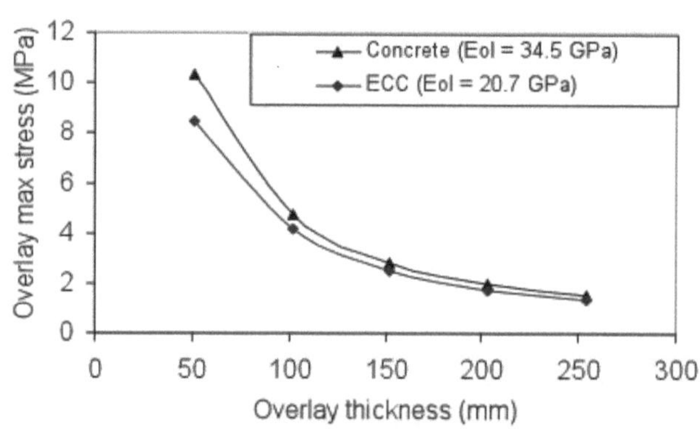

Fig. 8.15 Overlay slab maximum tensile stress versus overlay thickness.

As part of this work, Qian et al. (2007) along with Lepech et al. (2008) developed a set of deterioration models that can be used to predict SHCC pavement overlay deterioration over time and estimate the end of service life. This framework begins with individual material fatigue response in the form of traditional S-N curves (Figure 8.14). FEM analysis of the actual overlay structural system is used to determine a maximum stress level within the overlay, accounting for the unique material properties of SHCC materials (Figure 8.15). Combining these two, an estimation can be made which relates design choices of SHCC material and overly thickness to pavement deterioration rates and end of service life calculations.

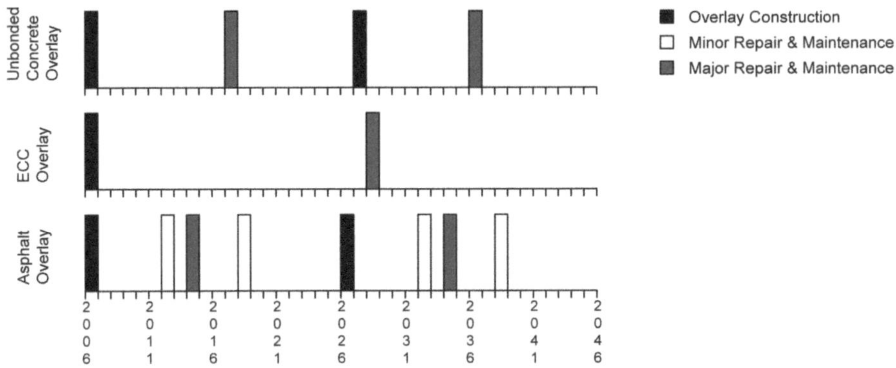

Fig. 8.16 Timeline of construction events for unbonded Concrete, SHCC, and hot mix asphalt overlays.

Similar to the timeline for bridges shown in Figure 8.11, a life cycle maintenance timeline has been developed which captures the improved performance of the overlay structural system resulting from the improved material properties of SHCC materials. This comparative timeline is shown in Figure 8.16. (Reference maintenance timelines were taken from Michigan Department of Transportation standard operating practices.)

Similar to results from Keoleian et al. (2005a), Zhang shows that PVA-SHCC material is significantly less sustainable than conventional steel reinforced concrete (1% reinforcement ratio) material when compared on a per litre basis. This is due to the higher cement content of SHCC material along with the energy associated with production of polymeric fibres. However, SHCC is more sustainable than hot mixed asphalt (HMA) material due to the large amount of feedstock energy (petroleum) used in the production of asphalt. The energy consumption by material component is shown in Figure 8.17.

Similar once again to Keoleian et al. (2005a), when considering the entire structure life cycle rather than material consumed during material production however, SHCC overlays outperform both HMA and concrete overlays. This is shown in Figures 8.18 and 8.19.

Zhang et al. (2007) found that due to the reduction in construction events over the entire life cycle of the overlay along with reductions in surface roughness leading to greater fuel economy, significant energy resources and global warming potential is saved over the 40 year overlay timeline. Unlike the link slab example however, the majority of energy and global warming reductions are due to savings in the materials production stage of the life cycle. Due to the much larger quantities of materials used in overlay applications as compared to bridge link slabs, the impacts of materials greening (i.e. incorporating industrial waste streams) are more prevalent. However, durability aspects remain important because more durable SHCC overlay materials require fewer replacement events (Figure 8.16) and thereby consume less material over their entire service life.

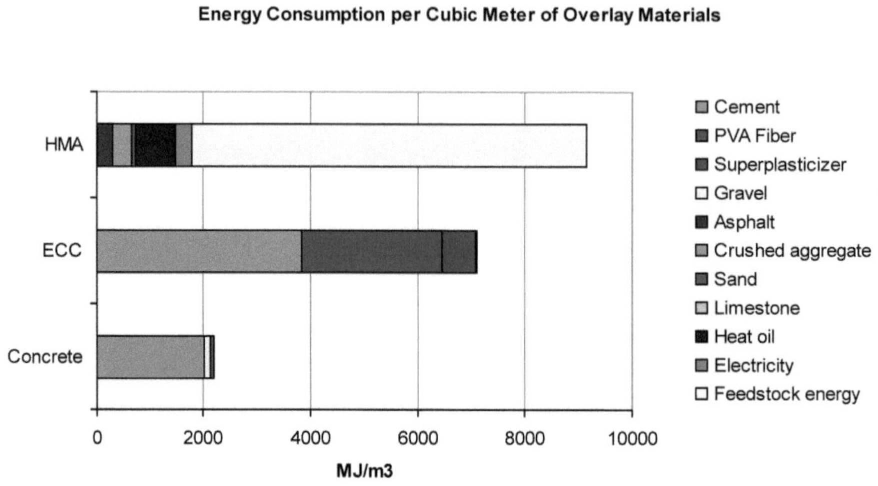

Fig. 8.17 Primary energy consumption of hot mixed asphalt, SHCC, and concrete materials per volume of each material produced.

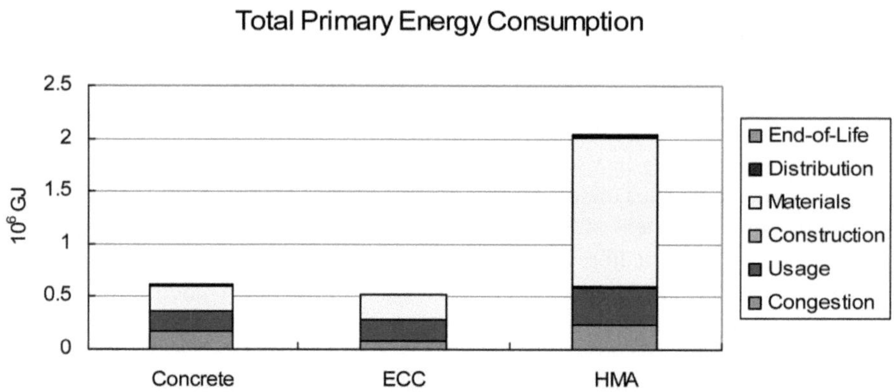

Fig. 8.18 Total primary energy consumption of concrete, SHCC, and hot mixed asphalt overlays by life cycle phase.

8.5 Conclusions and Future Research

It is well known that SHCC materials are often more expensive than traditional concrete materials when measured on a per cubic meter basis. While some cost advantages may arise due to smaller designed size of SHCC members or elimination of reinforcing steel, these savings are often not enough to entice builders to use SHCC materials. There is profound evidence that through complete life cycle costing of structures incorporating SHCC materials, significant cost savings can be realized. This is demonstrated in a life cycle cost savings of 22% to bridge owners in the USA when implementing SHCC bridge deck elements to replace failing

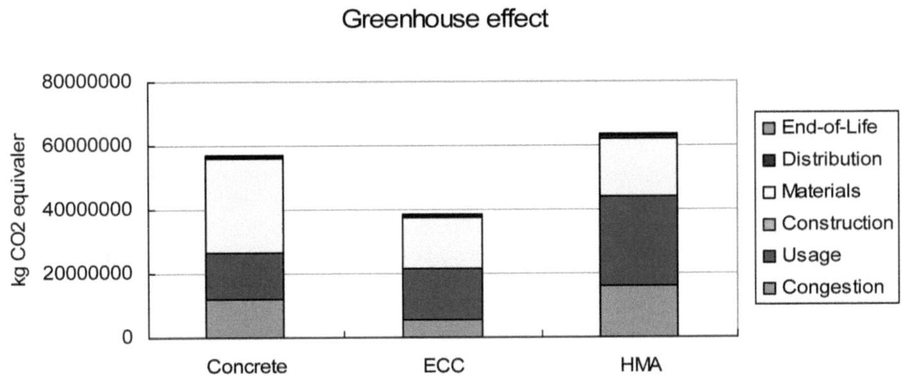

Fig. 8.19 Total global warming potential of concrete, SHCC, and hot mixed asphalt overlays by life cycle phase.

expansion joints. In addition to these economic costs borne individually by the infrastructure owner, life cycle costing can also address the environmental and social costs associated with construction and quantify any savings resulting from SHCC implementation. These may prove to be significant drivers in the wider adoption of SHCC materials.

Many of the materials development tools are in place to incorporate industrial waste streams into SHCC composites to reduce their environmental impact. Using these tools, work remains in the identification of new waste streams for additional greening of SHCC materials while preserving the unique material properties which set them apart from other concrete and FRC composites. Significant work also remains to be done in the development of service life prediction models for both SHCC structures and composite structures which adopt SHCC materials in strategic locations. Without such predictive models, efforts to estimate the improvements in sustainability through the use of SHCC materials remain difficult. Once this work is complete, an iterative design loop for increasingly more sustainable infrastructure using SHCC materials, shown above in Figure 8.9 can be more fully implemented.

References

Caccavelli, D., Krigsvoll, G., Thamling, N., Jaarto, P. (2005). *LCC-REFURB Guidebook*, European Commission Directorate-General for Energy and Transport, Brussels, Belgium.

Ehlen, M. (1997). Life-cycle costs of new construction materials, *Journal of Infrastructure Systems*, December, pp. 129–133.

Ehlen, M. (1999). Life-cycle costs of fiber-reinforced-polymer bridge decks, *Journal of Materials in Civil Engineering*, August, pp. 224–230.

Fidjestøl, P. (2003). Sustainable concrete structures – The knowledge, Presentation at the 2003 Seminar of the Nordic Network "Concrete for the Environment", Oslo, Norway. November 11–12, 2003.

Glavind, M., Mehus, J., Gudmundsson, G., and Fidjestøl, P. (2006). Concrete – The sustainable construction material, *Concrete International*, May, pp. 41–44.

Green Buildings Council Australia (2005). "Greenstar Office Design v2", Green Buildings Council of Australia.

Grivas, D. and Rivala, V. (1995). State increment method of life-cycle cost analysis for highway management, *Journal of Infrastructure Systems*, September, pp. 151–159.

Japan Sustainable Building Consortium (2005). Comprehensive Assessment System for Building Environmental Efficiency – New Construction, Japan Sustainable Building Consortium.

Keoleian, G.A., Menerey, D., Vigon, B.W., Tolle, D.A., Cornaby, B.W., Latham, H.C., Harrison, C.L., Boguski, T.L., Hunt, R.G., and Sellers, J.D. (1994). Product Life Assessment to Reduce Health Risks and Environmental Impacts Noyes Publications. Park Ridge, New Jersey.

Keoleian, G.A., Kendall, A., Dettling, J.E., Smith, V.M., Chandler, R.F., Lepech, M.D., and Li, V.C. (2005a). Life cycle modeling of concrete bridge design: Comparison of ECC link slabs and conventional steel expansion joints, *Journal of Infrastructure Systems, ASCE*, March, pp. 51–60.

Keoleian, G.A., Kendall, A.M., Lepech, M.D., and Li, V.C. (2005b). Guiding the design and application of new materials for enhancing sustainability performance: Framework and infrastructure application, in *Proceeding of MRS Symposium*.

Kim, Y.Y., Kim, J.S., Ha, G.J., and Kim, J.K. (2005). Influence of ECC ductility on the diagonal tension behavior (shear capacity) of infill panels, in *Proceedings of the International Workshop on High Performance Fiber Reinforced Cement Composites in Structural Applications*, V.C. Li and G. Fischer (Eds.), Honolulu, Hawaii, May 2005.

Langer, W. (1999). Environmental impacts of mining natural aggregate, Paper presented at the 35th Forum on the Geology of Industrial Materials, Salt Lake City, USA.

Langer, W. (2001). Potential environmental impacts of quarrying stone in Karst – A literature review, United States Geological Survey, Report OF-01-0484.

Lepech, M.D. (2006). A paradigm for integrated structures and materials design for sustainable transportation infrastructure, PhD Thesis, University of Michigan, Ann Arbor.

Lepech, M. and Li, V.C. (2005). Design and field demonstration of ECC link slabs for jointless bridge decks, in *Proceedings of the 3rd International Conference on Construction Materials: Performance, Innovations and Structural Implications*, Vancouver, British Columbia, August 22–24, 2005.

Lepech, M.D., Keoleian, G.A., Qian, S., and Li, V.C. (2008a). Design of green engineered cementitious composites for pavement overlay applications, in *Proceedings of the First International Symposium on Life Cycle Civil Engineering*, Varenna, Italy, June 10–14, 2008, pp. 837–842.

Lepech, M.D., Li, V.C., Robertson, R.E., and Keoleian, G.A. (2008b). Design of green engineered cementitious composites for improved sustainability, *ACI Materials Journal*, 105(6), November/December, pp. 567–575.

Li, V.C. and Fischer, G. (2002). Reinforced ECC – An evolution from materials to structures, in *Proceedings of the First FIB Congress*, Osaka, Japan, October 2002, pp. 105–122.

Li, V.C., Wu, C., Wang, S., Ogawa, A., and Saito, T. (2002). Interface tailoring for strain-hardening PVA-ECC, *ACI Materials Journal*, 99(5), September/October, pp. 463–472.

Manso, J.M., Gonzalez, J.J., and Polanco, J.A. (2004). Electric arc furnace slag in concrete, *Journal of Materials in Civil Engineering*, 16(6), pp. 639–645.

Mindess, S. and Young, J.F. (1981). *Concrete*, Prentice-Hall, Englewood Cliffs, New Jersey, 155 pp.

Qian, S. (2007). Influence of concrete material ductility on the behavior of high stress concentration zones, Ph.D. Thesis, University of Michigan, Ann Arbor.

Siddique, R. (2004). Properties of concrete incorporating high volumes of class F fly ash and san fibers. *Cement and Concrete Research*, 34(1), pp. 37–42.

Su, N. and Miao, B. (2003). A new method for the mix design of medium strength flowing concrete with low cement content. *Cement & Concrete Composites*, 25(2), pp. 215–222.

United States Department of Defense (1971). Acquisition of Major Defense Systems, Directive 5000.1 Melvin Laird, Secretary of Defense. Washington, D.C.

US Green Building Council (2005). LEEC-NC v2.0, U.S. Green Building Council, pp. 1–81.

Wang, S. (2005). Micromechancis based matrix design for engineered cementitious composites, Ph.D. Thesis, University of Michigan, Ann Arbor.

World Commission of Environment and Development (1987). *Our Common Future*, G. Bruntland (Ed.), Oxford University Press, Oxford.

Zhang, H., Lepech, M.D., Keoleian, G.A., Qian, S., and Li, V.C. (2007). Dynamic life cycle modeling of pavement overlay system: Capturing the impacts of users, construction, and roadway deterioration, *Journal of Transportation Engineering*.

Key Words Index

abrasion, 9
accelerated aging, 81
alkaline exposure, 81

chemical exposure, 41
chloride penetration, 41
combined loads, 73
corrosion, 41
creep, 9

de-icing salt, 59
ductility, 1
durability, 1, 9, 59, 73, 89, 113

fatigue, 9
fibre bond aging, 81
fibre-reinforcement, 1
freeze-thaw resistance, 59

hydration heat, 59
hydrolysis, 41

leaching, 41
life-cycle assessment (LCA), 113
life-cycle cost (LCC), 113

mechanical load, 9
micro-crack, 9
multiple cracks, 1

self-healing, 9
service life, 73, 89
steel-reinforced SHCC, 89
strain-hardening cement-based composites (SHCC), 1, 9, 89, 113
structural elements, 89
sustainability, 113

tensile strength retention, 81
thermal gradient, 59
thermal load, 59

REUNION INTERNATIONALE DES LABORATOIRES ET EXPERTS
DES MATERIAUX, SYSTEMES DE CONSTRUCTION ET OUVRAGES

INTERNATIONAL UNION OF LABORATORIES AND EXPERTS IN CONSTRUCTION MATERIALS, SYSTEMS AND STRUCTURES

RILEM Publications – 27 July 2010

The following list is presenting our global offer, sorted by series.

RILEM PROCEEDINGS

PRO 1: Durability of High Performance Concrete (ISBN: 2-912143-03-9); *Ed. H. Sommer*

PRO 2: Chloride Penetration into Concrete (ISBN: 2-912143-00-04); *Eds. L.-O. Nilsson and J.-P. Ollivier*

PRO 3: Evaluation and Strengthening of Existing Masonry Structures (ISBN: 2-912143-02-0); *Eds. L. Binda and C. Modena*

PRO 4: Concrete: From Material to Structure (ISBN: 2-912143-04-7); *Eds. J.-P. Bournazel and Y. Malier*

PRO 5: The Role of Admixtures in High Performance Concrete (ISBN: 2-912143-05-5); *Eds. J. G. Cabrera and R. Rivera-Villarreal*

PRO 6: High Performance Fiber Reinforced Cement Composites - HPFRCC 3 (ISBN: 2-912143-06-3); *Eds. H. W. Reinhardt and A. E. Naaman*

PRO 7: 1st International RILEM Symposium on Self-Compacting Concrete (ISBN: 2-912143-09-8); *Eds. Å. Skarendahl and Ö. Petersson*

PRO 8: International RILEM Symposium on Timber Engineering (ISBN: 2-912143-10-1); *Ed. L. Boström*

PRO 9: 2nd International RILEM Symposium on Adhesion between Polymers and Concrete ISAP '99 (ISBN: 2-912143-11-X); *Eds. Y. Ohama and M. Puterman*

PRO 10: 3rd International RILEM Symposium on Durability of Building and Construction Sealants (ISBN: 2-912143-13-6); *Eds. A. T. Wolf*

PRO 11: 4th International RILEM Conference on Reflective Cracking in Pavements (ISBN: 2-912143-14-4); *Eds. A. O. Abd El Halim, D. A. Taylor and El H. H. Mohamed*

PRO 12: International RILEM Workshop on Historic Mortars: Characteristics and Tests (ISBN: 2-912143-15-2); *Eds. P. Bartos, C. Groot and J. J. Hughes*

PRO 13: 2nd International RILEM Symposium on Hydration and Setting (ISBN: 2-912143-16-0); *Ed. A. Nonat*

PRO 14: Integrated Life-Cycle Design of Materials and Structures - ILCDES 2000 (ISBN: 951-758-408-3); (ISSN: 0356-9403); *Ed. S. Sarja*

PRO 15: Fifth RILEM Symposium on Fibre-Reinforced Concretes (FRC) - BEFIB'2000 (ISBN: 2-912143-18-7); *Eds. P. Rossi and G. Chanvillard*

PRO 16: Life Prediction and Management of Concrete Structures (ISBN: 2-912143-19-5); *Ed. D. Naus*

PRO 17: Shrinkage of Concrete – Shrinkage 2000 (ISBN: 2-912143-20-9); *Eds. V. Baroghel-Bouny and P.-C. Aïtcin*

PRO 18: Measurement and Interpretation of the On-Site Corrosion Rate (ISBN: 2-912143-21-7); *Eds. C. Andrade, C. Alonso, J. Fullea, J. Polimon and J. Rodriguez*

PRO 19: Testing and Modelling the Chloride Ingress into Concrete (ISBN: 2-912143-22-5); *Eds. C. Andrade and J. Kropp*

PRO 20: 1st International RILEM Workshop on Microbial Impacts on Building Materials (CD 02) (e-ISBN 978-2-35158-013-4); *Ed. M. Ribas Silva*

PRO 21: International RILEM Symposium on Connections between Steel and Concrete (ISBN: 2-912143-25-X); *Ed. R. Eligehausen*

PRO 22: International RILEM Symposium on Joints in Timber Structures (ISBN: 2-912143-28-4); *Eds. S. Aicher and H.-W. Reinhardt*

PRO 23: International RILEM Conference on Early Age Cracking in Cementitious Systems (ISBN: 2-912143-29-2); *Eds. K. Kovler and A. Bentur*

PRO 24: 2nd International RILEM Workshop on Frost Resistance of Concrete (ISBN: 2-912143-30-6); *Eds. M. J. Setzer, R. Auberg and H.-J. Keck*

PRO 25: International RILEM Workshop on Frost Damage in Concrete (ISBN: 2-912143-31-4); *Eds. D. J. Janssen, M. J. Setzer and M. B. Snyder*

PRO 26: International RILEM Workshop on On-Site Control and Evaluation of Masonry Structures (ISBN: 2-912143-34-9); *Eds. L. Binda and R. C. de Vekey*

PRO 27: International RILEM Symposium on Building Joint Sealants (CD03); *Ed. A. T. Wolf*

PRO 28: 6th International RILEM Symposium on Performance Testing and Evaluation of Bituminous Materials - PTEBM'03 (ISBN: 2-912143-35-7; e-ISBN: 978-2-912143-77-8); *Ed. M. N. Partl*

PRO 29: 2nd International RILEM Workshop on Life Prediction and Ageing Management of Concrete Structures (ISBN: 2-912143-36-5); *Ed. D. J. Naus*

PRO 30: 4th International RILEM Workshop on High Performance Fiber Reinforced Cement Composites - HPFRCC 4 (ISBN: 2-912143-37-3); *Eds. A. E. Naaman and H. W. Reinhardt*

PRO 31: International RILEM Workshop on Test and Design Methods for Steel Fibre Reinforced Concrete: Background and Experiences (ISBN: 2-912143-38-1); *Eds. B. Schnütgen and L. Vandewalle*

PRO 32: International Conference on Advances in Concrete and Structures 2 vol. (ISBN (set): 2-912143-41-1); *Eds. Ying-shu Yuan, Surendra P. Shah and Heng-lin Lü*

PRO 33: 3rd International Symposium on Self-Compacting Concrete (ISBN: 2-912143-42-X); *Eds. Ó. Wallevik and I. Níelsson*

PRO 34: International RILEM Conference on Microbial Impact on Building Materials (ISBN: 2-912143-43-8); *Ed. M. Ribas Silva*

PRO 35: International RILEM TC 186-ISA on Internal Sulfate Attack and Delayed Ettringite Formation (ISBN: 2-912143-44-6); *Eds. K. Scrivener and J. Skalny*

PRO 36: International RILEM Symposium on Concrete Science and Engineering – A Tribute to Arnon Bentur (ISBN: 2-912143-46-2); *Eds. K. Kovler, J. Marchand, S. Mindess and J. Weiss*

PRO 37: 5th International RILEM Conference on Cracking in Pavements – Mitigation, Risk Assessment and Prevention (ISBN: 2-912143-47-0); *Eds. C. Petit, I. Al-Qadi and A. Millien*

PRO 38: 3rd International RILEM Workshop on Testing and Modelling the Chloride Ingress into Concrete (ISBN: 2-912143-48-9); *Eds. C. Andrade and J. Kropp*

PRO 39: 6th International RILEM Symposium on Fibre-Reinforced Concretes - BEFIB 2004 (ISBN: 2-912143-51-9); *Eds. M. Di Prisco, R. Felicetti and G. A. Plizzari*

PRO 40: International RILEM Conference on the Use of Recycled Materials in Buildings and Structures (ISBN: 2-912143-52-7); *Eds. E. Vázquez, Ch. F. Hendriks and G. M. T. Janssen*

PRO 41: RILEM International Symposium on Environment-Conscious Materials and Systems for Sustainable Development (ISBN: 2-912143-55-1); *Eds. N. Kashino and Y. Ohama*

REUNION INTERNATIONALE DES LABORATOIRES ET EXPERTS DES MATERIAUX, SYSTEMES DE CONSTRUCTION ET OUVRAGES

INTERNATIONAL UNION OF LABORATORIES AND EXPERTS IN CONSTRUCTION MATERIALS, SYSTEMS AND STRUCTURES

PRO 42: SCC'2005 - China: 1st International Symposium on Design, Performance and Use of Self-Consolidating Concrete (ISBN: 2-912143-61-6); *Eds. Zhiwu Yu, Caijun Shi, Kamal Henri Khayat and Youjun Xie*

PRO 43: International RILEM Workshop on Bonded Concrete Overlays (e-ISBN: 2-912143-83-7); *Eds. J. L. Granju and J. Silfwerbrand*

PRO 44: 2nd International RILEM Workshop on Microbial Impacts on Building Materials (CD11) (e-ISBN: 2-912143-84-5); *Ed. M. Ribas Silva*

PRO 45: 2nd International Symposium on Nanotechnology in Construction, Bilbao (ISBN: 2-912143-87-X); *Eds. Peter J. M. Bartos, Yolanda de Miguel and Antonio Porro*

PRO 46: ConcreteLife'06 - International RILEM-JCI Seminar on Concrete Durability and Service Life Planning: Curing, Crack Control, Performance in Harsh Environments (ISBN: 2-912143-89-6); *Ed. K. Kovler*

PRO 47: International RILEM Workshop on Performance Based Evaluation and Indicators for Concrete Durability (ISBN: 978-2-912143-95-2); *Eds. V. Baroghel-Bouny, C. Andrade, R. Torrent and K. Scrivener*

PRO 48: 1st International RILEM Symposium on Advances in Concrete through Science and Engineering (e-ISBN: 2-912143-92-6); *Eds. J. Weiss, K. Kovler, J. Marchand, and S. Mindess*

PRO 49: International RILEM Workshop on High Performance Fiber Reinforced Cementitious Composites in Structural Applications (ISBN: 2-912143-93-4); *Eds. G. Fischer and V.C. Li*

PRO 50: 1st International RILEM Symposium on Textile Reinforced Concrete (ISBN: 2-912143-97-7); *Eds. Josef Hegger, Wolfgang Brameshuber and Norbert Will*

PRO 51: 2nd International Symposium on Advances in Concrete through Science and Engineering (ISBN: 2-35158-003-6; e-ISBN: 2-35158-002-8); *Eds. J. Marchand, B. Bissonnette, R. Gagné, M. Jolin and F. Paradis*

PRO 52: Volume Changes of Hardening Concrete: Testing and Mitigation (ISBN: 2-35158-004-4; e-ISBN: 2-35158-005-2); *Eds. O. M. Jensen, P. Lura and K. Kovler*

PRO 53: High Performance Fiber Reinforced Cement Composites - HPFRCC5 (ISBN: 978-2-35158-046-2); *Eds. H. W. Reinhardt and A. E. Naaman*

PRO 54: 5th International RILEM Symposium on Self-Compacting Concrete (ISBN: 978-2-35158-047-9); *Eds. G. De Schutter and V. Boel*

PRO 55: International RILEM Symposium Photocatalysis, Environment and Construction Materials (ISBN: 978-2-35158-056-1); *Eds. P. Baglioni and L. Cassar*

PRO56: International RILEM Workshop on Integral Service Life Modelling of Concrete Structures (ISBN 978-2-35158-058-5); *Eds. R. M. Ferreira, J. Gulikers and C. Andrade*

PRO57: RILEM Workshop on Performance of cement-based materials in aggressive aqueous environments (e-ISBN: 978-2-35158-059-2); *Ed. N. De Belie*

PRO58: International RILEM Symposium on Concrete Modelling - CONMOD'08 (ISBN: 978-2-35158-060-8); *Eds. E. Schlangen and G. De Schutter*

PRO 59: International RILEM Conference on On Site Assessment of Concrete, Masonry and Timber Structures - SACoMaTiS 2008 (ISBN set: 978-2-35158-061-5); *Eds. L. Binda, M. di Prisco and R. Felicetti*

PRO 60: Seventh RILEM International Symposium on Fibre Reinforced Concrete: Design and Applications - BEFIB 2008 (ISBN: 978-2-35158-064-6); *Ed. R. Gettu*

PRO 61: 1st International Conference on Microstructure Related Durability of Cementitious Composites 2 vol., (ISBN: 978-2-35158-065-3); *Eds. W. Sun, K. van Breugel, C. Miao, G. Ye and H. Chen*

PRO 62: NSF/ RILEM Workshop: In-situ Evaluation of Historic Wood and Masonry Structures (e-ISBN: 978-2-35158-068-4); *Eds. B. Kasal, R. Anthony and M. Drdácký*

PRO 63: Concrete in Aggressive Aqueous Environments: Performance, Testing and Modelling, 2 vol., (ISBN: 978-2-35158-071-4); *Eds. M. G. Alexander and A. Bertron*

PRO 64: Long Term Performance of Cementitious Barriers and Reinforced Concrete in Nuclear Power Plants and Waste Management - NUCPERF 2009 (ISBN: 978-2-35158-072-1); *Eds. V. L'Hostis, R. Gens, C. Gallé*

PRO 65: Design Performance and Use of Self-consolidating Concrete - SCC'2009 (ISBN: 978-2-35158-073-8); *Eds. C. Shi, Z. Yu, K. H. Khayat and P. Yan*

PRO 66: 2nd International RILEM Workshop on Concrete Durability and Service Life Planning - ConcreteLife'09 (ISBN: 978-2-35158-074-5); *Ed. K. Kovler*

PRO 67: Repairs Mortars for Historic Masonry (e-ISBN: 978-2-35158-083-7); *Ed. C. Groot*

PRO 68: Proceedings of the 3rd International RILEM Symposium on 'Rheology of Cement Suspensions such as Fresh Concrete (ISBN 978-2-35158-091-2); *Eds. O. H. Wallevik, S. Kubens and S. Oesterheld*

PRO 69: 3rd International PhD Student Workshop on 'Modelling the Durability of Reinforced Concrete (ISBN: 978-2-35158-095-0); *Eds. R. M. Ferreira, J. Gulikers and C. Andrade*

PRO 71: Advances in Civil Engineering Materials - The 50-year Teaching Anniversary of Prof. Sun Wei' (ISBN: 978-2-35158-098-1; e-ISBN: 978-2-35158-099-8); *Eds. C. Miao, G. Ye, and H. Chen*

RILEM REPORTS

Report 19: Considerations for Use in Managing the Aging of Nuclear Power Plant Concrete Structures (ISBN: 2-912143-07-1); *Ed. D. J. Naus*

Report 20: Engineering and Transport Properties of the Interfacial Transition Zone in Cementitious Composites (ISBN: 2-912143-08-X); *Eds. M. G. Alexander, G. Arliguie, G. Ballivy, A. Bentur and J. Marchand*

Report 21: Durability of Building Sealants (ISBN: 2-912143-12-8); *Ed. A. T. Wolf*

Report 22: Sustainable Raw Materials - Construction and Demolition Waste (ISBN: 2-912143-17-9); *Eds. C. F. Hendriks and H. S. Pietersen*

Report 23: Self-Compacting Concrete state-of-the-art report (ISBN: 2-912143-23-3); *Eds. Å. Skarendahl and Ö. Petersson*

Report 24: Workability and Rheology of Fresh Concrete: Compendium of Tests (ISBN: 2-912143-32-2); *Eds. P. J. M. Bartos, M. Sonebi and A. K. Tamimi*

Report 25: Early Age Cracking in Cementitious Systems (ISBN: 2-912143-33-0); *Ed. A. Bentur*

Report 26: Towards Sustainable Roofing (Joint Committee CIB/RILEM) (CD 07) (e-ISBN 978-2-912143-65-5); *Eds. Thomas W. Hutchinson and Keith Roberts*

Report 27: Condition Assessment of Roofs (Joint Committee CIB/RILEM) (CD 08) (e-ISBN 978-2-912143-66-2); *Ed. CIB W 83/RILEM TC166-RMS*

Report 28: Final report of RILEM TC 167-COM 'Characterisation of Old Mortars with Respect to Their Repair (ISBN: 978-2-912143-56-3); *Eds. C. Groot, G. Ashall and J. Hughes*

Report 29: Pavement Performance Prediction and Evaluation (PPPE): Interlaboratory Tests (e-ISBN: 2-912143-68-3); *Eds. M. Partl and H. Piber*

Report 30: Final Report of RILEM TC 198-URM 'Use of Recycled Materials' (ISBN: 2-912143-82-9; e-ISBN: 2-912143-69-1); *Eds. Ch. F. Hendriks, G. M. T. Janssen and E. Vázquez*

Report 31: Final Report of RILEM TC 185-ATC 'Advanced testing of cement-based materials during setting and hardening' (ISBN: 2-912143-81-0; e-ISBN: 2-912143-70-5); *Eds. H. W. Reinhardt and C. U. Grosse*

Report 32: Probabilistic Assessment of Existing Structures. A JCSS publication (ISBN 2-912143-24-1); *Ed. D. Diamantidis*

Report 33: State-of-the-Art Report of RILEM Technical Committee TC 184-IFE 'Industrial Floors' (ISBN 2-35158-006-0); *Ed. P. Seidler*

Report 34: Report of RILEM Technical Committee TC 147-FMB 'Fracture mechanics applications to anchorage and bond' Tension of Reinforced Concrete Prisms – Round Robin Analysis and Tests on Bond (e-ISBN 2-912143-91-8); *Eds. L. Elfgren and K. Noghabai*

Report 35: Final Report of RILEM Technical Committee TC 188-CSC 'Casting of Self Compacting Concrete' (ISBN 2-35158-001-X; e-ISBN: 2-912143-98-5); *Eds. Å. Skarendahl and P. Billberg*

Report 36: State-of-the-Art Report of RILEM Technical Committee TC 201-TRC 'Textile Reinforced Concrete' (ISBN 2-912143-99-3); *Ed. W. Brameshuber*

Report 37: State-of-the-Art Report of RILEM Technical Committee TC 192-ECM 'Environment-conscious construction materials and systems' (ISBN: 978-2-35158-053-0); *Eds. N. Kashino, D. Van Gemert and K. Imamoto*

Report 38: State-of-the-Art Report of RILEM Technical Committee TC 205-DSC 'Durability of Self-Compacting Concrete' (ISBN: 978-2-35158-048-6); *Eds. G. De Schutter and K. Audenaert*

Report 39: Final Report of RILEM Technical Committee TC 187-SOC 'Experimental determination of the stress-crack opening curve for concrete in tension' (ISBN 978-2-35158-049-3); *Ed. J. Planas*

Report 40: State-of-the-Art Report of RILEM Technical Committee TC 189-NEC 'Non-Destructive Evaluation of the Penetrability and Thickness of the Concrete Cover' (ISBN 978-2-35158-054-7); *Eds. R. Torrent and L. Fernández Luco*

Report 41: State-of-the-Art Report of RILEM Technical Committee TC 196-ICC 'Internal Curing of Concrete' (ISBN 978-2-35158-009-7); *Eds. K. Kovler and O. M. Jensen*

Report 42: 'Acoustic Emission and Related Non-destructive Evaluation Techniques for Crack Detection and Damage Evaluation in Concrete' - Final Report of RILEM Technical Committee 212-ACD (e-ISBN: 978-2-35158-100-1); *Ed. M. Ohtsu*

RILEM COMPENDIUMS

COMP 01: Trilingual Dictionary for Materials and Structures (English-French-German) (CD01) (1970)

COMP 02: 1947-1997: 50 years of evolution of Building Materials and Structures (e-ISBN: 2-912143-86-1); *Ed. F. Wittmann*

COMP 03: General Conference of RILEM TCs' Chairmen and RILEM Seminar 'Advancing the Knowledge in Materials and Structures' (CD10) (e-ISBN: 2-912143-85-3)

COMP 06: Concrete Science and Engineering Journal – Vols. 1, 2, 3, 4 (1999-2002) (CD05)

COMP 13: RILEM Technical Day, Moscow (e-ISBN: 2-35158-045-1)

MIX
Papier aus verantwortungsvollen Quellen
Paper from responsible sources
FSC® C105338

If you have any concerns about our products,
you can contact us on
ProductSafety@springernature.com

In case Publisher is established outside the EU,
the EU authorized representative is:
Springer Nature Customer Service Center GmbH
Europaplatz 3, 69115 Heidelberg, Germany

Printed by Libri Plureos GmbH
in Hamburg, Germany